순교자들은
아름다워라

배승록 신부

책머리에

　자랑스럽다. 우리 신앙의 순교 선조들을 생각하면 참으로 자랑스럽다. 우리 신앙의 모범이시고 좋은 모델이시다. 그분들을 생각하고 기도하고 묵상을 하면 할수록 용기를 얻을 수 있고 삶의 해답을 찾을 수 있다.

　감사로운 시간이다. 우리 신앙의 순교 선조들을 알아가고 기도하고 이렇게 글로서 기록하는 시간들이 참으로 감사로운 시간이다. 그분들의 삶의 여정을 다 표현하지는 못하였지만, 얇은 지식을 통해서 하느님의 크신 사랑을 느끼고 체험할 수 있는 감사로운 시간이다.

축복의 시간이다. 우리 신앙의 순교 선조들 덕분에 우리는 매일같이 축복된 시간을 살고 있다. 아무것도 아닌 일 가지고 마음을 크게 쓰지 않고 오로지 한 길만을 바라볼 수 있도록 삶의 모범을 보여주신 우리 신앙의 순교 선조들에게 하느님의 축복이 가득하길 빌고 기도한다.

하느님을 포기하지 않고 하나뿐인 목숨을 내어놓을 수 있는 신앙의 순교 선조들의 그 '용맹함과 위대함'을 어느 누가 감히 따라 할 수 있을까? 그저 고개가 숙여질 뿐이다. 모두 담을 수 없는 순교자들에 관한 부족한 글이지만, 우리의 생활에 작은 보탬이 되기를 희망한다.

2025년 5월 29일
복자 윤지충 바오로와 동료 순교들 기념일에
배승록 신부

차례

책머리에 •2

I. 믿음의 씨앗을 뿌리다

평신도들에 의해 시작된 한국 천주교회 •10

신앙의 불씨가 되다(이벽 세례자 요한, +1785년, 하느님의 종) •13

첫 번째 세례자(이승훈 베드로, +1801년, 하느님의 종) •21

최초의 순교자 •28
(윤지충 바오로, +1791년, 복자 ; 권상연 야고보, +1791년, 복자)

내포의 사도(이존창 루도비코, +1801년, 하느님의 종) •38

최초의 선교 사제(주문모 야고보 신부, +1801년, 복자) •44

아까운 인재(人才)(황사영 알렉시오, +1801년) •50

제주도 첫 번째 천주교 신자(정난주 마리아, 1773-1838년) •56

성소의 씨앗을 뿌리다(모방 베드로 신부, +1839년, 성인) •63

2. 박해를 받다

순교와 배교 •72

충청도 지역의 정사박해(1797년) •81

남달랐다(이도기 바오로, +1798년, 복자) •86

삶의 기준을 바꾸다(인언민 마르티노, +1800년, 복자) •92

하느님을 크게 사랑하다(조용삼 베드로, +1801년, 복자) •99

'천당은 두 개'(황일광 시몬, +1802년, 복자) •106

교우촌(教友村) •113

초대 교회 공동체처럼 •119

경상도 지역의 을해박해(1815년) •125

전라도 지역의 정해박해(1827년) •131

'제발 잡아가 주세요'(정국보 프로타시오, +1839년, 성인) •137

자매 순교자 •144
 (이정희 바르바라, +1839년, 성인 ; 이영희 막달레나, +1839년, 성인)

밀고자 김순성 요한 •151

박해시대의 선교 방법 •159

박해시대의 고해 성사 •164

3. 정하상 바오로(+1839년, 성인)를 이해하다

평신도 지도자 •170

'상재상서'(上宰相書) •178

교황에게 편지를 보내다 •187

한국 천주교회의 초대 교구장(브뤼기에르 주교, 1792-1835년) •195

살아있을 때 잘하자(조신철 가롤로, +1839년, 성인) •205

성가정을 이루다(아버지 정약종 아우구스티노, +1801년, 복자) •211

4. 김대건 안드레아(+1846년, 성인) 신부를 기억하다

최초의 부르심 •220

한국 천주교회의 '큰 빛' •226

하느님께 고개를 숙이다 •232

보지 않고도 믿는 이들은 행복하다 •238

오래 사는 것과 영원히 사는 것 •244

하느님은 인생의 동반자 •250

첫 미사 •256

밀알 하나와 같은 삶 •262

고향(故鄕)에서 환영을 받지 못하다 •268

'당신이 천주교인이오?' •274

'사랑을 친구(親口)하노라' •281

'영원한 생명이 내게 시작되려고 합니다' • 287

순교자 집안(아버지 김제준 이냐시오, +1839년, 성인) • 294

하느님 나라의 겨자씨를 심다 • 301
(어머니 고 우르술라, 1798-1864년)

3개월의 시간만 필요했다(임치백 요셉, +1846년, 성인) • 308

5. 최양업 토마스(+1861년, 가경자) 신부를 위해 기도하다

땀의 순교자 • 316

교우들을 사랑하다 • 322

길 위의 사제 • 329

늘 기도하시다 • 336

주님, 당신과 가까이게 하소서 • 342
(아버지 최경환 프란치스코, +1839년, 성인)

위대하신 어머니(어머니 이성례 마리아, +1840년, 복자) • 350

6. 순교자들은 아름다워라

순교자들은 '급'(級)이 있는가? • 358

순교자들의 주검을 수습하다(박순집 베드로, 1830-1911년) • 367

순교자들의 후손(後孫) • 372

순교자들의 가계(家系) • 377

I 믿음의 씨앗을 뿌리다

평신도들에 의해 시작된 한국 천주교회

신앙의 불씨가 되다
(이벽 세례자 요한, +1785년, 하느님의 종)

첫 번째 세례자
(이승훈 베드로, +1801년, 하느님의 종)

최초의 순교자
(윤지충 바오로, +1791년, 복자 ; 권상연 야고보, +1791년, 복자)

내포의 사도
(이존창 루도비코, +1801년, 하느님의 종)

최초의 선교 사제
(주문모 야고보 신부, +1801년, 복자)

아까운 인재(人才)
(황사영 알렉시오, +1801년)

제주도 첫 번째 천주교 신자
(정난주 마리아, 1773-1838년)

성소의 씨앗을 뿌리다
(모방 베드로 신부, +1839년, 성인)

평신도들에 의해
시작된 한국 천주교회

1784년 평신도들에 의해 시작된 한국 천주교회의 역사(歷史)는 평신도들에 의해 만들어져 왔다. 평신도들의 열심한 신심(信心)과 활동은 한국 천주교회의 빛이고 소금이었다. 한국 천주교회의 평신도들의 신앙은 능동적이었고 자발적이었으며 창의적이었기에, 평신도들은 '교회'라는 집을 짓는데 중요한 주춧돌이 되었다.

목자 없는 교회로 출발

초창기 한국 천주교회는 '갓 태어난 교회, 박해받는 교회, 긴박했던 교회'였고, '성직자가 없는 교회'였다. 50여년 동안 성직자가 없는 평신도들에 의해서 이끌어진 천주교회였다. 1784년 이승훈(베드로)이 세례를 받으면서 한국 천주교회가 시작하였지만 목자(사제) 없는 교회로 출발하였다.

한국 천주교회는 시작부터 목자 없는 생활을 10년 동안 지내게 되었는데, 1794년 겨울에 중국인 주문모 신부(1794년 입국, 1801년 순교)가 조선 땅에 입국하게 되면서 드디어 목자가 함께하는 교회가 되었다. 그러나 1801년 주문모 신부가 순교의 길을 가면서, 다시 한국 천주교회는 중국인 유방제 신부(1834년 입국, 1836년 귀국)가 입국할 때까지 33년 동안 목자 없는 길 잃은 양들만이 생활하는 신앙생활을 이어갔다.

그 후 1836년 서양인 모방 신부(1836년 입국, 1839년 순교)가 입국하면서 유방제 신부는 고국으로 돌아갔는데, 3년 만에 1839년 모방 신부도 순교의 길을 걸어갔고, 다시 6년 동안 조선 땅에는 사제가 없는 신앙공동체를 이루게 되었다. 드디어 1845년 방인(邦人)사제 김대건 신부(1845년 입국, 1846년 순교)와 페레올 주교(1845년 입국, 1853년 순교)와 다블뤼 신부(훗날 주교, 1845년 입국, 1866년 순교)가 입국하면서, 이 한반도 땅에 그리스도의 씨앗이 뿌려진 이후 50년 동안 성직자 없는 교회가 되었다. 이렇게 한국 천주교회는 평신도 스스로에 의해서 평신도 지도자들에 의해서 이끌어 온 위대한 교회의 역사를 가지고 있다.

대부분의 순교자들은 평신도

　한국 천주교회는 출발과 함께 100년에 가까운 시간동안 '박해'(迫害)를 받았다. 여러 박해를 통해서 수많은 천주교 성직자와 신자들이 '천주학 죄인' 또는 '천주학쟁이'라고 비난받으며 순교의 피를 흘리는 불행으로 이어졌다.

　한국 천주교회의 순교자들은 대부분 '평신도들'이었다. 103위 성인들은 모두 한국 사람이 아니다. 10명의 외국인도 있으니, 프랑스 파리외방전교회 소속 사제들이었다. 1명의 한국인 사제(김대건 신부)도 있다. 모두 11명의 사제와 92명의 평신도가 있다. 그리고 평신도들 중에서 26명이 공식적인 회장 직분을 가지고 있었다. 124위 복자들은 1명의 사제(주문모 신부)와 123명의 평신도로 이루어져 있다. 한국 천주교회의 역사를 이야기할 때, 평신도들을 제외시키고 이야기할 수 없다. 평신도들의 큰 역할과 중요한 역할이 있었던 사실을 빼놓을 수 없다.

신앙의 불씨가 되다
(이벽 세례자 요한, +1785년, 하느님의 종)

옛날 옛적에 하느님이 지상에 내려와 자신의 존재를 감추려 하셨다 한다. 하느님은 인간이 자신의 존재를 쉽사리 발견할 수 없는 곳에 숨기로 하셨다. 하느님은 바다 속에 숨을까, 아니면 깊은 산 속에 숨을까 망설이시다가, 마침내 인간이 자신을 가장 발견하기 힘든 숨바꼭질의 장소를 발견하셨다. 그것은 인간의 마음속이었다.

그리하여 인간은 하느님이 너무나 가까운 곳에 숨어 계심으로 해서 오히려 하느님을 보지 못하게 되었다. 우리의 눈이 사물을 볼 수 있지만 눈 자체는 볼 수 없듯이, 우리의 칼이 무엇이든 벨 수 있지만 칼 자체는 벨 수 없듯이, 하느님이 바로 내 마음 안에 계심으로 해서 우리는 하느님을 쉽사리 발견해 내지 못

하는 것이다.[1]

한국 천주교회에서 '우리 마음의 속의 하느님'을 처음으로 꺼내 보여준 사람이 있었다. 하느님의 '선동자, 주동자'로 기억할 수 있는 하느님의 종 '광암(廣巖) 이벽'(세례자 요한, 1754-1785년)이다.

한국 천주교회는 '외부에서' 선교사들에 의해서 시작된 종교가 아니라, '내부에서' 스스로 천주교회의 믿음을 키운 세계 천주교회의 역사(歷史)에서 유일무이한 기록을 가지고 있다. 이벽(세례자 요한)은 이러한 한국 천주교회의 역사의 첫 봇물을 잘 터트려 준 인물들 중에 가장 대표적인 역할을 하였다. 이벽(세례자 요한)은 한국 천주교회의 첫 시작을 열어주었다. 중국이 아닌 한반도에서 천주교회의 최초의 세례가 이루어진 곳이 이벽의 집이기 때문이다. 현재, 이벽의 집터는 "천주교 서울 순례길"의 성지 중 하나로서 청계천 수표교 전태일 기념관 앞에 표지석('한국 천주교회 창립 터')이 세워져 있다.

'이벽 세례자 요한'은 한국 천주교회 안에서 '하느님의 종'으로 존경을 받고 있다. '하느님의 종'이란, 천주교회 안에서 시성(諡聖)이 되기 위한 네 단계 절차 중에 하나로서, 처음 단계는 '하느님의 종'(Servus Dei), 그 다음 단계로 '가경자'(可敬者, venerabilis), '복자'(福者, beatus), '성인'(聖人, sanctus)의 단계를 거치게 되어 있다. 이벽(세례자 요한)에 대해서 알아보자.[2]

---

1) 최인호, 눈물, 여백, 2013년, 241쪽 참조.
2) 안나 A, 이벽 그대를 천사라 부른다(소설 이벽), 황석두루카, 2015년 참조.

한국 천주교회 공동체 성립 주역 가운데 한사람인 이벽은 1754년 경기도 포천시 화현면 화현리에서 태어났다. 이벽은 동지중추부사를 지낸 아버지 이부만과 어머니 청주 한씨 사이에서 육 남매 중 둘째 아들로 태어났다. 형 이격(1748-1812년)과 동생 이석(1759-1829년)이 알려져 있고, 누이 이정실(1750-1780년)은 정약현과 혼인하여 이벽은 정약전 정약종 정약용 형제들과 사돈이 되었다. 이승훈이 1776년 20세가 되던 해 정약용의 친누이 정이실과 혼인하면서 이벽과 동서 사이가 되었다.

이벽이 천주교를 접하게 된 것은 그의 6대 조부 이경상 때부터였다. 이경상은 병자호란(1636년 12월 - 1637년 1월 30일) 때 심양에 인질로 잡혀간 소현세자를 8년간 가까이에서 모셨다. 이때 소현세자는 당시 북경의 남당 천주교회에서 선교 활동을 하던 독일인 예수회 선교 사제 아담 샬(J.A.Schall)과 가깝게 지내면서 천문, 수학은 물론 천주교에 대해서 알게 되었다.[3] 이경상도 소현세자를 가까이 모시면서 함께 청국과 서양의 문화에 접촉하였다. 1645년 소현세자가 귀국하면서 천주실의, 칠극 등 천주교 서적 등을 가지고 왔으며 천주교 신자 5명을 환관으로 데리고 왔는데, 이경상도 천주교에 관한 책 중 일부를 가져와 대대로 집안의 가보로 전하였다.

---

3) 한수산, 꽃보다 아름다워라 그 이름, 생활성서, 2016년, 23-31쪽 참조.

이벽은 집안의 가보로 내려오는 천주실의와 칠극과 같은 천주교 서적들을 일찍부터 접하면서 조선인 최초로 스스로 천주교(서학)를 연구하고 익히게 되었다. 그는 1779년부터 권철신, 이승훈, 정약전, 정약종, 정약용과 함께 하는 '천진암주어사강학회'를 통해서 천주교 교리에 대한 토론을 하며 꾸준히 천주교 교리를 연구하였다.

1783년 말에는 동료 이승훈이 북경에 간다는 소식을 듣고는 그를 찾아가 서양 선교사들을 만나 가르침을 받고 천주교 서적들을 얻어올 것을 부탁하였다.[4] 이승훈은 1784년 봄에 북경 북당(北堂) 성당에서 예수회 선교사 그라몽(Jean de Grammont) 신부에게 세례를 받고 귀국하였다.

귀국한 이승훈(베드로)이 가져온 천주교 서적들을 받아든 이벽은 수개월 동안 외딴 집에서 두문불출하고 책을 다 읽은 후, 이승훈과 다산 정약용을 만나 이렇게 말하였다. "이것이 진리입니다. 이것은 하느님께서 우리 민족을 불쌍히 여겨 구원의 은총을 내려주시고자 함입니다. 우리는 이 진리를, 이 복음을 전해야 합니다. 아무도 이 소명을 외면할 수 없습니다." 이벽은 천주교의 교리가 참 진리이며, 단순한 학문이 아니라 새로운 신앙의 가르침이라는 사실을 깨달은 것이다.

---

4) 하느님의 종 이벽 요한 세례자와 동료 132위 약전 중 이벽 요한 세례자, CBCK 한국천주교주교회의, 2018년.

1784년 겨울, 수표교 인근에 있던 이벽의 집에서 이승훈, 권일신, 정약용이 모였고, 그 자리에서 이승훈은 자신이 북경 선교사들에게서 배운 대로 동료들에게 세례를 베풀었으니, 이 최초의 세례식이 바로 '한국 천주교회 공동체의 성립'이 되었다. 이때 이벽은 스스로 세례명을 '세례자 요한'이라 정하고 "나는 구세주가 우리 민족에 오시는 길을 닦겠습니다." 하며 세례를 받았고, '우리 민족을 위해 세례자 요한처럼 살겠다.' 다짐하였다. 우리 민족 복음의 선구자다운 모습이었다.

이렇게 교회 공동체 성립 후 이벽(세례자 요한)은 동료들과 함께 교리를 전하는데 열중하였다. 그 결과 얼마 안되어 이벽(세례자 요한)의 집에서 두 번째 세례식이 있었고, 홍낙민(루카), 최창현(요한), 김범우(토마스) 등이 세례를 받았다.

1785년 봄, 초기의 신자들은 이벽(세례자 요한)의 주도 아래 김범우(토마스)의 집 명례방에서 집회를 가졌다. 그때 형조의 금리(禁吏)들이 우연히 그 집회 장소를 수색하게 되었으며, 그곳에 모여 있던 신자들이 모두 형조로 압송되는 소위 '을사추조적발사건'(乙巳秋曹摘發事件)이 발생하였다.

이 사건으로 이벽(세례자 요한)은 집안 식구들에 의해 배교를 강요당하였다. 특히 그의 부친은 그가 동료들과 접촉하는 것을 막기 위해 집에서 나가지 못하도록 했고, '만일 네가 배교치 않는다면, 내가 목을 매달아 죽겠다.'고 위협하는 등 스스로 천주교 신앙을 버리도록 하기 위해 갖가지 방법들을 동원하였다. 그러나 이벽(세례자 요한)은 가족들로부터 배교하라는 위협에도 끝내 굴하지 않고 신앙을 지키다가, 가택 연금 상태에서 1785년 늦은 봄(또는 초 여름 추정)에 31세의 나이로 '신앙의 증거자'로서 숨지고 말았다.

한국 천주교회의 창설 공로자인 이벽(세례자 요한)의 죽음을 우리 교회의 역사학자들은 순교로 보고 있으며, 오늘날 우리는 그를 '하느님의 종'으로 모시고 있다. 그의 유해는 1979년 6월 21일에 발굴되어 명동 대성당에 안치되었다가 천진암에 옮겨져 안장되었다.

'선동자, 주동자'란, 군중의 감정을 부추기어 움직이게 하는 사람, 주체가 되어 어떤 일을 일으키거나 능동적으로 행하는 사람, 어떤 '불씨'가 되는 사람을 말한다. 하느님의 종 이벽(세례자 요한)은 조선이라는 나라의 백성들이 하느님을 알고 하느님을 믿고 천주교의 교리를 따를 수 있도록 마음을 움직이게 하고 능동적인 역할을 한 한국 천주교회의 '선동자, 주동자, 첫 불씨'가 되었다. 이벽(세례자 요한)에게 부여하는 '선동자, 주동자'라는 용어는 아주 적합한 단어가 된다.

이벽(세례자 요한)은 스스로 세례명을 '세례자 요한'이라 정하고, "나는 구세주가 우리 민족에 오시는 길을 닦겠습니다." 라는 마음으로 우리 민족을 위해 세례자 요한처럼 살고자 했던, 우리 민족의 복음화와 주님의 오시는 길을 잘 닦았던 '선구자'였다. 이벽(세례자 요한)은 우리 민족이 새롭게 잘 살기를 진심으로 바라고 있었다. 양반들만 잘 먹고 잘 사는 조선 정부의 계급사회에서 탈피하여, 우리 모두가 더불어서 함께 잘 먹고 잘 사는 세상을 만들기 위해서 짧은 생애를 다해 큰 역할을 하였고 우리를 위해 큰 불씨를 지펴주었다.

하느님의 아들이시면서 인류의 구세주로 오신 예수님께서 요르단 강에서 세례를 베풀고 있는 요한으로부터 세례를 받으시면서 사적인 생활(30년)을 끝내시고 공적인 생활(3년)을 시작하였다. 예수님께서는 세례를 받으시면서 '더 넓은 사랑, 더 큰 사랑'을 살기 시작하였다. 목수의 아들로서의 삶이 아니라 하느님의 아들로서의 삶을 새롭게 살게 되었다. 나자렛의 젊은 청년 예수가 온 인류를 위한 구세주로서의 삶을 시작하게 되었다. 이스라엘 백성들만을 위한 하느님이 아니라 모든 민족의 하느님이 되신 것이다. 인류 공동체를 위한 삶, 공동의 선(善)을 위한 삶을 살게 되었다.

이벽(세례자 요한)은 예수님의 마음처럼, '보다 더 많은 이들이' 하느님을 믿고 하느님의 사랑을 알고 하느님 덕분에 더 행복할 수 있도록, 젊은 날의 짧은 생애를 하느님과 우리 민족을 위해 열정적으로 살았다. 이벽(세례자 요한)은 감사하게도 한국 천주교회의 '멋진 불씨'가 되어주었다.

　우리도 누군가의 신앙에 멋진 불을 당겨주는 '좋은 불씨'가 되어보는 것도 의미 있겠다. '좋은 불씨'란 '더불어서 함께 사는 법'을 배우고 익히고 실천하는 것이다. '더불어서 함께 사는 법'은 '여럿이 함께 사는 방법'을 말하며, 다른 사람도 생각하는 삶의 방식, 내 옆 사람 내 뒷사람도 배려하는 삶의 방식이다. '더불어서 함께 사는 법'은 세례를 받으신 예수님께서 공동체를 위해서 공동의 선을 위해서 살기 시작하시면서 '하느님을 사랑하고 이웃을 사랑'하는 삶의 방식이기도 하다.

　우리의 좋은 '신앙의 불씨'로 인해서, 누군가가 하느님을 알고 하느님 덕분에 많이 행복해지기를 희망한다. 나로 인해서, 누군가가 하느님을 믿고 새로워지고 달라지고 좋아지기를 기대한다.

첫 번째 세례자
(이승훈 베드로, +1801년, 하느님의 종)

오대산 월정사 입구의 전나무 숲! 전나무의 가장 큰 특징은 '곧음'에 있다. 다른 나무들처럼 휘거나 굽은 구석 하나 없이 몸통이 곧고 바르다. 주변 환경이 어떻든 절대 굽어 자라지 않고 하나의 줄기로, 위로만 뻗는다.

그런데 이렇게 위로만 자라는 나무들을 보면 한 가지 문제가 있다. 주변에 버텨 줄 만한 게 없으니 결국 바람이 조금만 불어도 휘청휘청 갈피를 못 잡게 된다. 그러나 전나무 숲의 나무들은 그렇게 위로만 곧게 자라면서도 절대 흔들리거나 부러지는 예가 없다. 왜 그럴까. 그것은 저희끼리 적당한 간격으로 무리를 이뤄 각종 풍상을 이겨내기 때문이다. 만일 전나무가 저 혼자 잘났다고 한 그루씩 떨어져 자랐더라면 그 곧은 줄기가 눈이

나 바람, 서리를 이겨내지 못하고 부러지고 말았을 것이다. 전나무는 강직하게 외대로 자라지만 더불어 살아갈 줄 아는 나무다. 남을 앞지르려 하기보다 손잡고 함께 사는 것이 종국에는 스스로를 더 강하게 만든다는 걸 잘 알려주는 고마운 나무다.[5]

정원사이신 하느님께서 한국 천주교회라는 숲을 가꾸기 위해서 전나무와 같은 삶을 살았던 신앙의 순교 선조들 중에 첫 번째로 '하느님의 종 이승훈'(베드로, 1756-1801년)을 선택하셨다. 이승훈(베드로)은 한국 땅에 처음으로 심겨진 전나무와 같다. 이승훈(베드로)은 오대산의 전나무 숲의 나무들처럼 모두가 평등하게 '더불어서 함께' 살도록 첫 단추를 잘 끼워주었다.

한국 천주교회의 역사(歷史)는 이승훈(베드로)의 세례를 그 출발점으로 바라보고 있다. 이승훈(베드로)은 우리나라 최초의 세례자이자, 우리나라가 선교사 없이 신앙을 받아들였다는 사실을 중국교회에 최초로 알린 신앙의 선조이다. 이승훈(베드로)이 중국 베이징에 있는 천주교회를 직접 찾아가 세례를 받으면서 한국 천주교회의 역사가 출발하게 되었다. 한반도 땅에 처음으로 하느님 나라의 씨앗을 뿌린 것이다. 이승훈(베드로)의 생애에 대해서 알아보자.

---

5) 우종영, 나는 나무처럼 살고 싶다, 메이븐, 2021년, 157-162쪽 참조.

이승훈은 서울의 대문장가 이동욱의 장남으로 태어났다. 12세 때 모친을 여의었지만 학업에 정진하면서 진사시에 합격하여 선비의 길을 걷고 있었다. 이승훈은 일찍이 이벽, 권철신, 정약전, 정약종, 정약용과 함께 1779년부터 시작된 '천진암주어사강학회'를 통해서 이벽이 '천학(天學)'이라고 부르던 천주교의 교리를 접하게 되었다. 하지만 아직 교회서적을 많이 접하거나 연구하지 않았기에 천주교에 대해서는 깊게 알고 있지 못하였다.

이승훈이 천주교에 깊은 관심을 가지게 된 것은 1783년 부친의 수행을 위해 동지사(冬至使)로 파견되면서부터다. 동지사는 중국 베이징에 파견되는 사절단이었다. 이벽은 이승훈을 찾아가 "북경에 가는 것은 참된 교리를 알라고 하늘이 우리에게 주시는 훌륭한 기회"라면서 "참 성인들의 교리와 만물의 창조주이신 천주를 공경하는 참다운 방식은 서양인들에게는 가장 높은 지경에 이르렀고, 이 도리가 아니면 우리는 아무것도 할 수 없다"고 말하면서, 이 교리를 더 자세히 알아와 주길 부탁하였다. 이벽의 말에 감명받은 이승훈은 교회서적을 찾아 읽고 중국으로 향하였다.

이승훈은 1783년 12월 북경에 도착하여 40여일 동안 머무르며 특히 북당(北堂) 성당을 찾아가 필담(筆談)으로 교리를 배운 후, 이듬해 1784년 1월 프랑스 출신 예수회 회원인 그라몽(Jean de Grammont, 1736-1812년) 신부에게 세례를 받았다. 훗날 그라몽 신부는 이승훈(베드로)의 세례에 대해 친구 신부에게 보낸 편지에서 이렇게 말하였다. "조선의 선비가 천재다. 가르쳐 주는 바를 다 알아듣고 또 핵심을 질문해 온다. 나는 조선 천주교회의 머릿돌이 되라는 의미에서 그에게 베드로라는 세례명을 주었다."

이승훈(베드로)은 세례를 받고 1784년(정조 8년) 4월 13일(음력 3월 24일) 기하학, 각종 과학서적, 성서, 천주교 자료, 성상, 묵주 등을 가지고 귀국하였고, 이벽과 동료들에게 세례를 주고, 자신이 중국의 북경 성당에서 보고 듣고 배운대로 동료들에게 신앙생활을 전해주었다.

1785년 3월 어느 날, 동료들과 함께 서울 명례방에 있던 김범우(토마스)의 집에 모여 주일을 지키고 교리를 전하던 중에, 이 모임이 관헌에게 발각되고 말았다. 소위 '을사추조적발사건'이 발생하여 모임 참석자 전원이 체포되었다. 그러나 모임 장소를 제공한 중인(中人) 신분이었던 김범우(토마스)만 투옥되었고, 대부분은 명망 있는 양반 신분들이었던 이승훈(베드로)을 비롯한 나머지 사람들은 모두 훈방되었다.

하지만, 이승훈(베드로)은 문중과 유림의 핍박을 받게 되었다. 이승훈의 부친은 문중 대표들과 가족이 보는 앞에서 이승훈(베드로)이 지녔던 모든 천주교 서적을 불태우게 했다. 이승훈(베드로)은 가족과 문중의 박해에도 불구하고 계속해서 주일 모임을 이어 나갔다. 아직 교회법에 밝지 못했던 이승훈(베드로)과 초기교회 신자들은 신앙생활을 하기 위해 임시로 성직제도를 만들어 전례를 거행하기도 했다('가假성직제도'). 그러나 교리문답을 연구하던 중 사도적 계승을 받은 성직자 없이 자치교회를 운영하는 것이 교회법에 위반될 수도 있다는 의문이 생겼다.

　1789년 이승훈(베드로)은 윤유일(바오로)을 밀사로 보내 동지사를 따라 북경에 가서 구베아(A. Gouvea) 주교에게 답신을 받아 오도록 했다. 결국 윤유일(바오로)이 가져온 회답에 따라 조선 천주교회는 교회법에 위반되는 가성직 제도를 파하고, 성직자 영입 운동을 펴나가게 되었다. 1790년 9월에 성직자 파견을 요청하는 밀사로 윤유일(바오로)을 다시 북경에 파견하였고, 마침내 1794년 12월 23일 주문모(야고보) 신부를 조선에 입국시키는데 성공하였다.

　선교사를 입국시킨 기쁨도 잠시 1801년 수많은 신자들이 순교한 신유박해(辛酉迫害)가 일어났다. 교회의 지도자였던 이승훈(베드로) 역시 체포되어 매일같이 고문을 받았다. 박해자들은 교회 지도자 중 배교선언을 한 이들은 처형하지 않고 귀양을 보냈지만, 그렇지 않은 경우 배교의 말을 했다고 허위 기록을 하고, 허위 조작한 사실이 드러나지 않도록 즉시 처형하였다. 이승훈(베드로)의 경우도 배교 선언을 했다고 기록하고 처형하였다. 이승훈(베드로)이 신자들뿐 아니라 선비들 사이에서도 영향력이 큰 인물이었기 때문에 그의 배교 소문이 천주교 세력을 억제할 수 있으리라 여긴 것이다.

서소문에서 처형을 당하기전 동생 이치훈은 이승훈(베드로)에게 "천주학을 하지 않겠다고 한 말씀만 하시면 상감께서 살려주신다니 가족들을 생각해서라도 우선 목숨을 보전하고 봅시다."라고 설득하였다. 그러나 이승훈(베드로)은 "달은 떨어져도 하늘에 달려있는 것이고, 물은 치솟아도 못이 마르면 다한다."고 말하면서 자신의 신앙은 변함없음을 보여주었고 박해는 결국 그칠 것임을 말하였다.

이승훈(베드로)은 총 여섯 차례의 신문을 받았고, 1801년 4월 8일 45세의 나이로 정약종, 최창현, 홍교만과 함께 서소문 밖 네거리 형장에서 사형당하였다. 이 외에도 이가환, 권철신, 주문모 신부, 강완숙 등 약 300여명이 처형되었고 정약용과 정약전 등 수많은 사람들이 유배당했다.

이승훈은 '베드로'라는 이름으로 세례를 받으면서, 예수님으로부터 새로운 이름을 받은 베드로 사도처럼(요한 1,42 참조), 한국 천주교회의 초석이 되겠다는 의지를 보인 인물이었다. 한국 천주교회의 '최초의 세례자' 이승훈(베드로)은 그 이름에 걸맞게 한국 천주교회의 중요한 기초를 놓아주었다.

천주교 신자는 세례성사를 통해서 '하느님 나라의 이름'을 갖게 된다. 그래서 천주교 신자는 사랑이신 하느님 나라의 이름을 갖게 된 사람답게 사랑하는 삶을 살도록 해야 한다. 거룩하신 하느님을 믿는 사람답게 더 멋지게 거룩한 삶을 살도록 해야 한다. 누가 봐도 '하느님을 믿는 사람은 다르다. 성당에 다니는 사람은 다르다…' 라는 말을 들을 수 있도록 멋지게 더 좋은 모습으로 잘 살아야 한다.

천주교 신자는 세례성사를 통해서 '새로운 이름'(세례명)을 받는다. 그래서 천주교 신자는 새로운 이름에 걸맞게 잘 살아야 하고 새로워져야 한다. 세례명을 예쁜 이름으로 정했다면, 예쁘게 잘 살아야 한다. 세례명을 멋진 이름으로 정했다면, 멋지게 잘 살아야 한다. 세례명을 훌륭했던 분으로 선택했다면, 훌륭하게 잘 살아야 한다. 세례명을 순교자로 선택했다면, 희생하면서 순교자적인 삶을 잘 살아야 한다. 어제의 나의 모습이 부족했다면, 오늘은 좀 더 새로워져야 하겠다.

최초의 순교자
(윤지충 바오로, +1791년, 복자 ; 권상연 야고보, +1791년, 복자)

1972년 미국의 기상학자 에드워드 노턴 로렌즈 교수가 말한 날씨를 예측하는 이론인 '나비효과(butterfly effect)'라는 것이 있다. 나비의 작은 날개 짓으로 생긴 바람이 점점 커져서 대규모 회오리 바람을 일으킨다는 이론이다. 지구의 어느 한 곳 어느 작은 지역에서 발생한 아주 작은 기후의 변화가 시간이 지나면서 엄청난 토네이도로 변화하여 피해를 주게 되는 것을 말한다.

2019년에는 '코로나 19' 국면과 함께, 인도양 서부 지역(아프리카 동부 연안)의 수온이 높아지고 인도양 동부 지역(동남아, 오세아니아)의 수온은 낮아지는 현상이 있었다. 학자들은 '인도양 쌍극'(Indian Ocean dipole) 현상이라 하였다. 쌍극(雙極), 즉 두 끝 지점에서 온도의 극단이 있으면서, 이로 인해 아프리카 동부 지역은 강수량이 늘어나는 반면, 인도네시아 및 호주 지역은 더욱 건조해졌다. 결국 2019년에 아프리카 동부 지역에 폭우로 인한 홍수와 산사태가 발생하여 많은 사람들이 희생되고 수십만 명이 이재민이 되었다. 반면, 호주 지역은 건조해졌고 가뭄과 산불 피해를 악화시켰다. 비가 적게 오니 산불이 확산된 것이다. 호주 산불이 6개월가량 전 국토의 2/3를 덮치고 말았다. 지구 온난화로 인도양 쌍극은 멀리 우리나라에도 영향을 주었으니 소위 나비효과인 셈이다.

우리 신앙의 선조들은 박해를 받으면 받을수록 오히려 하느님께 대한 신앙을 더욱 굳건하고 더욱 강렬하게 가지게 되었고, 우리 신앙의 선조들의 믿음은 더 깊어만 갔다. 순교자들의 피가 이 땅에 뿌려지면 뿌려질수록 나비효과처럼 순교자들의 피는 우리 교회에 새로운 씨앗이 되어, 더 널리 더 넓게 더 많이 전파하였다. 그래서 "(순교자들의) 피는 그리스도인들의 씨앗이다!"라는 말처럼, 순교자들의 피는 새로운 생명을 품은 씨앗이 되었다.

한국 천주교회의 최초의 순교자 윤지충(바오로)과 권상연(야고보)의 순교의 피는 새로운 생명을 품은 씨앗이 되어 우리 한국 천주교회에서 수많은 순교자들을 낳았고, 그 순교자들의 '피' 위에 우리 한국 천주교회가 굳건히 세워지게 되었다. 1791년 신해사옥(辛亥邪獄)이라고도 불리는 신해박해(辛亥迫害)로 윤지충(바오로)과 권상연(야고보)이 순교하면서 여러 박해들 가운데 비록 그 규모는 작았지만 한국 천주교회에 지대한 영향을 준 사건이 되었다. 복자 윤지충(바오로, 1759-1791년)과 복자 권상연(야고보, 1751-1791년)의 생애를 알아보자.

윤지충은 1759년 전라도 진산의 양반 집안에서 태어났다. 총명했던 윤지충은 1783년 봄 진사 시험에 합격하였다. 이 무렵에 고종 사촌 정약용을 통해 천주교 신앙을 알게 되면서 스스로 천주교에 관련된 서적을 구해 읽기 시작하였고, 1787년 인척이었던 이승훈(베드로)에게 세례를 받았다. 이후 바오로는 어머니와 아우 윤지헌, 외종 사촌 권상연(야고보)에게도 교리를 가르쳐 천주교 신앙을 받아들이게 하였다. 또 인척인 유항검(아우구스티노)과 자주 왕래하면서 널리 복음을 전하는 데 노력하였다.[6]

권상연(權尙然) 야고보는 1751년 진산의 유명한 학자 집안에서 태어났다. 본래 그는 학문에 정진해 오고 있었으나, 고종 사촌 윤지충(바오로)으로부터 천주교 교리를 배운 뒤에는 기존의 학문을 버리고 천주교 신앙을 받아들여 입교하였다. 그때가 1787년 무렵이었다.[7]

---

6) '복자' 윤지충 바오로와 동료 순교자 123위 '하느님의 종' 가경자 최양업 토마스 신부 약전 중 복자 윤지충 바오로, CBCK 한국천주교주교회의, 2017년.

7) '복자' 윤지충 바오로와 동료 순교자 123위 '하느님의 종' 가경자 최양업 토마스 신부 약전 중 복자 권상연 야고보, CBCK 한국천주교주교회의, 2017년.

한편, 이벽(세례자 요한) 이승훈(베드로)과 같은 초기교회 신자들은 책을 통해서 알게 된 신앙생활의 여러 궁금했던 점들을 알아보기 위해 1789년 중국 북경 교회에 밀사(윤유일 바오로)를 파견하였다. 1790년 중국 북경 구베아 주교가 자세히 응답을 해주었는데, 그 중에서도 조선 천주교회의 '가성직제도'의 잘못과 '제사 금지령'을 내리게 되었다. 이에 많은 양반들은 '제사 지내지 마라'는 교리에 천주교를 버리고 떠나게 되었다.

바오로는 권상연과 함께 이 가르침을 따르기 위해 집안에 있던 신주를 불살랐다. 또 이듬해 여름 어머니(즉 권상연의 고모)가 사망하자 유교식 제사 대신 천주교의 예절에 따라 장례를 치렀다. 이는 어머니의 유언이기도 하였다.[8] *신주(神主, 죽은 사람의 위패) 이것이 친척들과 사람들의 입을 통해서 소문이 널리 퍼지게 되면서 비난을 받다가 결국 순교한 사건이 '진산사건'이고 '신해박해'의 원인이 되었다.

야고보와 윤지충이 신주를 불사르고 전통 예절에 따라 제사를 지내지 않았다는 소문은… 조정에까지 전해져 그곳을 온통 소란스럽게 하였다.[9] 당시로서는 그야말로 천지개벽이나 마

---

8) '복자' 윤지충 바오로와 동료 순교자 123위 '하느님의 종' 가경자 최양업 토마스 신부 약전 중 복자 윤지충 바오로, CBCK 한국천주교주교회의, 2017년.
9) '복자' 윤지충 바오로와 동료 순교자 123위 '하느님의 종' 가경자 최양업 토마스 신부 약전 중 복자 권상연 야고보, CBCK 한국천주교주교회의, 2017년.

찬가지였다. 나라를 다스리는 지배 이념이자 질서인 유학, 그 가운데 골자인 관혼상제(冠婚喪祭) 중 제례를 무너뜨린 것이다.

얼마 안되어 '그들을 체포해 오라'는 명령이 진산 군수에게 내려졌다.

체포령 소식을 들은 야고보는 충청도 한산으로, 윤지충은 충청도 광천으로 각각 피신하였다. 그러자 진산 군수는 그들 대신 윤지충의 숙부를 감금하였고, 이러한 사실을 전해들은 그들은 즉시 숨어 있던 곳에서 나와 진산 관아에 자수하였다. 그때가 1791년 10월 중순경이었다.[10]

윤지충(바오로)은 진산 군수 신사원에게 흔들임 없는 어조로 말하였다. "첫째, 나는 위패를 모시지 않았다. 신체발부는 수지부모(身體髮膚 受之父母)니 내 몸과 머리털, 뼈, 피와 살은 부모로부터 받았다. 나에게 피와 살과 뼈를 물려주신 부모를 대신할 것은 아무것도 없다. 더구나 누가 만들었는지도 모를 나무토막을 아버지, 어머니로 모실 수는 없다. 둘째, 부모를 공경함에 허식이 있어서는 안 된다. 부모님 살아 계실 때 효성을 다 했고 예를 다했고 돌아가신 후에는 영적으로 모시는 데 한 치의 어긋남이 없었다. 살아 계실 때도 잠드신 다음에는 음식을 드리지 않았는데 하물며 영원히 잠드신 후에 음식을 드리는 헛

---

10) '복자' 윤지충 바오로와 동료 순교자 123위 '하느님의 종' 가경자 최양업 토마스 신부 약전 중 복자 권상연 야고보, CBCK 한국천주교주교회의, 2017년.

된 짓을 할 까닭이 있는가? 셋째, 지금 양반만 제사를 지내지 상민은 제사를 지내지 않는다. 상민이 제사를 지내지 않는다고 벌 받는 법은 없다. 그러니 내가 법을 어겼다면 양반의 법을 어겼을 뿐이다. 내 비록 제사를 지내지 않아서 선비와 양반들에게 죄를 얻을지언정 하느님의 법은 어기지 않고자 함이었다. 이게 내가 하느님을 공경하는 뜻이다."

관아에서는 그들에게 여러 차례의 설득과 회유가 있었으나 조금도 흔들리지 않았고, 그들은 진산 관아와 전주 감영을 거치면서 문초를 견뎌야 했다. 특히 바오로는 천주교 교리를 설명하면서 제사의 불합리함을 조목조목 지적하였고, 이에 화가 난 감사는 그들에게 혹독한 형벌을 가하도록 하였다.

바오로와 권상연은 이미 죽음을 각오하고 있었다. 그러므로 "천주를 큰 부모로 삼았으니, 천주의 명을 따르지 않는다면 이는 결코 그분을 흠숭하는 뜻이 될 수 없습니다."라고 대답할 뿐이었다.[11]

당시 전라 감사가 조정에 올린 보고서에는 다음과 같은 내용이 들어 있었다.

"윤지충과 권상연은 유혈이 낭자하면서도 신음 소리 한 마디 없었습니다. 그들은 천주의 가르침이 지엄하다고 하면서 임

---

[11] '복자' 윤지충 바오로와 동료 순교자 123위 '하느님의 종' 가경자 최양업 토마스 신부 약전 중 복자 윤지충 바오로, CBCK 한국천주교주교회의, 2017년.

금이나 부모의 명은 어길지언정 천주를 배반 할 수는 없다고 하였으며, 칼날 아래 죽는 것을 영광스럽게 생각한다고 말하였습니다."

사형 판결문이 전주에 도착하자 감사는 즉시 바오로와 권상연을 옥에서 끌어내 전주 남문 밖으로 끌고 갔다. 이때 바오로는 마치 잔치에 나가는 사람처럼 즐거운 표정을 하였으며, 따라오는 사람들에게 끊임없이 교리를 설명하였다. 그런 다음 '예수 마리아'를 부르면서 칼날을 받았으니, 그때가 1791년 12월 8일(음력 11월 13일)로, 당시 그의 나이는 32세였다.[12]

이어 야고보도 '예수 마리아'의 거룩한 이름을 부르면서 칼날을 받았으니,… 당시 그의 나이는 40세였다.[13]

조정에서는 뒤늦게 윤지충과 권상연의 '사형 중지'를 명했으나, 한발 늦어 사형됐다는 소식을 정조가 듣고, 이게 선례가 되어 앞으로 천주교 신자들이 다 죽을 것을 염려하여 '천주교를 믿으면 죽게 될 테니 믿지 말라'는 방(榜)을 전국에 붙이게 하였다.

1790년대 초반은 1784년에 천주교가 들어와 십 년도 되지 않아서 서울과 충청도 내포와 전라도 일대에서밖에 천주교를

---

12) '복자' 윤지충 바오로와 동료 순교자 123위 '하느님의 종' 가경자 최양업 토마스 신부 약전 중 복자 윤지충 바오로, CBCK 한국천주교주교회의, 2017년.
13) '복자' 윤지충 바오로와 동료 순교자 123위 '하느님의 종' 가경자 최양업 토마스 신부 약전 중 복자 권상연 야고보, CBCK 한국천주교주교회의, 2017년.

모르던 때였다. 그러나 전국 방방곡곡에 천주교에 관한 방을 붙이게 되었으니, 오히려 온 나라 사람들이 천주교를 알게 되는 계기가 되었다. 그리고 사람들은 천주교 때문에 죽는 사람들을 보거나 알게 되면서 '얼마나 좋은 도리이기에 목숨까지 바쳤을까?' 하며 궁금해하기도 했다 한다. 순교자의 피가 몇 년이 걸려도 이루지 못할 전교를 조정에서 대신해 준 것이다. 우리는 여기에서 "(순교자들의) 피는 그리스도인들의 씨앗이다!"(semen est sanguis christianorum!)라는 교부(敎父) 테르툴리아노의 말씀을 기억할 수 있다.

1791년 조선 최초의 천주교에 대한 박해 사건이 된 이 진산 사건(珍山事件)은 신해교난(辛亥敎難) 또는 신해사옥(辛亥邪獄)이라 불린다. 제사 거부라는 천주교 교리는 천주교를 탄압하기 위한 좋은 명분이 되었고, 천주교는 정치 세력 간에 정적 숙청의 희생양으로 악용되기도 하였다.

바오로와 권상연의 친척들은 9일 만에 관장의 허락을 얻어 순교자들의 시신을 거둘 수 있었다. 이때 그들은 그 시신이 조금도 썩은 흔적이 없고, 형구에 묻은 피가 방금 전에 흘린 것처럼 선명한 것을 보고는 매우 놀랐다. 이후 교우들은 여러 장의 손수건을 순교자의 피에 적셨으며, 그중 몇 조각을 북경의 구베아 주교에게 보내기도 하였다. 당시 죽어가던 사람들이 이 손수

건을 만지고 나은 일도 있었다고 한다.[14]

그러나 그 후 230년 동안 윤지충(바오로)과 권상연(야고보)의 시신이 묻혀 있는 묘소(墓所)는 이 세상 어느 누구에게도 알려지지 않았다. 다행히도 2021년이 되어서야 세상에 그 모습을 비로소 드러내게 되었고, 전주교구 초남이 성지에 그분들의 유해를 다시 잘 모시게 되었다.[15]

순교자 윤지충(바오로)과 권상연(야고보)은 대전교구에서 열린 제6회 아시아 청년대회를 위해 방한한 교황 프란치스코에 의해 2014년 8월 16일 서울 광화문 광장에서 동료 순교자 122위와 함께 시복되었다. '윤지충 바오로와 123위 동료 순교자들'은 매년 5월 29일에 함께 축일을 기념하고 있다.

갓 태어난 한국 천주교회의 최초의 순교자 윤지충(바오로)과 권상연(야고보)의 순교는 아무도 관심이 없었고, 아무에게도 영향력을 주지 않았고, 아무런 의미도 없는 보잘것없는 죽음일 수 있었다. 그러나 하느님께서 그들의 순교의 피에 담겨져 있는 생명의 씨앗을 잘 발아시켜 오늘의 한국 천주교회를 굳건하게 세워주셨다.

---

14) '복자' 윤지충 바오로와 동료 순교자 123위 '하느님의 종' 가경자 최양업 토마스 신부 약전 중 복자 윤지충 바오로, CBCK 한국천주교주교회의, 2017년.
15) 한국 최초의 순교자 복자 윤지충 바오로와 권상연 야고보, 신유박해 순교자 복자 윤지헌 프란치스코 유해의 진정성에 관한 기록, 천주교 전주교구, 2021년 참조.

"밀알 하나가 땅에 떨어져 죽지 않으면 한 알 그대로 남고, 죽으면 많은 열매를 맺는다. 자기 목숨을 사랑하는 사람은 목숨을 잃을 것이고, 이 세상에서 자기 목숨을 미워하는 사람은 영원한 생명에 이르도록 목숨을 간직할 것이다."(요한 12,24-25)

예수님께서는 보잘것없는 밀알 하나가 떨어져 죽었는데 나중에 많은 열매를 맺게 되었다고 말씀하셨다. 밀알 하나가 하나의 열매를 맺는 게 아니라 많은 열매를 맺을 수 있는데, 땅에 떨어져 죽어야 많은 열매를 맺을 수 있다. 밀알 하나처럼 가장 보잘것없는 희생의 삶이 많은 이들을 구원하게 된다는 말씀이다.

예수님의 이 말씀은 보잘것없는 밀알 하나가 나중에 썩어서 긍정적인 효과를 가져와 많은 열매를 맺게 된다는 의미로, 오늘날 '나비효과'와 같은 의미를 담고 있다. 아무 죄 없으신 예수님께서 우리를 위해 희생제물이 되심으로서 온 인류를 구원하는 역할을 하시게 되었음을 우리는 잘 알고 있다.

우리의 작은 희생의 삶이 큰 결과를 만들어 낼 수 있다. 우리의 작은 희생이 큰 효과와 큰 열매를 가져올 수 있다. 우리의 작은 사랑이 큰 사랑을 만들 수 있다. 우리의 작은 희생, 작은 사랑, 작은 용서가 다른 사람들에게 큰 힘이 되고, 큰 위로가 되고, 큰 기쁨과 큰 행복을 가져다줄 수 있으면 좋겠다. 우리의 작은 사랑, 작은 희생으로 큰 사랑을 만들어 내는 '사랑의 나비효과'가 많이 있었으면 좋겠다.

내포의 사도
(이존창 루도비코, +1801년, 하느님의 종)

'고구마 선교, 땅콩 과자 선교, 길거리 선교, 공부방 선교…' 어느 개신교회의 선교 모습들이다. 지나가는 사람들에게 '고구마, 땅콩 과자들'을 공짜로 나눠주면서 '우리 교회가 어디에 있다, 우리 교회에 오시라…'라고 선교하고 있다. 또 '아이들 공부방'을 만들어 동네 아이들을 공부할 수 있도록 배려하고 보살펴 주는 '공부방 선교'도 있다.

어느 날 예비자 교리를 처음 시작하는 첫 시간에, 예비신자 한 사람 한 사람에게 어떻게 성당에 오게 되었는지 물어보았다. 한 예비신자가 "저는 이 성당 앞에서 10년째 슈퍼마켓을 운영해 온 사람입니다. 그만큼 이 성당에 다니는 분들이 우리 가게를 많이 찾아왔지요…" 여기까지 이야기할 때만 해도 '아, 우리 교우들의 모범적인 모습에 감동 받았거나 누구의 권유로 오게 된 것이구나…' 하고 생각했다. 그런데 이어지는 그의 말은 뜻밖이었다. "그렇게 많은 신자가 10년 동안 우리 가게를 찾아 주었는데, 단 한 사람도 저에게 성당 가자고 권하지 않았습니다. 그래서 오기가 생겨 직접 제 발로 온 것입니다." 이 이야기에 쥐구멍이라도 찾고 싶을 정도로 부끄러웠다.

선교란, '하느님을 드러내고, 하느님을 알리는 일'이다. 누군가가 하느님을 알려주어야 하느님을 믿을 수 있다. 누군가가 성당에 대해서 설명해 주어야 성당에 발걸음을 옮길 수 있다. 누군가가 하느님에 대해서 잘 가르쳐 주어야 하느님을 더 쉽게 잘 이해할 수 있다.

우리 신앙의 선조들 중에서 '하느님을 드러내는 삶'을 가장 잘 했던 인물을 꼽자면, 지금의 충남 '여사울 성지'의 '내포(內浦)의 사도' 이존창(루도비코, 1759-1801년)을 생각하지 않을 수 없다. 내포(內浦)라 함은 충남 아산에서 태안까지의 평야지대를 일컫는 지명(地名)으로, 삽교천과 무한천의 두 물줄기가 흐르는 충남 중서부 지역을 말한다. 하느님의 종 이존창(루도비코)에 대해서 알아보자.

이존창은 지금의 충남 예산군 신암면 신종리에 해당하는 여사울에서 1759년 농가의 양민으로 태어났다. 그는 처음에는 자신의 집에서 글을 배우다가, 1780년대에 서울에 올라가 김범우의 집에서 당시 유학자로 명성이 높은 권일신을 만나 그의 문하에 들어가 제자가 되었다.

1784년 9월 권일신(프란치스코 하비에르)이 천주교의 세례를 받게 되자, 이존창(루도비코)도 천주교의 교리와 계명을 받아들이고 세례를 받았다. 이존창(루도비코)은 세례 이후 고향으로 돌아와 가족과 친척, 그리고 친구들과 이웃들에게 천주교를 전하였는데, 길지 않은 시간에 그 입교자의 수가 무려 300여명이나 되었다. 이로서 내포지역의 천주교 공동체가 튼튼하게 기초를 다지게 되었다.

이존창(루도비코)은 사람들의 마음을 끄는 뛰어난 능력과 특별한 재능까지 겸비하였다. 그래서 교우들은 "이존창의 집에서는 지식을 채우고, 원동지의 집에서는 배를 채운다."는 말들을 하곤 하였다. 원동지는 홍주 응정리(현 충남 당진시 합덕읍 성동리) 출신의 원시보(야고보, 1730-1799년, 복자)로 부유한 교우였으며, 모든 나그네들을 후하게 대접하기로 유명하였다.

이존창(루도비코)에 의해 이루어진 내포 지역의 천주교 공동체는 다른 어느 곳보다 열심이었고, 이후 100년간의 박해 때마다 수많은 순교자를 배출하여 한국 천주교회의 굳건한 토대 역할을 하였다. 오늘날 이 지역에 복음을 널리 전파한 이존창(루도비코)을 '내포의 사도'라고 부르고 있는 이유이기도 했다.

이존창(루도비코)은 당시 평신도들로 구성된 잘못된 임시성사집행(가성직제도)에도 가담하였지만, 곧바로 개선하여 성직자 영입 운동에도 열심하였다. 그는 1791년 신해박해 때 체포되어 잠시 배교하기도 하였지만, 즉시 뉘우치고 새로운 회개의 삶을 살았다.

충청도 홍산으로 이사하여 지난날의 잘못을 뉘우치며 더욱 열심히 수계생활을 하고 전교에 힘썼다. 이로 인하여 그의 눈물과 땀으로 전교한 내포와 홍산 지방에서는 박해 중에 불굴의 증거자들이 잇달아 배출될 수 있었다.

우리나라 최초의 사제인 성 김대건(안드레아) 신부의 집안도 그의 전교로 입교하였는데, 김대건 신부의 할머니가 그의 조카딸이 된다. 그리고 우리나라 두 번째 사제인 최양업(토마스) 신부는 그의 생질의 손자가 된다. 이렇게 그가 전교한 결과로 입교하게 된 초기 한국 천주교회의 신자들에 의해 오늘날 한국 천주교회의 교우들의 상당 부분이 그의 전교로 입교한 교우들의 자손들이라 할 수 있을 정도라고 평가되고 있다.

1795년 말에 다시 체포되어 연금생활을 하게 되었는데, 연금생활 중에서도 이존창(루도비코)은 열심한 기도와 탁월한 교리지식으로 주변에 많은 감화를 주었다. 1801년의 신유박해를 맞아 6년간의 연금생활에 이어 다시 체포되어 서울로 압송되었다. 그는 1801년 4월 8일 명도회 초대회장 정약종(아우구스티노)과 함께 사형선고를 받았다. 그의 사형은 출신지 감사가 있는 곳인 공주로 호송되어 공주 황새바위에서 참수 순교 (1801.4.10.) 하였으니 그의 나이 42세였다.

내포의 사도 이존창(루도비코)의 일생은 사도적 열성으로 불탔고, 그의 전교 업적은 한국 천주교회 역사에 뚜렷한 흔적을 남겼다. 하느님을 드러내고 하느님을 알리고 하느님을 전하는데 있어서 그의 열정은 어느 누구도 따라가지 못하였다.

우리 신앙인들도 내포의 사도 이존창(루도비코)처럼 하느님을 드러내고 하느님을 알리고 하느님을 전해야 한다. 우리가 믿고 있는 하느님이 나만을 위한, 한 개인을 위한, 한 민족을 위한 하느님이 아니라, 우리 모두를 위한 하느님 온 인류를 위한 하느님이시라는 것을 세상에 드러내야 한다. 어떻게 보면, 이존창(루도비코)도 우리와 똑같은 인간적 약점을 멍에처럼 지니고 있어, 한차례 나약한 배교(背敎)의 아픔을 체험하였다. 그러나 그의 뉘우침과 회개의 삶과 보속의 새로운 삶은 그를 '내포의 사도'가 되게 하였다.

내포의 사도 이존창(루도비코)이 충청도 공주에서 장렬하게 참수되어 순교할 때 그의 나이는 42세였다. 교회의 역사는 내포(內浦)가 늘 열심한 천주교인들과 훌륭한 순교자의 못자리로 기억될 때마다 내포의 사도 이존창(루도비코)도 함께 기억하고 있다.

이존창(루도비코) 덕분에 충청도의 내포 지역에 신앙의 씨앗이 잘 뿌려질 수 있었고, 이존창(루도비코) 덕분에 내포 지역을 필두로 한국 땅 전체에 천주교회의 씨앗이 뿌려지기 시작할 수 있었고, 이존창(루도비코) 덕분에 한국 천주교회의 최초의 사제와 두 번째 사제가 그의 집안에서 나올 수 있었으며, 이존창(루도비코) 덕분에 한국 천주교회의 자랑스런 신앙의 수많은 순교자들을 우리가 모실 수 있게 되었다.

천주교 신자라는 자부심을 가지고 한국 천주교회의 첫 씨앗을 잘 뿌려주신 내포의 사도 하느님의 종 이존창(루도비코)처럼, '사랑이신 하느님, 좋으신 하느님'을 내 안에 꼭꼭 숨기지 말고, 사람들과 세상에 드러내는 삶을 살아야 하겠다.

최초의 선교 사제
(주문모 야고보 신부, +1801년, 복자)

심전(心田). 우리 가슴 속에는 '마음의 밭'이 있다. 하느님께서 우리의 마음의 밭에 씨앗을 묻어 주셨다. 장사꾼이 될 사람은 장사 씨앗을, 기술자가 될 사람은 기술 씨앗을, 군인 될 사람은 군인 씨앗을, 그리고 신부될 사람한테는 신품 씨앗을 주었다. 물론 사람이 잘 알지 못해서 개중에는 하느님이 심어 놓은 종자를 썩혀 버리는 사람도 있다.[16]

하느님께서는 중국인 주문모(야고보) 신부의 마음의 밭에도 한국 천주교회를 위한 멋진 씨앗을 묻어 주셨다. 그리고 그로

---
16) 정채봉, 저 산 너머, 리온북스, 2019년, 152쪽 참조.

하여금 목자 없는 길 잃은 양들인 한국 천주교회의 신자들을 위해 멋진 나무가 되어 튼실한 열매를 맺어주기를 바라셨다. 한국 천주교회를 위해서 가장 먼저 외롭고 힘겨운 사제의 삶을 살았던 중국인 사제 복자(福者) 주문모(야고보, 1752-1801년) 신부는 천주교 신부로는 최초로 한국에서 선교활동을 했다.

언어가 다르고 문화도 다르고 음식도 다른 외국(外國)에서 생활하는 것이 쉬운 일은 아니다. 더군다나 박해(迫害)의 위험이 도사리고 있는 외국에서 천주교회의 사제로서 외롭게 홀로 사목을 하는 것은 하느님의 축복과 도우심이 없다면 참으로 힘겹고 무모한 생활일 수 있다. 중국인 사제 주문모(야고보) 신부에 대해서 알아보자.

> 1752년 중국 강남의 소주부 곤산현에서 태어난 주문모(周文謨) 야고보 신부는 어려서 부모를 잃고 고모 슬하에서 성장하였다. 그러다가 스스로 천주교 신앙을 진리라고 생각하여 이를 받아들이게 되었고, 이후 북경교구 신학교에 입학하여 제1회 졸업생으로 사제 서품을 받았다.[17] 주문모 신부는 1794년 당시 북경 교구장 구베아 주교에 의해 조선에서 선교활동을 전담할 선교사로 임명되었으며, 그해 12월 23일 조선의 천주교 신자인 윤유일(바오로) 등의 안내로 조선에 입국했다.

---

17) '복자' 윤지충 바오로와 동료 순교자 123위 '하느님의 종' 가경자 최양업 토마스 신부 약전 중 복자 주문모 야고보, CBCK 한국천주교주교회의, 2017년.

조선 사람으로 변장하고 밀사들과 함께 조선에 입국한 주문모 신부는 서울 북촌(北村)의 최인길(마티아)의 집에 머물면서 한글을 배우고, 1795년 예수 부활 대축일 미사를 신자들과 함께 조선교회에서 처음으로 봉헌하였다.

하지만 얼마 지나지 않아 과거 천주교 신자였던 한영익의 밀고로 그의 입국 사실이 탄로 났고, 강완숙(골룸바)의 집으로 피신해 비밀리에 성무를 집행했다. 그의 입국 사실과 입국 경로 등이 조선 정부에 알려지자 입국을 도왔던 윤유일(바오로), 최인길(마티아), 지황(사바)이 처형되었으니, 이것이 1795년 을묘박해(乙卯迫害)가 되었다. 이로써 주문모 신부로 인한 을묘박해는 서울에서 일단락되는 듯했다. 그러나 지방에서는 도리어 박해가 더욱 심해져 1797년 충청도의 정사박해와 1801년 신유박해로 발전하였다.

한편, 주문모 신부는 강완숙(골룸바)의 집으로 피신하여 생활하면서 명도회(明道會)라는 교리연구회를 조직하여 신자들로 하여금 교리연구와 선교에 힘쓰도록 했다. 또한 당시 조선 천주교회의 소식을 베이징 주교에게 알리는 한편, 체포의 위험 속에서도 충청도 내포와 전라도 전주 등을 다니며 지방 선교 활동을 했다.

주문모 신부는 강완숙(골룸바)에게 세례를 주고 여회장에 임명하여 여성들에 대한 선교를 담당하게 했다. 그뒤 그녀의 안내로 은언군(恩彦君)의 처 송씨와 며느리 신씨가 세례를 받았다. 이러한 활동으로 조선의 천주교 신자는 한때 1만여 명에 이르렀으나, 1801년 신유박해(辛酉迫害)가 일어나자 많은 신자들이 체포되었다.

주문모 신부는 신자들이 탄압을 받자 본국으로 돌아가는 것이 좋을 것으로 판단하여 국경에까지 도착했으나, 마음을 바꾸어 다시 서울로 돌아와 1801년 4월 24일 의금부에 자수했다. 관아를 찾아 "내가 당신들이 사방에서 헛되이 찾는 그 신부"라면서 자수했다. 주문모 신부는 '양떼와 운명을 같이해 순교함으로써 모든 불행을 막아야 한다'고 생각했던 것이다.

주문모 신부는 형벌 중에도 침착했고, 모든 질문에 신중하게 대답했다. 그는 박해자들에게 "조선에 온 것은 오로지 조선 사람들을 사랑하기 때문이었다." 하였고, 결국 주문모 신부는 1801년 5월 31일 새남터로 끌려가 목을 베어 군문에 매다는 군문효수형을 받아 49세의 나이로 순교했다.

증언에 따르면, 주문모 신부의 형(刑)이 집행되자 청명하던 하늘이 어두운 구름으로 가득차고 갑자기 비바람이 불어 앞을 분간할 수 없었지만, 집행이 끝나자 곧바로 구름이 걷히고 무지개가 먼 하늘에 떠 서북쪽으로 흩어졌다고 전해진다. 주문모(야고보) 신부는 2014년 8월 16일에 프란치스코 교황에 의해서 '윤지충 바오로와 동료 순교자 123위' 복자들 중에 한 분이 되었다.

양들을 지키는 목자가 자기가 위험에 처하게 되었을 때, 양들을 버리고 도망을 치면 그는 '삯꾼'이다. 그러나 양들을 지키기 위해 자신의 목숨을 내어놓으면 그는 '착한 목자'이다. 주문모(야고보) 신부는 양들을 위해 자신의 목숨을 기꺼이 내어놓은 '착한 목자'가 되었다.

> "나는 착한 목자다. 나는 내 양들을 알고 내 양들은 나를 안다… 나는 양들을 위하여 목숨을 내놓는다… 아버지께서는 내가 목숨을 내놓기 때문에 나를 사랑하신다… 내 양들은 내 목소리를 알아듣는다. 나는 그들을 알고 그들은 나를 따른다."
>
> (요한 10,14.15.17.27)

예수님께서는 착한 목자가 무엇하는 사람인지를 잘 말씀해 주셨다. 그리고 예수님은 착한 목자로서 우리에게 오셨는데, 그저 착한 것이 아니라 양들을 위해 '목숨을 바치는' 목자로 오셨다. 예수님은 타인을 위해 희생한다는 것이 얼마나 의미있고 보람있고 가치있는 삶인가를 보여주셨다.

한국 천주교회의 최초의 선교 사제 주문모(야고보) 신부는 예수님의 말씀을 온전히 따랐다. 고향 중국 땅으로 다시 돌아갔어도 아무도 뭐라고 말할 사람이 없었을 텐데, 다음을 기약하고 도모하기 위해 잠시 한국 천주교회를 떠났어도 아무도 비판할 사람이 없었을 텐데, 주문모(야고보) 신부는 자신의 눈앞에 어른거리는 양들을 포기할 수도 없었고, 잊을 수도 없었고, 그냥 내버려둘 수도 없었다. 주문모(야고보) 신부는 자신에게 맡겨진 양들을 위해 자신을 희생하고 봉사하는 삶을 잊지 않았다. 필요하다면 양들을 위해 자신의 목숨까지도 내어놓을 줄 아는 삶을 살았다.

지금은 박해 시기가 아니기에 굳이 목숨까지 희생하는 목자를 바래서는 안 될 것이다. 단지 우리 양들을 위해 착한 목자로 오신 예수님께서 오늘의 양들을 위해 진실된 희생과 봉사와 기도와 사랑을 많이 보여주는 착한 목자들을 많이 보내 주시기를 바라고 기도해야 하겠다.

아까운 인재(人才)
(황사영 알렉시오, +1801년)

 '황사영'을 아는가? 그럼 '황사영 백서'를 아는가? 황사영은 당대 최고의 지성인이었고, 조선이라는 나라의 미래를 걱정했던 투사였으며, 한국 천주교회를 온몸으로 지키려 했던 열정적인 순교자였다. 황사영은 우리가 휴가차 자주 가는 제주도 '대정성지'의 주인공인 '정난주 마리아'의 남편이기도 하다. 그러나 세상이 그를 알아보지 못하였고, 국가가 그의 충정을 이해하지 못하였기에, 그의 가족들과 그의 삶의 여정은 평범하지 못했고 우여곡절을 겪었다. 우리들의 마음을 안타깝게 만드는 그의 인생 여정이다. 황사영(알렉시오, 1775-1801년)에 대해서 알아보자.[18]

---

18) 장정옥, 고요한 종소리(소설 황사영), 성바오로, 2016년 참조.

1790년, 22대 정조 임금 시절, 전국적으로 인재를 등용하기 위해 과거시험이 있었다. 팔도의 선비들이 구름처럼 모였고, 그 중에 16살의 경기도 강화 출신 황사영이 있었다. 황사영은 사마시에 합격하여 진사가 되었는데, 답안 작성이 매우 뛰어나 정조 임금을 직접 만나는 영광을 누리게 되었다. 임금은 황사영에게 나이가 아직 어리니 '20살이 되면 중용하겠다.' 약속하고, '학문에 더욱 정진하라.' 하고, '급양비'(생활비)를 하사하였다.

또한 황사영에게 '어무(御撫)'가 내려졌다. '어무'란 임금이 그의 손을 잡은 것을 말한다. 당시에 어무가 내려진 손은 흰 비단을 감고 다녔고, 어무 받은 사람이 지나가면 사람들은 길을 비키고 경의를 표해야 했다. 어무 받은 사람의 집 앞을 지나갈 때도 경의를 표해야 했다.

황사영의 스승은 '정약종'(아우구스티노)이었다. 정약종(아우구스티노)은 정하상(바오로)의 아버지가 되고, 조선시대에 뛰어난 학자 중 한 명인 다산 정약용(세례자 요한)의 형이 된다. 당대의 대학자 집안(정약현, 정약전, 정약종, 정약용)이 천주교 집안으로서 빼어난 황사영에게 교리를 가르쳤고, 황사영은 '알렉시오'라는 세례명으로 세례를 받았다. 그리고 큰 형님 정약현의 맏딸 정난주(마리아)와 혼인하였다.

황사영(알렉시오)은 세례 후, 세상의 참된 진리는 천주교에 있음을 깨닫고, 모든 것을 '버리고, 포기하고' 한양으로 올라와 2년 동안(1797-1798년) 숨어서가 아니라 사람들에게 드러내 놓고 천주교 교리를 가르쳤다. 그 당시에도 천주교 박해 중이었지만, 어무가 내려진 황사영(알렉시오)을 잡아갈 사람은 아무도 없었다. 또한, 당대 최고의 천재가 교리를 완벽하게 알고 분명하게 가르치고 있었으니, 이때 많은 사람들이 황사영(알렉시오)으로부터 교리를 배우고 주문모 신부로부터 세례를 받았다.

황사영(알렉시오)의 행동을 마음에 들지 않았던 포도청 포졸들은 이러한 사실을 포장에게 알리고, 포장은 승정원에게, 승정원은 삼정승에게, 그리고 삼정승은 임금에게 이 사실을 알리게 되었다. 황사영(알렉시오)의 문중에서는 하루빨리 벼슬길로 나가라고 종용을 하였지만, 오히려 그는 수염을 깎고, 명문대가의 양반 신분을 내던지고, 급양비도 사절하고, 보장된 출세길도 버리고, 신앙생활을 하기 위해 '충북 제천 배론 산골'로 들어갔다.

황사영(알렉시오)은 배론의 한 토굴 속에 숨어서, 중국 천주교회를 통해 교황이 계시는 로마에 '편지'를 보내려 계획하였다. 이것이 그 유명한 '황사영 백서'이다. 가로 62cm, 세로 38cm의 흰 명주 천에 붓으로 한 줄에 110자씩 122줄, 모두

13,348자를 잔글씨로, 당시 조선 천주교회의 박해 상황과 우리나라의 정치, 경제, 문화의 현황을 소상하게 적어서, 유럽의 여러 나라들이 가난한 우리나라를 도와주기를 바라고 있었다.

그러나, 백서 전달자가 국경에서 체포되면서 백서도 발각되었고, 결국 토굴 속에 있던 황사영(알렉시오)도 잡히게 되었다. 조정에서는 황사영(알렉시오)을 중형죄로 처벌하여 1801년 12월 10일 사형을 집행하였다.

황사영(알렉시오)은 하느님을 바르게 믿고, 바르게 알고, 바르게 전하기 위해서, 그리고 신앙생활을 더 잘하기 위해서, 세상의 모든 부귀영화를 '버리고, 포기하고' '충북 제천 배론 산골'로 들어갔다. 그는 배론의 토굴 속에 숨어서, 조선 천주교회를 위해서 열심히 공부하고 신앙생활을 하다가 결국에는 발각이 되어 죽음을 맞이하였다.

조선 정부 입장에서는 '대단히 똑똑하고 뛰어난 인물'이었고, 조선 천주교회는 '다시없을 훌륭한 인재'였던 27세의 젊은이였는데, 그는 그냥 그렇게 죽음을 맞이하고 말았다. 세상은 그의 행동을 놓고, 당시 국가 전복을 계획했다 하여 정치적인 문제와 연관시켜 아직까지도 역사적인 해석과 평가가 분분하여 그의 시복(諡福) 시성(諡聖)의 길이 멀게만 보여지고 있는 실정이다.

황사영(알렉시오)은 하느님을 '선택'하기 위해, 자신의 모든 능력과 재능을 '포기'하였다. 그는 하느님을 '바르게 믿고, 바르게 모시고, 바르게 알리는 삶'을 살기 위해서 그가 세상에서 충분히 누릴 수 있었던 부귀영화를 버렸다. 11대 명문대가의 양반 신분과 같은 명예도 버렸고, 그가 누리던 재산들도 버렸고, 임금이 허락해 주었던 탄탄대로의 출세의 길도 버렸고, 임금이 주는 급양비도 버렸고, 모든 사람들이 부러워하고도 넘칠 그의 뛰어난 지식들도 다 버리고 말았다. 하느님을 삶의 중심으로 모시고 살기 위해 묻고 따지고 계산하지 않았다. 황사영(알렉시오)은 조선 천주교회와 국가를 위해서 참으로 아까운 인재(人才)였다. 그가 다하지 못한 원대한 계획과 소망을 우리 후손들이 잘 이어가야 하겠다.

> "아버지나 어머니를 나보다 더 사랑하는 사람은 나에게 합당하지 않다. 아들이나 딸을 나보다 더 사랑하는 사람도 나에게 합당하지 않다. 또 제 십자가를 지고 나를 따르지 않는 사람도 나에게 합당하지 않다. 제 목숨을 얻으려는 사람은 목숨을 잃고, 나 때문에 제 목숨을 잃는 사람은 목숨을 얻을 것이다."
>
> (마태 10,37-39)

예수님께서는 당신의 참된 제자가 되기 위해서는 자기가 가지고 있는 것을 모두 버리고 따라야 한다 말씀하셨다.

우리들도 황사영(알렉시오)처럼, 하느님을 믿고 따르기 위해서 자신의 모든 것을 버리고 포기할 수 있을까? 아마도, 쉽지 않겠다. 어렵겠다. 다른 사람들의 이야기로 생각할 수 있겠다. 적어도, 하느님을 믿고 따르는데 있어서, 묻고 따지고 계산하는 신앙생활을 하지 말아야 하겠다. 나의 생활과 하느님을 믿는 신앙생활을 놓고, 계산하거나 타협하지 말아야 한다.

신앙생활은 복잡하게 생각하고 묻고 따지고 계산하는 것이 아니다. 신앙생활은 '요령으로, 요행으로' 하는 게 아니다. 신앙생활은 더욱 단순해지고 순수해지려는 생활이어야 한다. 우리가 복잡하게 생각하고, 묻고 따지고 계산하기 시작하면, 황사영(알렉시오)처럼 자신의 모든 것을 '버리고, 포기'하고 '투신'의 삶을 살 수 없다. 순수해야, 단순해야, 하느님을 믿고 따르기가 더 쉬워진다. 더욱더 순수해지고 단순해지는 생활을 통해서 신앙생활을 잘 이어가야 한다.

제주도 첫 번째 천주교 신자
(정난주 마리아, 1773-1838년)

　조선 천주교회의 떠오르는 희망이었던 피의 순교자 황사영(알렉시오)의 아내는 생(生)을 다해 흔들림이 없는 신앙의 모범을 보여준 백색 순교자 정난주(마리아)였다. 이들 부부의 운명은 너무도 안타깝고 슬펐다. 황사영(알렉시오)과 정난주(마리아)는 천주교 신앙으로 인해서 세상의 부귀영화를 누리기보다, 오히려 모든 재산과 명예를 잃고, 사랑하는 가족들과 헤어져 가족들 모두가 뿔뿔이 흩어지게 되었다.

　그리고 세상을 떠난지 오래 되었건만, 지금도 이들 부부와 아들의 묘지(墓地)는 한 장소 한 자리에 있지 못하고 있다. 황사영(알렉시오)의 묘는 '경기도 양주시 장흥면 부곡리'에, 정난주(마리아)의 묘는 '제주도 서귀포시 대정읍 신평리'에, 아들 황경한의 묘는 '제주도 제주시 추자면 신양리'에 있다. 하느님께 대한 믿음의 대가(代價)가 이토록 값비싸고 가슴 아프고 오래토록 지속되어야만 하는지? 아마도 하느님 나라에서는 이들 가족 모두가 함께 모여 더불어서 행복한 삶을 살고 있을 것이다.

천주교에 대한 신앙으로 인해서, 사랑하는 부모, 남편, 그리고 눈에 넣어도 아프지 않을 두 살배기 아들과 생이별을 해야만 했던, '하느님의 여인, 백색 순교자, 한양 할머니' 정난주(마리아, 1773-1838년)에 대해서 알아보자.

정난주(마리아)는 1773년 나주 본관 정약현과 경주 본관 이씨(李氏) 사이에서 태어나 명련(命連)이란 아명을 받았다. 정약종, 정약전, 다산(茶山) 정약용은 그녀의 숙부이다. 남편은 황사영(알렉시오)이고, 아들은 황경한(黃景漢)이다.

정난주는 둘째 작은 아버지인 정약전에게 서학(書學)을 배우고, 장성한 뒤에는 고모부인 이승훈(베드로)으로부터 '마리아'라는 세례명을 받고 천주교 신자가 되었다. 남편 황사영은 16세에 장원급제한 인물로서 정약종에게 학문을 배우면서 정난주(마리아)와 결혼하였다.

정난주(마리아)의 남편 황사영(알렉시오)은 배론의 토굴 속에 숨어서, 당시 조선 천주교회의 박해 상황과 우리나라의 정치,

경제, 문화의 현황을 소상하게 적어서, 유럽의 여러 나라들이 가난한 조선이라는 나라를 도와주기를 바라는 편지를 교황이 있는 로마에 보내려 계획하였다. 그러나, 이 계획이 발각되면서(일명 '황사영 백서 사건') 황사영(알렉시오)은 처벌당하고, 조선 정부는 천주교가 단순히 미풍양속과 인륜을 어기는 데 그치는 것이 아니라 나라까지 팔아먹는다고 생각해 천주교에 대한 탄압을 더욱 강화하게 되었다. 황사영(알렉시오)이 죽었을 때 그의 나이 27세였고, 아내 정난주(마리아)는 29세, 그의 아들 황경한은 두 살이었다. 이 일로 가산은 몰수되고, 시어머니 이윤혜는 거제도로 유배되고, 정난주(마리아)는 제주도로 귀양 가게 되었다.

    제주도로 가는 귀양길 중, 정난주(마리아)는 유배형을 받은 뒤부터 '어린 경한이만은 일생을 노비로 살게 해서는 안 되겠다.'고 생각하였다. 그녀는 제주도 인근 추자도에 가까이 왔을 때 뱃사공에게 패물을 주고 애원하며 아들을 살릴 생각으로 '제 아들 경한이는 죽어서 수장했다.'고 조정에 보고하도록 부탁하였다. 패물을 받은 사공들은 나졸들에게 술을 먹여 허락을 얻어내고, 추자도에 이르렀을 때 추자도 예초리 서남단 언덕배기에 어린 아들 황경한을 내려놓았으니, 어머니 정난주(마리아)의 마음은 얼마나 가슴 아팠을까 가히 짐작하기도 어렵다.
    추자도에 내려오는 전승을 보면 '어린애 울음소리를 듣고 소를 끌던 부인이 가보니 아기가 있어서 집으로 데려와, 저고리 동정에 무엇인가 들어 있는 것을 보고 펼쳐 보니, 여기에는 부모 이름과 아기의 이름이 적혀 있었다. 그 후 아기를 그 집에서 기르게 되었는데, 그가 바로 그 곳에 사는 뱃사공 오씨(吳氏)였다.'고 한다.

이 아들은 훗날 황경한이라는 이름을 얻어 추자도에서 살아가게 되었고, 생을 마감한 뒤에도 이곳에 묻히게 되었다. 아들이 발견된 갯바위 터에는 지금 '눈물의 십자가'가 세워졌고, 황경한의 묘에도 신자들의 발길이 이어지고 있다. 황경환의 묘는 한국 천주교회가 인정한 공식 성지가 되었다. 이후 추자도 오 씨 집안에서는 황 씨를 기른 인연으로 해서 오늘까지도 황씨와는 혼인하지 않는다고 한다. 신양리 산 위에 가면 황경한의 묘가 있다.

제주 대정현의 관비(官婢)가 된 정난주(마리아)는 대정현 토호 김석구(金錫九)의 집에 위리안치(圍籬安置, 조선 시대에 죄인을 귀양살이 하는 곳에서 달아나지 못하도록 가시로 울타리를 만들고 그 안에 가두어 두는 일을 이르던 말이다) 되었는데, 김석구는 한때 별감으로 관속이었고, 현감과는 막역지우(莫逆之友)로 그의 자문역을 자임할 정도로 가까운 사이여서 동헌 바로 뒤에 살았다. 이곳에서 정난주(마리아)는 김석구의 아들 형제를 양자처럼 기르며 살면서, 또한 풍부한 교양과 학식으로 주민들을 교화시켰다. 1838년 66세의 나이로 사망하였다. 이때 사람들이 '한양 할머니'가 죽었다며 슬퍼하였다고 전해진다. 정난주(마리아)가 죽자 김석구의 아들 김상집(金尙集)이 그녀를 모슬봉 북녘, 속칭 한굴왓에 장사지냈다 하며, 현재 서귀포시 대정읍 동일리 9번지에 정난주 묘가 있다. 천주교 제주교구는 선교 100주년 기념 사업의 일환으로 정난주(마리아)의 묘지를 순교자 묘역으로 성역화하였고 많은 사람들이 참배하고 있다.

정난주(마리아)는 사랑하는 아내로서, 당대 최고의 지성인으로 조선이라는 나라의 미래와 조선 천주교회를 지키고자 헌신의 삶을 살았던 남편 황사영(알렉시오)을 먼저 죽음의 길로 보내야 하는 이별의 고통을 감수해야 했다. 또한 그녀는 강인한 어머니로서, 아무런 연고도 없는 추자도라는 작은 섬에 사랑하는 외아들을 살리고자, 무작정 내려놓고 귀양길을 재촉해서 떠날 수밖에 없었던 가슴 아픈 고통을 겪어야 했다. 그리고 그녀는 참 신앙인으로서, 고향에서부터 아주 멀리 떨어져 있는 외딴섬 제주도에서 언제까지 이어질지 모를 귀양살이 생활을 시작하면서, 이제는 사랑하는 하느님만을 의지하며 신앙인의 삶을 조용히 묵묵히 살아가야 했다.

이렇게 관(官)의 노예로 살면서도 흔들림이 없는 신앙의 모범을 보이며 생을 마친 정난주(마리아)는 사랑스런 아내로서, 강인한 어머니로서, 그리고 열심한 신앙인으로서 우리들에게 존경과 감사의 마음을 갖도록 이끌어 준다. 제주의 한양 할머니 정난주(마리아)는 우리 신앙인들에게 존경과 감동과 감사의 마음을 갖게 하며, 눈물 없이는 기억할 수 없는 분이 되었다.

우리 신앙인들의 어머니이신 성모 마리아는 예수님의 십자가의 죽음의 길을 함께하는 고통의 시간을 겪었다. 자식의 아픔은 어머니에게 더 크게 다가오는 법이다. 시메온은 성모님의 고통을 이렇게 예언하였다.

"보십시오, 이 아기는 이스라엘에서 많은 사람을 쓰러지게도 하고 일어나게도 하며, 또 반대를 받는 표징이 되도록 정해졌습니다. 그리하여 당신의 영혼이 칼에 꿰찔리는 가운데, 많은 사람의 마음속 생각이 드러날 것입니다."(루카 2,34-35)

예수님의 삶 전체와 죽음의 과정을 모두 지켜보아야만 했던 성모님의 고통들을 누가 감히 헤아릴 수 있겠는가? 그러나 예수님 때문에 고통을 겪으신 성모님은 우리 모두의 어머니가 되었다. 하느님께서 축복해 주시고 갚아 주신 것이다. 우리의 모든 어려움들을 하느님께서 위로해 주시고, 축복해 주시고, 갚아 주실 것이라는 믿음을 성모님은 잘 알고 있었고, 하느님께 온전히 순명하였다.

우리들도 가족들 때문에, 하느님 때문에 겪는 어려움과 고통들이 있다면, 용기를 내고, 새롭게 다시 일어나고, 기운을 내고 희망을 가져야 하겠다. 우리의 가정과 가족들을 위해서 수고 노력하였다가 하늘나라의 여행길을 먼저 떠나신 부모님들과 지금도 수고 노력하는 부모님들을 기억하고 하느님의 축복을 빌어야 하겠다. 성모님처럼, 그리고 제주의 한양 할머니 백색 순교자 정난주(마리아)처럼 하느님을 굳게 믿고 꾸준히 성실하게 잘 살아간다면, 하느님께서 분명 크게 축복해 주실 것이다.

제주교구는 제주도의 첫 번째 천주교 신자로 알려진 정난주(마리아)의 묘를 모시고 있는 '대정성지'와, 한국 천주교회의 최초의 사제이신 김대건 신부의 제주 표착지를 기억하는 '용수성지'를 조성하였다. 또한, 제주도 사람으로 첫 번째 세례를 받아 병인박해 때 순교한 복자 김기량 펠릭스 베드로를 위한 '순교현양비'를 세웠고, 한라산 남쪽 지역 최초의 성당이었던 '하논 성당터'를 발굴하였으며, 1901년 신축년에 발생한 제주도 신축교안(辛丑敎案)의 '황사평 성지' 등을 조성하였다.

성소의 씨앗을 뿌리다
(모방 베드로 신부, +1839년, 성인)

우리 교회에서 말하는 '순명이란 사랑이다.'라고 말할 수 있다. 순명한다는 것은 사랑한다는 의미이고 사랑하겠다는 결심이다. 하느님께 순명한다는 것은 하느님을 사랑한다는 의미이고 사랑하겠다는 결심이다. 누군가에게 순명한다는 것은 누군가를 사랑한다는 의미이고 사랑하겠다는 결심이다. 사랑의 마음으로 순명하는 것이고, 사랑의 마음으로 상대방을 신뢰하는 것이고, 사랑의 마음으로 상대방의 이야기에 귀를 기울이는 것이 순명의 정신이다.

우리 교회 안에서 '순명의 달인' 하면 떠오르는 분은 "보십시오, 저는 주님의 종입니다. 말씀하신 대로 저에게 이루어지기를 바랍니다."(루카 1,38)라는 천사의 말에 순명의 모범을 보여준 '성모 마리아'이시다. 그런데, 우리 신앙의 순교 선조들을 생각하면서 한 분을 더 떠올려 보면, 서양 사제로서 처음으로 한국 땅에 들어와 순교의 길을 걸어간 '모방 신부'를 기억할 수 있다. 모방(베드로, 1803-1839년) 신부에 대해서 알아보자.

한국 천주교회를 위해 서양인 사제로 최초로 한국 땅에 첫 발을 들여놓은 모방(Pierre Philibert Maubant) 신부는 1803년 9월 20일 프랑스 칼바도스(Calvados) 지방의 바시(Vassy)에서 농부의 아들로 태어났다.

어느 날, 하느님께서 프랑스의 시골 농부의 아들로 태어난 푸른 눈의 한 아이 모방(베드로)을 부르셨는데, '너 사제가 되어보지 않을래?' 하시니, 그 아이는 하느님의 부르심에 순명하며 "세상 끝까지 가서...하느님을 선포하겠다."는 의지로 신학교에 들어가 신학 수업을 받고, 1829년 5월 13일 가톨릭 사제가 되었다.

또 어느 날, 하느님께서 그 푸른 눈의 젊은 사제 모방(베드로)을 부르셨는데, '너 해외 선교 사제가 되어보지 않을래?' 하시니, 그는 하느님의 부르심에 순명하며 몸과 마음이 안정적이고 평범한 '본당신부'로 머물지 않고, 편치 않을 '해외 선교 사제'가 되기를 희망하고 프랑스 파리외방전교회 소속 선교사가 되어 사랑하는 고국 프랑스를 떠나게 되었다.

모방(베드로) 신부는 해외 선교 사제가 되어 중국 사천성(四川省) 포교지로 가던 중, 조선 천주교회의 초대 교구장인 '브뤼기에르 주교'를 만나 조선의 어려운 상황을 듣게 되었다.

그리고 어느 날, 하느님께서 그 푸른 눈의 젊은 사제를 또 부르셨는데, '너 중국 선교보다 지금 더 어려움에 처해 있는 조선 선교를 해보지 않을래?' 하시니, 그 푸른 눈의 젊은 사제는 하느님의 부르심에 순명하며, 조선 천주교회를 위한 선교 사제가 될 것을 결심하였다.

브뤼기에르 주교가 조선 입국을 목전에 두고 만주에서 선종하였지만, 그 푸른 눈의 젊은 사제는 포기하지 않고 1836년 1월 12일에 서양 선교사로서 처음으로 조선에 입국하였다.

조선에 입국한 모방 신부는 조선어를 배우려고 노력하였고, 한문으로 성사를 주었으며, 서울 경기도 충청도의 교우촌을 돌며 열정적으로 사목활동을 시작하였다. 조선에 입국한 첫해에 어른 213명에게 세례를 주고 600명 이상에게 고해성사를 줄 수 있었다. 가는 곳마다 회장들을 뽑아 신자들을 잘 이끌 수 있도록 지도하였다.

특히 모방 신부는 한국 천주교회의 미래를 설계하면서 한국인 성직자 양성에 크게 노력하였다. 그는 최양업(토마스), 최방제(프란치스코 하비에르), 김대건(안드레아) 세 소년을 신학생으로 선발하여, 이들을 마카오로 보내 정식으로 신학을 배우게 하였다. 이들은 서양 학문을 배운 최초의 조선인들이 되었다. 또한 열심히 사목 생활을 하던 모방 신부는 열병에 걸려 몸이 크게 쇠약해져, 동료 사제 샤스탕 신부로부터 종부성사까지 받을 정도로 큰 희생의 삶을 보여주었다.

1839년에 이르러 조선 정부의 탄압이 또 시작되었을 때, 어느 날 하느님께서는 그 푸른 눈의 젊은 사제를 또 부르셨는데, 예수님과 같은 십자가의 죽음의 길인 순교의 길을 가도록 이끄셨다. 그 푸른 눈의 젊은 사제는 하느님의 부르심에 순명하며, 충청도 홍주에서 스스로 자수하여 체포되어 서울로 압송되었다. 조선교구 2대 교구장이신 앵베르 주교가 먼저 자수하여 체포되고, 주교의 권고로 모방 신부와 샤스탕 신부가 자수하였던 것이다.

모방 신부는 선교지 조선에서의 순교를 하느님의 영광으로 생각하였으며, 죽는 순간까지 자신의 사명 의식을 잊지 않고 주님께 기도를 드리며 순명하였다. 그리하여 1839년 9월 21일 새남터에서 군문효수를 당하여 순교하였는데, 이때 그의 나이는 35세였다. 그는 1925년 7월 5일 교황 비오 11세에 의해 시복되었고, 1984년 5월 6일 한국 천주교회 창설 200주년을 기해 방한한 교황 요한 바오로 2세에 의해 시성되었다.

1836년 푸른 눈동자의 한 청년이 이역만리 프랑스에서 이 땅 조선에 왔다. 그는 아마도 무척 용기가 있고 용의주도했던가 보다. 중국어를 모르는 서양 선교사로서 길 안내자도 없이 그 먼 대륙 땅을 가로질러 중국 수도에 들어왔고, '조선 선교'라는 새로운 주님의 소명에 고생을 참아내는 데에도 도통을 했는가 보다. 매서운 추위와 공복 속에 백리 길을 걸어 인내심과 백절불굴(百折不屈)의 정신으로 드디어 서양 선교사로서 조선에 첫발을 들여놓았다.

  모방 신부는 오랫동안 마음에 있던 '순명(順命)'이라는 주님의 사랑과 복음의 진리를 전하기 위하여 조선에 왔다. 오직 주님의 명령만이 그의 순명이었고, 그가 그렇게 애타게 그리던 조선 땅에 마침내 내딘 첫발은 그의 피눈물 나는 순교의 시작이었다. 찬란한 환영의 기대조차 없는 목이 잘리는 순교만이 그를 기다리고 있었다.

  아! 슬프다. 그렇게도 순명이라는 하느님의 말씀이 죽음의 두려움보다 더 위대하던가? 푸른 눈동자의 청년 프랑스 신부 모방의 순명으로 이 땅에 하느님의 뜻이 더 크게 드러나게 되었고, 이 땅에도 하느님의 구원의 길이 더 활짝 열리게 되었다.

  우리에게는 또 '순명의 달인(達人), 순명의 대가(大家)' 성모 마리아가 계신다. 요셉과 약혼한 사이인 마리아가 처녀의 몸으로 한 아기를 잉태할 것이라는 '가브리엘 천사'의 통보가 있었다.

"은총이 가득한 이여, 기뻐하여라. 주님께서 너와 함께 계시다… 두려워하지 마라, 마리아야. 너는 하느님의 총애를 받았다. 보라, 이제 네가 잉태하여 아들을 낳을 터이니 그 이름을 예수라 하여라. 그분께서는 큰 인물이 되시고 지극히 높으신 분의 아드님이라 불리실 것이다."(루카 1,28.30-32)

마리아는 하느님을 굳게 믿고, '예!'라는 순명의 모습을 보여주었다. "보십시오, 저는 주님의 종입니다. 말씀하신 대로 저에게 이루어지기를 바랍니다."(루카 1,38)하고 하느님의 뜻을 받아들였다. 성모 마리아의 순명은 하느님의 아들 예수님이 이 땅에서 탄생하도록 하였다. 성모 마리아의 순명은 하느님의 뜻이 이 땅에서 이루어지도록 하였다. 성모 마리아의 순명으로 온 인류에게 아기 예수님으로 인해서 우리에게 구원의 길이 활짝 열리게 되었다.

'순명'이란 우리에게 새로운 희망의 길을 열어주는 '하느님의 은총의 선물'이다. 푸른 눈의 젊은 사제 모방 신부는 오직 '순명'이라는 하느님의 선물을 지키기 위해 주님의 사랑과 복음의 진리를 전하러 이 땅 조선에 왔고, 그 순명의 삶을 다하기 위해 죽음의 길인 순교의 삶도 마다하지 않았다.

모방 신부는 자신의 부모님도 사랑했고, 자신의 고국 프랑스도 사랑했지만, 하느님의 부르심에 순명하며 우리 조선이라는 나라를 한국 천주교회를 더 사랑하였다. 특히, 모방 신부 덕분에, 한국 천주교회는 최초의 방인(邦人) 사제들을 하루빨리 탄생시킬 수 있었다. 모방 신부 자신이 하느님께 순명하며 자신에게 맡겨진 양들을 지극히도 사랑하는 삶을 살아갔듯이, 모방 신부는 한국 천주교회를 위한 착한 목자가 하루빨리 나타나서, 목자 없는 길 잃은 양들이 박해의 어둠과 무서움 속에서 하느님의 위로를 받고 사랑의 삶을 살기를 바라고 있었다.

모방 신부는 조선에 들어온 순간부터, 아니 조선에 선교 사제로 가겠다고 결심한 순간부터 제일 먼저 '사제 성소의 씨앗'을 어떻게 하면 잘 뿌리고 잘 열매를 맺을 수 있을까 깊이 고민하고 하느님께 기도하는 삶을 살았다. 모방 신부는 박해의 위협에서도 사목활동 중에 열심하고 지혜롭고 심성이 곧은 소년들을 눈여겨보는 일을 멈추지 않았고, 마침내 세 소년을 뽑아 미래의 한국 천주교회를 위해서 하느님께 봉헌하였다.

모든 사제들이 제일 먼저 관심을 갖고 기도하고 실천해야 할 일은 후배 양성 즉 사제 성소를 찾는 일이어야 한다. 대단한 성전 건물을 짓고, 멋진 행사를 만들어 내고, 탄탄한 재정 관리에 힘을 쏟는 일도 중요하지만, 무엇보다도 하느님의 거룩한 사제직을 수행해야 할 미래의 후배 사제들을 먼저 찾아내야 한다.

하느님께서는 사제들이 언제나 '보물찾기 게임'을 잘하기를 원하신다. 하느님께서는 세상 곳곳에, 신자들 가운데에, '사제

성소의 씨앗'과 같은 보물들을 숨겨 놓으셨다. 하느님께서는 사제들이 그 보물찾기에 크게 관심을 갖고 몸과 마음과 영혼까지 동원하여 잘 찾아내기를 바라신다. 하느님은 우리가 혼자만 살아남기 위해서가 아니라, 다른 이들을 살리는 '성소 씨앗 보물찾기 게임'을 즐겨하기를 바라신다.

II 박해를 받다

순교와 배교

충청도 지역의 정사박해(1797년)

남달랐다
(이도기 바오로, +1798년, 복자)

삶의 기준을 바꾸다
(인언민 마르티노, +1800년, 복자)

하느님을 크게 사랑하다
(조용삼 베드로, +1801년, 복자)

'천당은 두 개'
(황일광 시몬, +1802년, 복자)

교우촌(敎友村)

초대 교회 공동체처럼

경상도 지역의 을해박해(1815년)

전라도 지역의 정해박해(1827년)

'제발 잡아가 주세요'
(정국보 프로타시오, +1839년, 성인)

자매 순교자
(이정희 바르바라, +1839년, 성인 ;
이영희 막달레나, +1839년, 성인)

밀고자 김순성 요한

박해시대의 선교 방법

박해시대의 고해 성사

순교와 배교

　나는 빛의 사람인가, 어둠의 사람인가? 나는 빛을 향해 걸어가는 사람인가, 어둠을 향해 걸어가는 사람인가? 우리 신앙의 순교자들은 빛을 향해 걸어가신 분들로서 '빛의 사람들'이다. 반면에 배교자들은 '어둠의 사람들'이다.
　우리 신앙의 선조들은 무시무시한 박해의 역사 안에서 하느님께 대한 끈을 잘 이어가면서 마지막에는 순교의 삶을 사셨던 '순교자들'이 되었다. 그러나 자신만 더 배부르게 편하게 긴장감 없이 살겠다고, 하느님께 대한 끈을 스스로 끊어버리고 하느님의 백성들을 고발하는 삶을 살면서 유다 이스카리옷과 같은 '배교자, 배반자, 밀고자'의 삶을 살았던 '어리석은 사람들'도 있었다.

'순교'(殉教)와 '배교'(背教)는 종이 한 장 차이가 아니다. 순교와 배교의 차이는 하늘과 땅, 천국과 지옥의 차이만큼 크다. '순교'는 하느님께 대한 신앙을 지키기 위해 자신의 목숨을 내어놓는 것이다. '배교'는 매 맞는 게 무섭고 고통이 두려워 스스로 신앙을 포기하는 것이다. '밀고'(密告)는 자기가 직접 나서서 남을 일러바쳐 죽게 만드는 것이다.

순교는 '빛의 삶'이다. 순교는 어려운 일이다. 어느 날 갑자기 순교할 수 있는 게 아니다. 순교를 위해서는 '준비'가 필요하다. 아무런 준비 없이, 아무런 마음가짐 없이, 어느 날 갑자기 '욱'하는 마음으로 순교할 수 있는 것이 아니다. 참 신앙을 살아온 사람만이 순교할 수 있다. 마음과 목숨과 정신을 다하여 하느님을 사랑하며 벗을 위하여 목숨 바치는 사랑 실천이 참 신앙이다. "'예.' 할 것은 '예.' 하고 '아니요.' 할 것은 '아니요.'"(마태 5,37) 하는 것이 참 신앙이다.

부모를 부정하며 그 가정에서 살 수 없고, 국가이념을 부정하며 그 나라에 살 수 없듯이, '생명의 창조주 하느님을 부정하면서 생명을 부지(扶支)할 이유가 없다.'는 믿음이 참 신앙이다. 이런 참 신앙만이 순교를 가능하게 한다. 순교신앙은 '하느님을 모릅니다.'라는 한마디 말을 차마 하지 못해, 자신의 목숨과 재산과 명예를 모두 버리고 포기하고, 멀쩡한 하늘 아래 자녀들과 이웃들이 보는 앞에서 망나니 칼에 목을 내민 분들의 신앙이다.

그래서 '순교자'는 빛의 사람, 성령의 축복을 받아들인 사람, 성령을 받은 사람이다.

배교는 '어둠의 삶'이다. 배교는 '하느님을 모릅니다.' 하고 거부하는 것, 스스로 신앙을 포기하는 것, 하느님께 대한 마음이 반대로 돌아서는 것이다. 배교도 갑자기 이루어지는 일이 아니다. 준비된 배교다. 그러나 배교는 순교보다 그렇게 많은 준비가 필요하지 않다. 순간의 어려움, 순간의 도피적인 마음으로 표현할 수 있는 행위이다.

'무엇을 먹을까, 무엇을 마실까, 무엇을 입을까'를 판단할 때 먼저 안정과 건강을 위해서만 하느님을 찾는 삶, 재물과 명예를 지키려고 하느님도 포기하는 삶, 좋은 머리로 때로는 하느님을 이용하고 하느님과 거래하고 자신의 욕심을 합리화하는 삶, 이런 삶이 배교를 준비하는 삶이다. 모래 위에 집을 짓는 것과 같은 불안정한 신앙이다. '배교자'는 어둠의 사람, 성령의 축복을 거부한 사람, 성령을 외면한 사람이다.

순교는 참으로 어려운 결단이다. 순교는 낭만적으로, 감성적으로, 즉흥적으로 이루어지는 일이 결코 아니다. 우리는 신앙의 순교 선조들께서 목숨을 바쳐 보존하여 물려주신 신앙을 누리고 있다. '순교 신앙'은 우리가 하느님께 영광을 드리고, 세상을 아름답게 만들고, 자녀들에게 참된 인생길을 가르쳐 주게 할 소중한 신앙의 선물이다.

'순교자들과 같은 삶'이란, 내가 먼저 희생하고, 양보하고, 용서하고, 사랑하는 삶이다. 우리는 '하느님과 교회공동체와 다른 사람들'을 위해서 먼저 '희생, 양보, 용서, 사랑하는 삶'을 살면서, 하느님께 영광을 드리고, 세상을 아름답게 만들고, 자녀들과 후배들에게 참된 인생길이 무엇인지를 가르쳐 줄 수 있어야 한다. 세례성사와 견진성사를 통해서 하느님의 성령을 받은 우리 신앙인들이 다른 사람들보다 더 희생하고 양보하고 용서하고, 그리고 따뜻하게 사랑하면서 즐겁고 행복한 생활을 만들어 가야 한다.

성 김대건(안드레아) 신부는 무시무시한 박해 중에도 신자들이 언제나 어떤 일이 있어도 하느님이라는 포도나무에 잘 붙어있기를, 하느님을 꼭 붙잡고 살기를 희망하였다. 하느님과 가까이 하여 하느님을 멀리하지 않고, 하느님과의 끈을 잘 이어가기를 바라고 있었다. 다음은 김대건 신부의 편지글들이다.

"저는 …그(중국의 변문에서 멀지 않은 곳을 지나가다가 임금님의 사신 일행 중에 연락원 김 프란치스코를 만나; 독자의 이해를 돕기 위한 저자의 덧붙임)를 따라가면서 우선 조선에 계신 신부님들의 안부부터 물었습니다. 그의 대답에 의하면 신부님들은 종교의 이유로 살해되었고 2백여 명의 신자도 처형되었는데 그들 대다수가 지도급 인사였다고 합니다.

저의 형제 토마스(최양업; 독자의 이해를 돕기 위한 저자의 덧붙임)의 부모도 살해되었는데 부친은 곤장으로, 모친은 칼로써 순교의 화관을 받았다고 합니다.

저의 부모 역시 많은 고난을 겪고 부친(김제준; 독자의 이해를 돕기 위한 저자의 덧붙임)은 참수되었으며, 모친은 의탁할 곳 없는 비참한 몸으로 신자들 집을 떠돌아다니고 있다고 합니다.…

…(앵베르)주교님은, 이미 오래전부터 시작된 배신자와 포졸들의 수색으로 수원이라는 곳에 은신하였는데 유다(김여상)가 지옥의 심부름꾼들을 거느리고 그곳에 당도하자 더는 피할 수 없음을 아시고 스스로 포졸들 앞에 나가시어 재판소로 끌려가셨다고 합니다.

신부님 두 분도, 자수하지 않으면 천주교인이라는 이름까지 전멸될 것이라는 말을 주교님이 들으시고 편지를 보내어 두 분 신부님을 서울로 불러올려 다 같이 한날에 순교의 화관을 받으셨다 합니다.

오! 이분들은 참으로 찬란한 영광을 받으셨습니다. 그리스도의 깃발 아래 용맹하게 싸워 승리를 얻은 후 황제의 붉은 옷을 몸에 두르고 머리에는 면류관을 쓰고 천상 성소에 개선 용사로서 들어가셨을 것입니다.…

근년에 신앙을 받아들였다가 주요한 배반자가 된 김여상은 사형을 당하였다고 합니다. 사형 이유는 그가 흉악한 인간으로서 남을 공적으로 해친 것 외에 다른 이유가 없는 듯 합니다. 역사를 보아도 이따위 인물은 사형을 받고 매도당하게 마련입니다.…

…신부님들과 수많은 신자들을 체포한 포도대장도 짐작하건대 남에게 불의한 짓을 저지른 탓으로 관직을 박탈당하고 유배되어 사형을 받았다고 말합니다.…" (김대건 안드레아 신학생의 여섯 번째 편지, 1843년 1월 15일 요동(백가점)에서)[19]

"배반자 김여상은 아직 귀양살이 중이고 첩과 함께 살고 있다고 하는데 그 역시 많은 혹형을 당하였다고 합니다. 특히 포졸들과 관장들은 그를 미워하여 힘껏 매질하면서 '이놈아, 너는 유다보다 더 악한 놈이다. 유다는 세상을 구원하기 위하여 죽으러 오신 예수님을 배반하였다 하거니와 이놈아, 너는 조선에 살려고 온 신부님들을 배반하여 죽였으니 너는 인간도 아니다'라고 엄히 꾸짖었다고 합니다.…" (김대건 안드레아 부제(副祭)의 열두 번째 편지, 1845년 4월 7일, 서울에서)[20]

---

19) 김대건 신부의 편지 모음, '이 빈들에 당신의 영광이', 정진석 옮김, 바오로딸, 2023년, 76~78쪽.
20) 김대건 신부의 편지 모음, '이 빈들에 당신의 영광이', 정진석 옮김, 바오로딸, 2023년, 148쪽.

우리 신앙의 순교 선조들은 하느님이라는 포도나무에 잘 붙어있었던 분들이었다면, 배반자 김여상과 같은 배반자들은 하느님이라는 포도나무에 붙어있지 않고 하느님으로부터 멀어져 있었던 사람들이었다.

"나는 참 포도나무요 나의 아버지는 농부이시다. 나에게 붙어있으면서 열매를 맺지 않는 가지는 아버지께서 다 쳐 내시고, 열매를 맺는 가지는 모두 깨끗이 손질하시어 더 많은 열매를 맺게 하신다… 나는 포도나무요, 너희는 가지다. 내 안에 머무르고 나도 그 안에 머무르는 사람은 많은 열매를 맺는다. 너희는 나 없이 아무것도 하지 못한다."(요한 15,1-2.5)

하느님은 농부, 예수님은 포도나무, 우리는 가지로서, 열매는 가지인 우리가 맺어야 한다. 가지인 우리 신앙인들이 포도나무이신 예수님께 잘 붙어있을 때 많은 열매를 맺을 수 있다.

'포도나무'에 잘 붙어있었던 우리의 신앙의 '순교자들'은 하느님과 가까이하면서 하느님과의 끈을 잘 이어가셨던 분들이었다. 순교자들은 자신의 목숨을 내어놓으면서까지 이웃 형제들을 배반하지 않고 사랑했던 분들이었다. 의미있고 보람있는 인생길을 걸으신 분들이었다. 결국, 이분들은 하느님 나라에서 '영원한 생명'을 얻으신 분들이었다.

그러나, '포도나무'에 잘 붙어있지 않았던 '배교자, 배반자, 밀고자'들은 하느님으로부터 멀어지는 삶을 살면서, 하느님과의 끈을 스스로 끊어버리고 하느님의 백성들을 고발하고 자신의 뱃속만을 챙겼던 '이기적인 사람들'이었다. 이들은 이웃을 생각하기보다 자신을 더 사랑했고 자신의 목숨을 유지하는데 급급했던 사람들이었다. 결국, 이들은 우리 교회의 역사 안에서, '어리석은 사람들, 불행한 사람들'이 되었다.

우리들도 신앙의 선조들처럼 '포도나무'이신 예수님께 잘 붙어 있기 위해서는 어떻게 해야 할까? 하느님을 멀리하지 않는 삶, 하느님과 가까이하는 삶, 하느님과의 끈을 잘 이어가는 삶을 살아야 한다. 꾸준한 신앙생활, 끊임이 없고 끊어짐이 없는 신앙생활을 해야 한다. 어떤 어려운 상황 속에서도 하느님과의 끈을 잘 이어가는 삶을 살아야 한다. 1년 내내 늘 한결같은 모습의 신앙생활이 되어야 한다. 신앙생활에는 '방학'이 없다.

우리들 안에 따뜻한 사랑의 마음이 있다면, 포도나무이신 하느님과의 끈을 잘 이어갈 수 있다. 그러나 우리들 안에 사랑이 없다면, 서로 멀어지게 되고 끊어지거나 단절된 삶을 살게 될 것이다. 마치 사랑하고 싶지 않은 사람과 마주치지 않기 위해 멀리 돌아서 가는 것과 같다.

사랑은 우리들로 하여금, 서로 더 가까워지게 하고 따뜻한 마음을 가지게 할 것이다. 사랑은 하느님과 가까워지게 하고 가족들과 이웃 사람들과도 조금은 더 가까워지게 할 것이다. 사랑의 마음은 우리를 서로서로 더 다가가게 하고 친절하게 하고, 긍정적인 마음과 좋은 마음을 가지게 할 것이다. '사랑'이라는 단어를 매일매일 기억하면서 하느님에게, 형제들에게, 가족들에게 조금은 더 가까이 다가가는 생활이 되어야 한다.

충청도 지역의 정사박해(1797년)

예나 지금이나 무고한 사람을 단죄할 때 대체로 '속도전'(速度戰)으로 하는 듯하다. 백성들을 위해서 봉사하고, 백성들을 지키고 보호해 주어야 할 공직자들이 자신들의 밥그릇을 챙기고 지키기 위해서 앞다투어 속도전을 펼치고 있다. 단기간에 빠르게 밀어붙여 원하는 승리를 이끌어 내는 정책은 무고한 이들을 만들어 내고 그들을 죽음으로 몰아넣거나 되돌릴 수 없는 큰 고통의 삶을 살게 하고 만다.

예수님을 처형시킨 주역들을 보면, 유다교의 교권(敎權)을 가진 사람들이 속도전으로 예수님을 먼저 단죄하였고, 정권(政權)을 쥐고 있던 빌라도 총독은 십자가형의 최종명령을 내렸다. 서로 앙숙 관계였던 빌라도와 헤로데는 예수님을 십자가에 못박아 죽이는 데는 한편이 되어 일사불란(一絲不亂)하게 서로 일치단결하였다. 예수님의 처형을 위해서 로마인과 유다인이 담합하여 힘을 합쳤다. 선(善)을 위해서가 아니라, 악(惡)을 위해서 모두가 하나가 된 것이다. 악의 세력들이 주도면밀하게 뭉치고 있었다.

1797년(정조 21년) 충청도 지역에서 벌어진 '정사박해'(丁巳迫害)는 속도전을 이용한 천주교 신자들을 대상으로 행해진 박해였다. 조정에서는 1795년 5월 중국인 주문모(야고보) 신부를 체포하려다 실패한 뒤, 그의 종적을 찾는데 온 힘을 기울였다. 그러나 천주교로 인해 정쟁이 일어나는 것을 원치 않았기에 은밀하게 주문모 신부를 추적하고 있었다. 그러던 중 1797년 6월 충청도 관찰사로 부임한 한용화가 도내의 모든 수령들에게 천주교 신자들을 체포하고 천주교를 없애 버리라는 명령을 내리면서, 각처에서 많은 천주교 신자들이 체포된 사건이 정사박해이다.

박해는 다음 해인 1798년 7월에 새로 부임한 이태영에게 이어졌다. 정조는 1799년(정조 23년) 11월 새로 부임한 김이영과 충청 병사 정충달에게 천주교 신자들을 형벌로 다스리도록 비밀리에 지시하였다. 충청도 일대의 교우들을 수색하여 밀고하도록 하였다.

갑자기 충청도에 급습한 박해의 소용돌이는, 교회 측 기록에 따르면, 정사박해 과정에서 100명이 넘는 신자들이 희생되었지만, 현재 알려진 순교자는 여덟 명에 불과하다. 이들은 정산, 덕산, 홍주, 청주, 해미에서 순교했는데, 대부분 매를 맞고 사망하였다. 현존하는 기록을 통해 그 이름과 순교 행적을 찾아볼 수 있는 순교자들은 다음과 같다.

청양 고을 출신으로 1797년에 정산에서 체포되어 1798년 7월 매 맞아 순교한 이도기(바오로), 면천 출신으로 1797년 홍주에서 체포되어 1799년 2월(음력) 홍주에서 교수형으로 순교한 박취득(라우렌시오), 홍주 응정리 양인 출신으로 1798년 덕산에서 체포되어 1799년 3월(음력) 청주에서 매 맞아 순교한 원시보(야고보), 덕산 양인 출신으로 1798-1799년 덕산에서 체포되어 1799년 참수형으로 순교한 내포 회장 정산필(베드로), 면천 고을 출신으로 1798년 홍주에서 체포되어 홍주 읍내에서 매를 맞거나 목 졸려 순교한 방프란치스코, 당진 진목 출신으로 1798년 면천에서 체포되어 1799년 청주에서 매 맞아 순교한 배관겸(프란치스코), 덕산 주래의 양반 출신으로 1797년 공주에서 체포되어 1800년 해미에서 매 맞아 순교한 인언민(마르티노), 덕산 황모실 출신으로 1798-1799년에 연산에서 체포되어 1800년 해미 장터에서 매 맞아 순교한 이보현(프란치스코) 등이다.

정사박해의 순교자들은 대부분 전교 활동에 적극적이었고, 자신의 재산을 가난한 이들과 나누는 나눔을 실천했으며, 풍부한 교리 지식을 토대로 확고한 믿음을 지니고 있었다. 정사박해 때 순교한 이도기 등 8명은 이후 2014년 시복되어 복자품에 올랐다.

정사박해는 '교화주의 입장'에서 전개된 박해 사건이었다. 정조는 형벌(刑罰)보다는 교화(敎化)를 통해 천주교를 막고자 했다. 그리하여 천주교 신자들이 가지고 있는 책을 없애고 교육을 강화하면 크게 문제 될 것이 없다고 생각하였다. 그러나 이러한 정조의 '교화주의 정책'으로 관장들은 천주교 신자들에게 배교를 강요하면서 고문을 강화하였고, 그 결과 정사박해 순교자들이 대부분 장사(杖死, 매 맞아 죽음)하게 되었다.

1800년 6월 28일 정조가 승하하고, 어린 순조가 즉위하여 노론 벽파가 정권을 잡게 되면서 '교화주의 정책'이 유지되지 못했고, 정사박해와는 달리 천주교에 대한 탄압이 전국적으로 퍼지고 강경화되어 1801년 초에 신유박해가 발생하게 되었다.

인류의 구세주로 오신 예수님께서 무고한 죄인으로 흉악범으로 국사범으로 간주되어 십자가형으로 처형되신 것처럼, 우리 신앙의 순교 선조들도 무고한 죄인으로 취급되어 십자가의 길을 걸어갔다. 하느님께 대한 확고한 믿음이 없었다면 걸어가지 못할 순교의 길이었고, 참 신앙을 가지지 못했다면 받아들이지 못할 억울한 죽음의 길이었다.

예수님의 십자가의 죽음으로 더 이상 무고한 희생의 죽음이 없어야 하겠다. 분명 예수님은 당신의 희생의 죽음이 당신 하나로 족하니 더 이상 무고한 이들의 모함이나 희생의 죽음이 없기를 바라고 계실 것이다. 더 이상 속도전과 같은 전쟁놀이에 무고한 이들의 죽음이 없는 세상이 되기를 바라실 것이다. 더 이상 폭력적인 무고한 희생이 없기를 바라실 것이다.

인류의 역사는 한 사람의 권력 욕심과 부귀영화를 위해 수많은 사람들이 아무런 의미도 없는 죽음을 겪는 어리석은 역사를 이어왔음을 우리는 너무도 잘 알고 있다. 인류의 미래의 역사에는 집단적인 마녀사냥, 광기 어린 여론몰이, 왕따, 무고한 희생 등이 더 이상 존재하지 말아야 한다.

우리는 자신의 죄를 덮기 위해, 경쟁자를 제거하기 위해 타자를 희생양으로 만드는 악의적인 요소에 눈을 감지 말아야 한다. 하느님의 아들까지도 죄를 뒤집어씌워 죽일 정도로 사악한 인간의 폭력성에 고개를 돌리지 말아야 한다. 악인들과 죄인들의 담합에 의해 발생되는 희생 메카니즘에 우리의 마음이 멀리 떠나지 말아야 한다.

희생양은 하느님의 아들이신 예수님 한 분으로 충분하다. 그분의 피 한 방울만으로도 온 인류의 구원이 가능하다. 예수님은 주변 사람들의 욕망과 비위를 맞추지 않았다. 예수님은 권력자의 비위를 맞추기보다 하느님의 뜻을 먼저 실천하였다. 자신에게 반대한다고 해서, 비위를 맞추지 않는다고 해서, 자신의 자리를 위협한다고 해서, 자신의 잘못된 기대를 충족시켜 주지 않는다고 해서 누군가를 소외시키거나 따돌리는 행위는 예수님을 또다시 십자가에 못을 박는 행위가 된다. 희생양은 예수님 한 분으로 충분하다.

남달랐다
(이도기 바오로, +1798년, 복자)

　우리 신앙의 순교 선조들은 어느 날 갑자기 순교하신 것이 아니다. 어느 날 갑자기 욱하는 마음으로 화가 나서 참지 못하고 순교하신 것이 아니다. 우리 신앙의 순교 선조들은 어떻게 살아야 할까 '살아갈 궁리'도 하였고, 어떻게 신앙인으로서 잘 죽을 수 있을까 '죽을 궁리'도 하신 분들이었다. 우리 신앙의 순교 선조들은 이미 일찍부터 다 준비하고 있었다. 그래서 평소부터 남달랐다. 외적으로는 보통 사람들과 비슷한 생활을 하였지만, 내적으로는 보통 사람들과는 다르게 생활하였다. 강인한 정신력, 독실한 믿음을 가지고 있었던 분들이었기에 '생각이나 말이나 행동'에 있어서 보통 사람들과는 달랐다.

하느님을 위해서 하나뿐인 목숨을 기꺼이 내어놓을 준비를 하고 있었던 복자 이도기(바오로, 1743-1798년)의 생애를 보자.

복자 이도기(바오로)는 보통 사람들과는 달랐다. 이도기는 충청도 청양 출신으로 인생의 깊은 의미를 찾고 있었다. '왜 사는지? 무엇을 위해 살아야 하는지? 누구를 위해 살아야 하는지?'에 대해서 고민하고 의미를 찾고 있었다.

그러던 어느 날 1793년 가족들에게 "인생의 의미가 뭔지 모르겠다. 그래서 나는 집을 떠난다. 내가 만약 다시 돌아온다면 지금처럼 살지는 않을 것이다." 하고 떠났다. 그리고 그는 서울에서 김범우(토마스)와 여러 천주교 신자들을 만나 천주교 교리를 공부하고 세례를 받고 고향으로 1년 만에 돌아왔다.

고향에 돌아온 이도기(바오로)는 이전의 모습과 달라져 있었다. 이도기(바오로)는 기쁨에 넘쳐 살았고 주변 사람들에게 더 진실되었으며 열정적으로 천주교 교리를 전하였다.

그는 자신의 전 재산으로 청양과 공주 지역의 선교 활동에 크게 힘쓰고 있었는데, 1797년 정사박해 때 정산 지역으로 피신하여 옹기를 구우며 신앙생활을 이어오다가 관헌들에게 잡히고 말았다.

당시 공주 부윤(오늘날 공주시장)이 이도기(바오로)를 문초하였는데, 그는 조금도 흔들림이 없었고 자신의 믿음을 증거하는 태도도 남달랐다. "네가 천주학을 한다던데 사실이냐? 너는 어찌하여 사학을 하게 됐느냐?" 하면 "나는 사학(邪學)을 한 적이 없고, 앞서 말씀드린 대로 천학(天學)을 하였습니다."라고 분명히 밝혔다.

관장이 논어와 맹자에 있는 '효와 충'의 문제를 물으면, 천주교 '십계명과 칠극(七極)'(七極 : 예수회 신부 판토하Pantoja가 1614년에 지은 천주교 수덕서)에 있는 내용을 가지고 명쾌하게 대답하였다.

심문하던 공주 부윤이 그의 '진실성'에 감동하여 그를 살려 줄 방법을 찾는데, 밤중에 그가 도망을 치도록 포졸들에게 옥문을 잠그지 않도록 하였다. 그런데 이도기(바오로)는 밤새 옥중에서 점잖게 앉아 있었다. 공주 부윤이 '정산 지역의 땅을 다 줄테니, 배교하라!'라고 회유하였지만, 그는 '정산 고을 전체를 줘도 배교할 수 없습니다.' 하였다.

아내를 사랑하는 마음도 남달랐다. 어느 날, 감옥살이 하는 이도기(바오로)가 자신을 돕던 부인을 불러서 "부인, 나 때문에 번거로움이 많소. 이제 괘념치 말고 면회 오지 마시오...부인 보시오. 나도 사람인데 이 상처가 어찌 아프지 않겠소. 그러나 내가 주님을 바라보고 있는 순간만은 고통을 잊을 수 있소. 그런데 부인이 오시면 나 또한 어찌 사랑하는 내 아내를 바라보지 않을 수 있겠소. 내가 당신을 바라보면 아내를 보는 기쁨은 누리지만 이 상처의 고통을 이겨낼 수가 없으니 면회 오지 마시오."

그의 죽음도 남달랐다. 그가 죽은지 한 달이 지난 뒤에 포졸이 이도기(바오로) 부인에게 남편이 죽었다(1798.7.24.순교)는 소식을 전하며, "부인, 슬퍼하지 마시오. 당신 남편이 죽던 그 밤에 찬란한 빛이 당신 남편의 시신에 어리는 것을 내 눈으로 똑똑히 보았소." 신자가 아닌 포졸이 그의 아름다운 죽음의 모습을 증언하였던 것이다.

이것이 바로 하느님의 거룩한 체험이고 은총의 체험이었다. 이도기(바오로)가 순교하던 날 밤에, 하늘에서 밝은 빛이 그의 시신을 비추고 있었던 것이다. 이도기(바오로)는 2014년 8월 16일에 프란치스코 교황에 의해서 '윤지충 바오로와 동료 순교자 123위' 복자들 중에 한 분이 되었다.

복자 이도기(바오로)는 하느님과 '가까이'에 있었다. 하느님과 '좋은 관계, 올바른 관계'를 맺고 있었다. 누구보다도 하느님과 가까이에 있었던 이도기(바오로)는 하느님을 삶의 중심으로, 삶의 잣대로, 삶의 기준으로 모시고 살았다. 그래서 그는 다른 사람들과 달랐다. 참 진리를 찾는 모습이 달랐고, 신앙을 증거하는 모습도 달랐고, 사랑하는 부인에게도 '감옥에 면회 오지 말라.' 하며 누구보다도 따뜻했다.

그의 '죽음의 순간'의 모습도 다른 사람들과는 달랐다. 하느님께서는 '이도기'(바오로)가 순교하는 날에 하늘에서 '밝은 빛을 비추어 주시는' 하느님의 특별한 사랑과 축복을 보여주시기도

하셨다. 이렇게 하느님의 충실한 종이었던 복자 이도기(바오로)는 남달랐다.

예수님은 당시 백성들의 지도자들이라고 하는 율법학자들과 달랐다. 예수님의 말씀과 행동이 다른 사람들과는 달리 '진실성, 따뜻함, 사랑'이 있었다. 예수님께서 안식일에 유다인들의 회당에 들어가 가르치셨는데, 사람들은 예수님의 가르침을 듣고 놀랐다. '당시의 지도자들(율법학자들)과는 달리 권위가 있었다.'(마르 1,22 참조)고 한다. 또 예수님께서 악령 들린 사람을 치유해 주셨는데, '사람들은 놀라며 권위 있는 새 교훈이라며 서로들 수근거렸다.'(마르 1,27 참조)고 전해준다.

예수님의 말씀은 '진실성'이 전달되는 하느님의 말씀이었고, 예수님의 치유의 행동은 '따뜻한 사랑의 기적'이었다. 이렇게 예수님의 말씀과 치유의 행동에는 율법학자들과는 달리 '권위와 힘'이 있었다고 한다.

우리 신앙인들도 다른 사람들과 조금은 달라야 한다. 우리 신앙인들도 하느님을 믿는 사람들이기에, 그래서 하느님과 가까이하려는 사람들이기에 조금은 더 진실해야, 더 따뜻해야, 더 멋지게 살아야 한다. 우리 신앙인들이 성당에 다니지 않는 사람들과는 조금은 달라야 하겠다. 위선적인 모습 거짓된 모습이 아니라 조금은 더 진실해야 하겠다. 차갑고 무관심한 모습보다 조금은 더 따뜻하고 부드러운 모습이 되어야 하겠다. 이기적인 모습 미운 모습 얄미운 모습이 아니라 조금은 더 좋아 보이고 괜찮아 보이고 가능하면 모범적인 모습을 가져야 하겠다.

하느님을 믿는 우리 신앙인들이 다른 사람들보다는 조금은 더 멋지게 살아야 하겠다. 어제보다는 오늘 조금은 더 '다른 좋은 모습'으로 살도록 늘 새롭게 노력해야 하겠다.

삶의 기준을 바꾸다
(인언민 마르티노, +1800년, 복자)

조선교구 5대 교구장 다블뤼(Marie Nicolas Antoine Daveluy, 1818-1866년) 주교는 한국 천주교회의 최초의 사제 김대건(안드레아) 신부와 함께 1845년(헌종 11년)에 입국하였다. 그는 조선에 20여년 동안 거주하면서 우리나라의 언어와 풍속을 연구하고 포교서를 우리말로 번역하고 출판했고, '한중불사전'(韓中佛辭典) 편찬에도 관여했다.

또한 한국의 초기 천주교 전래와 박해에 대한 자료들을 광범위하게 모아 조선 순교사(殉敎史)를 집필하고 1862년에 프랑스 파리로 보냈는데, 다블뤼 주교의 순교자들에 관한 자료들 덕분에 한국 천주교회의 수많은 순교자들을 우리가 지금 기억할 수 있게 되었다. 다블뤼 주교는 조선교구 4대 교구장 베르뇌 주교가 1866년(고종 3년) 3월에 박해를 받아 순교하면서, 그 뒤를 이어 조선교구 5대 교구장이 되었지만 20여 일 만에 순교하였다.

다블뤼 주교가 장하신 순교자들에 관한 기록을 남겨준 덕분에 우리는 지금 수많은 순교자들의 용맹함과 위대함을 기억할 수 있다. 특히 충청도 예산의 시골 마을에서 아무도 알지 못했던 순교자 인언민(마르티노)을 기억할 수 있게 되어서 너무도 다행이고 감사로운 마음이다.

인언민(마르티노)을 기억할 수 있는 다블뤼 주교의 구체적인 증언은 매우 단순하고 짧지만, 충남 예산군의 삽교 본당 신자들에게는 오랫동안 기억되어 왔고, 신자들은 인언민(마르티노)을 신앙생활의 모범으로 기억하며 생활하고 있다. 삽교 본당 신자들은 일찍부터 '순교자 인언민(마르티노)'을 특별히 기억하기 위해 그의 고향 땅에 '배나드리 성지'를 조성하였다. 그리고 삽교 본당은 1년 중에 적어도 '3일'을 기억하고 있다. 1월 9일(1800년) '인언민 마르티노 순교(殉敎)일', 5월 29일 '124위 복자 동료 순교자 기념일', 8월 16일(2014년) '시복(諡福)일'에 순교 복자 인언민(마르티노)을 전 신자가 함께 미사 중에 기억하고 기도하고 있다.

다블뤼 주교가 기록으로 남겨준 내용을 참조하여 복자 인언민 마르티노(1737-1800년)의 생애를 알아보자.[21]

---

21) 앙투안 다블뤼, 조선 주요 순교자 약전, 유소연 역, 내포교회사연구소, 2014년, 220-221쪽 참조.

1737년 충청도 덕산 주래(현, 충남 예산군 삽교읍 용동리)의 양반 집안에서 태어난 인언민(印彦敏) 마르티노는 온순하면서도 꿋꿋한 성격을 지니고 있었다. 또 어려서부터 학문에 정진하여 상당한 학식도 쌓게 되었다.[22]

그러던 어느 날 어무(御撫, 임금이 손을 잡아줌)가 내려진 황사영(알렉시오)이 한양에서 사람들에게 드러내 놓고 천주교 교리를 가르치고 있다(1797-1798년)는 소식을 접하면서 인언민도 황사영(알렉시오)을 만나 천주교 신앙을 알게 되었고, 그에게서 교리를 배운 뒤, 주문모(야고보) 신부에게 세례를 받았다.

이때 인 마르티노는 장남 요셉을 주 신부 곁에 남겨 두었으며, 얼마 뒤에는 차남을 유명한 교우의 딸과 혼인시켰다. 그러고 나서는 자유로운 신앙생활을 위해 집과 재산을 버리고 공주로 이주하였다. …

1797년에 시작된 정사박해가 한창 진행되던 어느 날, 인 마르티노는 공주 포졸들에게 체포되었다. 그러자 그는 자신이 천주교 신자라는 것을 밝히고, 천주를 위하여 목숨을 바치기를 원한다는 것을 분명하게 고백한 뒤 옥으로 끌려갔다. 그런 다음 청주로 이송되어 심한 고문을 당하였으며, 감사의 명에 따라 다시 그의 고향을 관할하던 해미 관장 앞으로 이송되었다.[23] 심한

---

22) '복자' 윤지충 바오로와 동료 순교자 123위 '하느님의 종' 가경자 최양업 토마스 신부 약전 중 복자 인언민 마르티노, CBCK 한국천주교주교회의, 2017년.
23) '복자' 윤지충 바오로와 동료 순교자 123위 '하느님의 종' 가경자 최양업 토마스 신부 약전 중 복자 인언민 마르티노, CBCK 한국천주교주교회의, 2017년.

매질로 인해 63세의 나이로 1800년 1월 9일에 순교(杖死, 장사)하였다고 전해진다.

충청도 '해미지역의 첫 순교자'로서, 큰 돌로 맞아 턱이 떨어져 나가고 가슴뼈가 부서지며 마지막으로 매질을 당하면서 하신 말씀 "그렇구 말구. 기쁜 마음으로 내 목숨을 천주께 바치는 거야."[24]라며 신앙을 증거하였다. 그의 나이 63세였다. 인언민(마르티노)은 2014년 8월 16일에 프란치스코 교황에 의해서 '윤지충 바오로와 동료 순교자 123위' 복자들 중에 한 분이 되었다.

인언민(마르티노)은 하느님을 알게 되면서 삶의 기준이 바뀌었다. 그의 인생 60여년 동안 그의 삶의 기준은 가능하면 남들보다 넉넉한 재물을 가지고, 넓은 땅을 밟으면서, 언제나 폼생폼사 할 수 있는 양반 신분을 유지하며, 배고프지 않는 생활을 유지하는 부귀영화가 넘실거리는 꿈이었을 것이다. 그러나 어느 날부터 인생의 은퇴시기에 접어든 그의 마음은 다른 곳으로 움직이고 있었다. 전혀 들어보지도 못한 새로운 진리의 소리가 그의 귀를 잔잔히 울리고 있었다. 새로운 물결이 그의 마음을 변화시키고 있었다.

---

24) '복자' 윤지충 바오로와 동료 순교자 123위 '하느님의 종' 가경자 최양업 토마스 신부 약전 중 복자 인언민 마르티노, CBCK 한국천주교주교회의, 2017년.

인생의 끝 무렵에 와 있던 인언민(마르티노)은 자신의 내면의 궁금증을 풀기 위해 젊은 친구 황사영(알렉시오)을 찾아갔다. 황사영(알렉시오)은 임금으로부터 어무(御撫)를 받았던 사람이었지만, 조정에서 금지하고 있는 천주교를 사람들에게 가르치고 있었다.

인언민(마르티노)은 황사영(알렉시오)으로부터 천주교의 교리를 듣게 되었고, 그동안 자신을 든든하게 지탱해 주었고 지켜주었던 삶의 기준을 과감하게 포기하고, 새로운 진리와 가치를 선택하였다. 그는 오래 생각하지 않았고, 곧바로 조선에 입국해 있던 중국인 주문모(야고보) 신부를 소개받아 그를 찾아가 세례를 받았다. 천주교에서 말하는 하느님을 알게 되면서 인언민(마르티노)에게 삶의 기준은 이제 예수님이 '삶의 길이요 진리요 생명'이 되었다.

예수님은 당신이 우리 신앙인들의 기준이고 모범이고 삶의 중심이 될 수 있는 말씀을 하셨다.

"나는 길이요 진리요 생명이다. 나를 통하지 않고서는 아무도 아버지께 갈 수 없다. 너희가 나를 알게 되었으니 내 아버지도 알게 될 것이다. 이제부터 너희는 그분을 아는 것이고, 또 그분을 이미 뵌 것이다."(요한 14,6-7)

늦깎이 순교자 인언민(마르티노)처럼, 우리 신앙인들의 삶의 기준 가치 기준도 '예수님'이다. 예수님은 우리 신앙인들이 '걸어가야 될 참된 길', '깨달아야 될 참된 진리', '꼭 얻어야 될 참된 생명'이시다. 예수님이 걸으신 사랑의 길, 십자가의 길, 희생의 길이 우리 신앙인들이 걸어가야 될 참된 길이며, 예수님이 말씀하신 진리를 깨닫는 것이 우리 신앙인들이 깨달아야 될 참된 진리이고, 예수님이 주시는 참된 생명을 얻는 것이 우리 신앙인들이 꼭 얻어야 될 참된 생명이다.

예수님께서는 우리 신앙인들이 '하느님께 다다를 수 있는 길, 진리, 생명'이시다. 예수님을 통하지 않고서는 아무도 하느님 아버지께로 갈 수 없고, 아무도 하느님 아버지를 만날 수 없다.

시대에 따라 유행에 따라 세상의 가치 기준이 변한다 해도, 우리 신앙인들의 가치 기준은 변할 수 없다. 우리 신앙인들의 가치 기준은 언제나 '하느님의 아들이신 예수님'이시다. 2000년 전의 신앙인들이나, 100년 전의 신앙인들이나, 오늘의 신앙인들이나, 모든 신앙인들의 가치 기준은 '하느님의 아들이신 예수님'이시다. 2000년 내내 교회 안에는 수많은 영성가들, 신심운동가들, 대학자들이 많았지만, 교회 안에서 신앙인들의 가치 기준은 변하지 않았다.

요즘 같은 인터넷 시대에, 하루가 다르게 변하고 있고, 우리의 마음을 사로잡는 새로운 것들이 매일같이 쏟아져 나온다 하더라도, 우리 신앙인들이 변하지 말아야 할 게 있다. 그것은 하느님께 대한 믿음이다. 세상 모든 게 변해도, 하느님께 대한 우리의 믿음은 변해서도 안되고, 우리를 사랑하시는 하느님께서도 변하지 않으신다. 세상의 진리는 변해도, 신앙의 진리와 가치 기준은 변하지 않고, 변해서도 안될 것이다.

　우리는 변함이 없고 흔들림이 없는 사랑이신 하느님께 큰마음을 두고 살아야 한다. 우리는 우리의 인생길에 '참된 길, 참된 진리, 참된 생명'이신 하느님과의 끈을 놓치지 말아야 한다. 하느님을 믿는 우리의 믿음이 '예전과 같고, 변하지 않아서' 늘 평화롭기를 희망한다. 하느님께 대한 우리의 믿음이 한결같고 변함이 없어야 한다.

하느님을 크게 사랑하다
(조용삼 베드로, +1801년, 복자)

이렇게 기도하는 사람은 아마도 없을 것이다. "하느님, 안녕하세요. 저는 제가 저를 아무리 살펴봐도 '너무 괜찮은 사람' 같아요. 일단, 외모부터 보면, 너무 잘생겼고, 너무 잘 났고, 성격도 화끈하고, 뒤 끝도 없고, 솔직해서, 저는 '아주 멋진 사람' 같아요. 그래서 사람들이 저를 너무 좋아하는 것 같아서 매일매일 아주 피곤하네요. 하느님, 저는 너무 잘 난 것 같아요. 그러면, 안녕히 계세요!"

한편, 성전에 가까이 다가가지도 못하고 멀찍이 서서, 하늘을 우러러보지도 못하고 가슴을 치며 바치는 '세리의 기도'(루카 18,13 참조)를 떠오르게 하는 기도가 있다. "하느님, 저는 죄 많은 죄인입니다. 당신께 감히 무슨 말씀을 드릴 수 있겠습니까? 하느님, 당신께 감히 무엇을 청할 수 있겠습니까? 하느님, 당신의 뜻을 알고 당신의 뜻대로 살도록 이끌어 주세요…… 오, 하느님! 죄 많은 저에게 자비를 베풀어 주십시오."

하느님 앞에서 늘 죄인의 마음으로 언제나 하느님의 뜻을 알고 하느님의 뜻대로 살고자 하나뿐인 목숨을 바치면서까지 친부(親父)에 대한 사랑과 하느님께 대한 사랑을 모범적으로 보여준 복자 조용삼(베드로, ?-1801년)이 있다. 특히 조용삼(베드로)은 하느님께 대한 사랑이 얼마나 거룩하고 위대한가를 순교의 길을 통해서 잘 보여주었다. 복자 조용삼(베드로)에 대해서 알아보자.

경기도 양근에서 태어난 조용삼 베드로는 일찍 모친을 여의고 부친 슬하에서 자라났다. 그러나 집이 가난한 데다가 몸과 마음이 모두 약하였고, 외모 또한 보잘 것없었으므로 사람들은 그를 만나면 비웃기만 하였다. 그는 서른 살이 되도록 혼인할 여성을 구할 수조차 없었다.

그 뒤 조 베드로는 부친과 함께 여주에 사는 임희영의 집에 가서 살게 되었는데, 이때서야 처음으로 천주교 교리에 대해 들을 수 있었다. 그때부터 조 베드로는 정약종 아우구스티노를 스승으로 받들고 교리를 배우기 시작하였다. 그의 스승인 정약종 아우구스티노는 모든 사람이 조 베드로를 조롱하였음에도 그의

열심을 칭찬해 주면서 차츰 신앙의 길로 인도해 나갔다.[25]

＊임희영(세례명 미상, ?-1801년)

조 베드로는 아직 예비 신자였을 때인 1800년 4월 15일, 주님 부활 대축일을 지내기 위해 부친과 함께 여주 정종호의 집으로 갔다. 그리고 이곳에서 이중배 마르티노, 원경도 요한 등과 함께 대축일 행사를 갖다가 포졸들에게 체포되었다.[26]

＊이중배(마르티노, 1751?-1801년, 복자), 원경도(요한, 1774?-1801년, 복자)

길을 가는 동안 아버지(조재동)는 아들(조용삼)에게 "이번에 나는 하느님을 위해서 목숨을 바치기로 결심하였으니, 나는 틀림없이 순교자가 될 것이다. 너는 어떻게 하겠느냐?" 물었다. 조용삼은 "아무도 자기 결심과 자기 힘을 믿을 수는 없습니다. 약하고 불쌍한 제가 어떻게 감히 순교하기를 기대할 수가 있겠습니까?" 하고 대답하였다.

---

25) '복자' 윤지충 바오로와 동료 순교자 123위 '하느님의 종' 가경자 최양업 토마스 신부 약전 중 복자 조용삼 베드로, CBCK 한국천주교주교회의, 2017년.
26) '복자' 윤지충 바오로와 동료 순교자 123위 '하느님의 종' 가경자 최양업 토마스 신부 약전 중 복자 조용삼 베드로, CBCK 한국천주교주교회의, 2017년.

그러나 막상 그들이 관장 앞에 끌려가 첫 번째 심문을 받을 때부터 아버지는 슬프게도 굴복하고 말았다. 관장은 조용삼에게 "너도 배교하여라." 하였지만 조용삼은 "저는 배교할 수가 없습니다."라고 하였다.

관장은 "아니 네 아버지가 목숨을 보존하려고 하는데 너는 죽기를 원한단 말이냐? 그것은 효도를 어기는 것이 아니냐?" 조용삼은 "절대로 그렇지 않습니다… 부모보다 먼저 또 부모 위에 천지만물의 대왕이시며 공통된 아버지이신 분이 계시니, 그 분이야말로 제 부모에게 생명을 주셨고 제게도 생명을 주셨습니다. 그러니 하느님을 어떻게 배반할 수 있겠습니까?"

관장은 더 혹독한 고문을 가하였으나, 아무 소용이 없었다. 관장은 그가 보는 앞에서 그의 아버지를 더 혹독하게 박해를 하였다. 결국 조용삼은 "저는 인륜을 끊을 수가 없습니다. 저 때문에 아버지를 돌아가시게 하기를 원치 않으니, 우리 둘을 살려 주십시오." 뼈가 부서지는 고통도 이긴 조용삼은 아버지에 대한 효도 때문에 굴복하고 말았다.

그러나 조용삼은 감옥 문을 나서면서 이중배(마르티노)의 권고를 듣고, 다음날 관장 앞에 다시 나아가 "제가 어저께 한 일을 지금 후회합니다. 그러니 사또께서는 저를 저의 죄대로 죽이시고 아버지는 그의 원대로 다루어 주시기 바랍니다… 각자는 자기의 행실대로 다루어져야 할 것입니다."

관장은 조용삼을 더 엄중히 심문하며 위협하였으나, 그는 "하늘에는 두 임금이 없고, 사람은 두 마음이 없습니다. 제가 원하는 것은 다만 하느님을 위하여 죽는 것뿐입니다. 저에게 더 이상 물어 보시는 것은 무익한 일이며, 저는 이제 다른 말씀 드릴 것이 아무 것도 없습니다." 하고 용감히 신앙을 고백하였다. 결국, 1801년 3월 27일 그는 옥중에서 '베드로'라는 세례명으로 세례를 받고 숨을 거두었다.

조용삼(베드로)은 2014년 8월 16일에 프란치스코 교황에 의해서 '윤지충 바오로와 동료 순교자 123위' 복자들 중에 한 분이 되었다.

예수님께서는 우리에게 '하느님을 사랑'하고 '이웃을 사랑' 해야 한다는 사랑의 계명을 말씀하셨다.

" '네 마음을 다하고 네 목숨을 다하고 네 정신을 다하여 주 너의 하느님을 사랑해야 한다.' 이것이 가장 크고 첫째가는 계명이다. 둘째도 이와 같다. '네 이웃을 너 자신처럼 사랑해야 한다.'는 것이다. 온 율법과 예언서의 정신이 이 두 계명에 달려 있다."(마태 22,37-40)

우리는 복자 조용삼(베드로)을 통해서 하느님을 어떻게 사랑할 수 있는지를 알 수 있다. 우리 신앙의 순교 선조들이 하느님을 사랑했던 방법은 자신의 하나뿐인 목숨을 바치면서까지 하느님을 사랑한 것이다. 신앙의 순교 선조들은 하느님이 가장 먼저이고, 가장 중심이고, 하느님을 가장 중요하게 생각하였다. 볼 수 없고 만질 수 없고 들을 수 없는 하느님을 참으로 사랑하였다. 참으로 대단하신 분들이다.

　우리들도 하느님을 사랑하는 방법은 우리 신앙의 순교 선조들처럼 하느님을 위해 목숨을 바치는 일이지만, 지금은 그럴 수 없다. 그렇지만 우리도 하느님을 삶의 중심으로 모시고, 하느님의 말씀을 가장 중요하게 생각하고 따르며, 하느님을 속이지 않고, 하느님을 배반하지 않는 삶을 사는 것이다.

　보다 구체적으로, '꾸준한' 기도생활을 통해서 하느님을 사랑할 수 있다. 꾸준한 기도생활을 통해서 하느님을 삶의 중심으로 모시고 하느님 말씀에 귀를 기울이는 생활을 할 수 있다. 하느님을 '적당히, 필요할 때만' 찾고 기도하는 것이 아니라, '온전히, 정성을 다해, 꾸준히' 하느님께 기도하는 것이 하느님을 사랑하는 방법이다. 누군가가 나를 사랑하는 척하면서 적당히 아쉬울 때만 필요할 때만 사랑한다면, 그것은 거짓이고 위선이다. 그러나 누군가가 나를 정성을 다해 늘 한결같은 모습으로 사랑해 준다면, 그것은 진실한 사랑이고 그래서 너무 고맙고 감사한 일이다.

　하느님을 사랑하는 '신앙생활'은 적당히 하는게 아니라, 요령과 요행으로 하는게 아니라, 아쉬울 때만 필요할 때만 하는게 아니라, 묻고 따지고 계산하면서 하는게 아니라, 늘 한결같이 꾸준히 해야 하는 것이다. 우리 신앙의 순교 선조들처럼 어떠한 어려움 속에서도 꾸준한 기도생활을 통해서 하느님을 잊지 말고, 하느님을 멀리 하지 말아야 한다. 하느님께 대한 꾸준한 믿음의 생활을 잘 이어가야 한다.

'천당은 두 개'
(황일광 시몬, +1802년, 복자)

'내 앞에 행복, 내 뒤에 행복, 내 아래에 행복, 내 위에 행복, 내 주위 모든 곳에 행복…' 북아메리카 인디언 부족 '나바호족'이 아름다운 대지를 찬양하며 불렀던 노래라 한다.

내 앞에 행복이 있음을 느끼려면 무엇보다 멀리 봐야 한다. 코앞의 나뭇잎만 보면 곧 떨어질 낙엽 생각에 슬픔만 가득할 것이기 때문이다. 그들은 낙엽보다 산을 먼저 본다.

내 뒤의 행복은 꼭 옆 사람과 함께 돌아봐야 한다. 걷다가 힘들었던 순간에 서로에게 의지가 되어 준 그 길목을 기억할 수 있기 때문이다. 그들은 나보다 상대방을 먼저 본다.

내 아래에 있는 행복은 무릎을 낮춰야 느낄 수 있다. 무릎이 땅에 닿아야 세상 모든 존재가 하나의 뿌리로 얽혀 있음을 실감

하고 풀 한 포기라도 사랑스럽게 받아들여지기 때문이다.

　내 위에 있는 행복은 두 손을 모아야 느낄 수 있다. 한 쪽 손만으로 결코 손이 따뜻해질 수 없음을 깨닫는 순간, 하느님께서 내밀어 주신 나머지 한 쪽 손의 무한한 사랑이 전달되기 때문이다.[27]

　하느님 나라의 영원한 행복은 순교자들의 모범을 통해서 알 수 있다. 자신의 하나뿐인 목숨과 바꾸면서 사랑하는 가족들과의 생이별을 통해서 얻으려는 행복이야말로 영원한 행복의 기쁨을 누리게 하기 때문이다.

　'천국(天國), 천당(天堂)'은 모두 같은 의미로서 하느님 나라, 하느님께서 계시는 나라, 하느님께서 사시는 나라를 말한다. 우리 신앙인들의 최종 목표는 하느님 나라, 천국, 천당이다. 아직 가 보지는 않았지만, 하느님 나라, 천국, 천당은 '하나'일 텐데, 이 '하느님 나라'를 복자 '황일광'(시몬)은 두 개로 믿고 있었다. 복자 황일광(시몬, 1757-1802년)의 생애를 보자.

　　황일광은 충청도 홍주 출신으로 옛날에는 직업과 신분이 모두 같이 정해졌기에, 그의 직업과 신분은 '백정'이었다.
　　조선시대 신분제도는 양천제(良賤制)로서, 모든 백성을 양인(良人 : 양반, 중인, 상민)과 천민(賤民)으로 나누는 신분제도이다. 그

---

27) 이충무, 사방이 온통 행복인데, 바오로딸, 2019년, 47-49쪽 참조.

리고 백정이라는 신분은 천민 중에서도 가장 천대받는 천민이었다. 백정에게 어린아이들까지도 반말하고 무시하기 일쑤였고, 본인도 그런 대접을 받는 것을 당연한 것으로 생각해야 했다.

땀과 노고의 가치가 인정받지 못한 당시 사회에서, 하느님께서는 황일광에게 뛰어난 지능과 열렬한 신심, 명랑하고 솔직한 성품을 주셨다. 어느 날, 황일광은 우연찮게 '내포의 사도' 이존창(루도비코)에 대한 소문을 듣고, 그를 찾아가 교리를 듣고 천주교 신앙을 받아들였다.

1800년 2월 황 시몬은 경기도 광주의 분원에 살고 있는 정약종 아우구스티노 회장의 이웃으로 이주하였다. 그리고 황사영 알렉시오, 김한빈 베드로 등 여러 교우들과 자주 교류하였다. 이제 그의 열심은 날로 더해져 모든 이의 감탄을 자아내기에 이르렀다.

그 뒤, 정 아우구스티노 회장이 한양으로 이주하자, 황 시몬도 아우와 함께 한양 정동으로 이주하여 땔나무를 해다 팔면서 생계를 꾸려나갔다. 그리고 자신의 힘이 닿는 데까지 교회 일을 도왔다. 또 주문모 야고보 신부에게 세례를 받고, 교우들과 함께 미사에 참여하는 기쁨도 얻게 되었다.[28]

교우들은 황일광(시몬)의 신분(백정)을 잘 알고 있었지만, 사람들은 그를 멀리하지 않았고 차별하지 않았다. 그를 더욱 아

---

28) '복자' 윤지충 바오로와 동료 순교자 123위 '하느님의 종' 가경자 최양업 토마스 신부 약전 중 복자 황일광 시몬, CBCK 한국천주교주교회의, 2017년.

끼고 다른 사람들과 똑같이 사랑해 주었다. 황일광(시몬)은 자신을 백정으로만 바라보지 않고 '사람으로' 대해주는 신자들에게 감동을 받아 이렇게 말하였다. "나의 신분에도 불구하고 사람들이 너무나 점잖게 대해 주니, 천당은 이 세상에 하나가 있고, 후세에 하나가 있음이 분명하다."[29] '살아서는 지상천국, 죽어서는 천상천국!'이라는 의미이다.

1801년 신유박해가 일어난 뒤, 황 시몬은 땔나무를 하러 나갔다가 포졸들에게 체포되어 옥으로 끌려갔다. 그는 포도청과 형조에서 여러 차례 문초와 형벌을 받았지만, 아무도 밀고하지 않았다. 그는 모든 것을 굳건하게 참아냈을 뿐만 아니라, 재판관의 추상같은 호령에도 굴하지 않고 천주교를 '성스러운 종교'라고 부르면서 다음과 같이 진술하였다.

"저는 천주교 신앙을 올바른 길로 생각하여 깊이 빠졌습니다. 이제 비록 죽을 지경에 이르렀지만, 어찌 배교하여 천주교 신앙을 저버리겠습니까? 빨리 죽기만을 원할 따름입니다."

그 결과, 황 시몬은 다리 하나가 부러지고 으스러질 정도로 잔인하게 매질을 당해야만 하였다.[30] 결국, 황일광(시몬)은 자신

---

29) '복자' 윤지충 바오로와 동료 순교자 123위 '하느님의 종' 가경자 최양업 토마스 신부 약전 중 복자 황일광 시몬, CBCK 한국천주교주교회의, 2017년.
30) '복자' 윤지충 바오로와 동료 순교자 123위 '하느님의 종' 가경자 최양업 토마스 신부 약전 중 복자 황일광 시몬, CBCK 한국천주교주교회의, 2017년.

의 고향 홍주에서 1802년 1월 30일에 참수되었다. '살아서는 지상천국, 죽어서는 천상천국'을 살았던 황일광(시몬)은 2014년 8월 16일에 프란치스코 교황에 의해서 '윤지충 바오로와 동료 순교자 123위' 복자들 중에 한 분이 되었다.

복자 황일광(시몬)은 자신에게 '모든 것'이 되는 '하나뿐인 목숨'을 포기하면서까지 하느님 나라라는 보물을 얻었다. 복자 황일광(시몬)은 자신의 말처럼 '살아서는 지상천국, 죽어서는 천상천국'을 누렸다. 황일광(시몬)은 '살아서는' 하느님을 알고 하느님을 믿고 하느님을 증거하면서 진정한 사랑과 용서와 참된 행복이 무엇인지를 알게 되면서, 살아서는 지상천국을 누렸다. 그리고, '죽어서는' 살아있을 때 하느님을 배반하지 않았고, 이웃 사람들도 따뜻하게 사랑했던 덕분에 죽어서는 천상천국인 하느님 나라에서 승리의 월계관을 쓰고 천상천국의 축복과 행복을 누렸다.

예수님께서 하느님 나라를 다음과 같은 비유로 말씀하셨다.

"하늘 나라는 밭에 숨겨진 보물과 같다. 그 보물을 발견한 사람은 그것을 다시 숨겨 두고서는 기뻐하며 돌아가서 가진 것을 다 팔아 그 밭을 산다. 또 하늘 나라는 좋은 진주를 찾는 상인과 같다. 그는 값진 진주를 하나 발견하자, 가서 가진 것을 모두 처분하여 그것을 샀다."(마태 13,44-46)

하느님 나라는 어느 날 갑자기 우리에게 운 좋게 떨어지는 것이 아니다. 하느님 나라는 우리의 모든 것을 투자하고 투신해야 하는 나라다. 하느님 나라는 우리의 희생이 동반되는 나라, 우리의 포기가 요구되는 나라, 우리의 노력도 필요한 나라다.

우리는 '하느님 나라'라는 보물을 얻기 위해서 복자 황일광(시몬)처럼 자신의 '모든 것, 모든 역량, 모든 힘'을 다해야 한다. 우리도 황일광(시몬)의 말처럼 '두 개의 천국'을 체험할 수 있으면 좋겠다. '살아서는 지상천국, 죽어서는 천상천국'을 누릴 수 있으면 좋겠다.

무엇보다 먼저, '죽어서 천상천국'은 하느님께서 해주실 일이니 하느님께 맡겨드리고, 지금 우리가 이 세상에서 '지상천국'의 행복과 기쁨과 사랑을 체험할 수 있으면 좋겠다. 지금 이 세상의 삶은 지옥 같은 삶이 아니라 지상천국 같은 삶이 되어야 한다. 내 주변 사람들을 진정으로 사랑하고, 내 주변 사람들로부터 따뜻한 사랑도 많이 받을 수 있으면 좋겠다. 사람들을 사랑하는 것도 중요하지만, 사람들로부터 많은 사랑을 받을 수 있도록 더 멋지게 더 예쁘게 살다 보면, 지상천국의 행복이 무엇인지를 알 수 있을 것이다.

사사건건 묻고 따지고 계산하고 다투는 모습보다, 조금은 더 양보하고 이해하고 용서하고 화해하는 삶을 살면서, 지상천국의 기쁨과 행복을 체험했으면 좋겠다. 우리는 지금 '지옥 같은 세상'에서 살고 있지 않다. '행복한 세상'에서 살고 있어야 한다. 지금이 중요하다. 지금이 행복해야 한다. 지금 행복할 수 있어야 한다. 우리가 지금 행복할 수 있는 삶을 산다면, 우리들도 '살아서는 지상천국, 죽어서는 천상천국'을 누릴 수 있을 것이다.

교우촌(教友村)

할아버지와 손자가 밭에서 콩을 심고 있었다. 손자가 흙에 구멍을 내면, 할아버지는 콩 세 알을 넣고 흙을 덮었다. 손자가 이상해서 물었다. "할아버지, 구멍 하나에 콩 한 알만 심으면 되지, 왜 세 알씩 넣으세요?" 할아버지는 허허 웃으시며 "그래야 하늘에 나는 새가 한 알 먹고, 땅에서 사는 벌레가 한 알 먹고, 나머지 한 알이 자라면 사람이 먹는 거란다."

옛날에 조상들은 굶주리고 배가 고픈데도 감나무의 감 하나를 따지 않고 '까치밥'을 남겨 두었고, 밭에서 일하던 농부들은 '곁두리'를 먹기 전에 음식을 던지는 '고수레'의 풍습도 있었다. 콩 세 알을 뿌리는 옛 조상들의 따뜻한 마음은 천지인(天地人) 즉 '하늘, 땅, 사람'의 세 힘이 한데 어울려 사는 세상을 만들었다. '할아버지, 왜 콩 한 알이 아니라, 콩 세 알이지요?' 농약을 뿌려

사람 혼자 먹는 농사가 아니었던 시절 이야기다.[31]

천주교에 대한 박해 중에 우리 신앙의 선조들이 꿈꾼 세상은 바로 이러한 하늘과 땅과 사람이 서로 함께 나누어 먹는 세상이었다.

초기 한국 천주교회 시절에, 조정에서는 정치적인 배경에서 전국적으로 천주교를 박해하였는데, 숨어있는 천주교 신자들을 색출하려고 혈안이 되어 있었고, 사람들은 천주교 신자들을 고발하고 있었다. 특히 당시의 '오가작통법'(五家作統法, 조선시대 범죄자의 색출과 세금징수 및 부역동원 등을 효과적으로 시행하기 위해 다섯 집을 한 통으로 묶던 호적제도)으로, 한 집에서 천주교 신자가 한 명이라도 나오면 다섯 집 모두가 화를 입게 되어 있어서, 결국 신자들은 정들었던 고향 마을을 떠날 수밖에 없었다.

신자들은 마을을 떠날 때도, 한밤중에 죄인처럼 아무것도 가지지 못하고 몰래 도망쳐 나와야 했다. 밥을 제대로 얻어먹을 수도 없었고, 잠을 제대로 잘 수도 없었고, 옷을 제대로 입을 수도 없었다. 신자들은 조금은 더 자유로운 신앙생활을 하기 위해 심산유곡(深山幽谷)으로 숨어 들어갔는데, 신자들이 산간벽지에 조성한 신앙촌을 우리는 교우촌(敎友村)이라 한다.

박해시기에 형성된 교우촌들이 자리한 곳은 대표적으로 광

---

31) 이어령, 80초 생각 나누기, 시공미디어, 2015년, 104-106쪽 참조.

주 용인 이천 고을의 접경 지역인 태화산 자락, 서천 한산 홍산 비인 고을의 접경 지역인 천방산 자락, 그리고 여산 고산 은진 고을의 접경 지역인 천호산 자락 등으로, 대체로 여러 고을의 경계가 접하고 있는 깊은 산골 산간벽지였다. 교우촌들이 이러한 접경 지역에 형성된 이유는 박해가 발생하더라도 다른 고을로 쉽게 피할 수 있었기 때문이다.

사람들은 깊은 산속에 모여 사는 천주교 신자들을 '나라에 대해서 원망을 품은 사람들, 산속에 무리를 지어 숨어 사는 불순분자들, 세상을 변혁시키려는 뜻을 가지고 있는 사람들'이라고 불렀다. 사람들은 천주교 신자들이 "그리스도의 몸과 피를 먹고 마신다."는 말을 왜곡하여, '천주교 신자들이 왜 산속에 모여 사는지 아느냐? 사람을 잡아먹으려고 그런다 하더라. 사람을 어떻게 잡아먹는데? 짐승과 매한가지로 사람의 몸과 피를 서로 나누어 마신다고 하더라.' 하였다.

가당치 않은 모함과 이야기들이 퍼져가는 가운데에서도 천주교 신자들은 사랑을 실천하는 일을 게을리하지 않았다. 우리 신앙의 선조들은 깊은 산속 교우촌에서 무엇을 먹고 어떻게 살았을까? 박해시대 교우들은 당시 사회에서 매우 천하게 여기던 '옹기 굽는 일, 숯 굽는 일, 짚신 삼는 일, 벌을 치고, 약초를 캐고, 사냥하는 일'들을 하였다.

1814년 승정원 일기와 규장각 문서 그리고 조선왕조실록에서 소개된 우리나라 상황을 보면, 똑같이 '1814년 7월과 8월에 한없이 비가 내려 홍수가 졌다. 전국이 흉년이 들어 먹을 것이 없게 되었다. 민심이 흉흉해지고 굶어 죽는 사람이 길가에 즐비했다.'라고 기록되어 있다. 마을에서 사는 사람들도 굶어 죽는 지경인데 심산유곡에서 풀뿌리 나무껍질을 먹고 사는 교우들은 오죽했겠는가?

그런데, 묘하게 교우촌의 신자들은 거의 죽지 않고 살아남았다고 한다. 참으로 불가사의한 일이었다. 그 이유는 신자들이 복음 말씀대로 살았기 때문이었다. 풀뿌리 하나가 있더라도 나누어 먹었던 것이다. 교우촌에 살지 않았던 배고픈 교우들은 오히려 깊은 산속의 교우촌을 찾아와서 먹을 것을 청하였다. 민심이 흉흉하고 얻어먹을 것이 없는 전국적인 흉년 속에서도 교우촌의 교우들은 복음 정신대로 배고픈 교우들에게 풀뿌리를 나누어 주었다. 이렇게 교우촌의 교우들은 복음 말씀대로 서로 사랑하고, 서로 나누고, 서로를 위해 위로해 주고 기도해 주면서, 신앙의 자유와 세상의 성화를 꿈꾸며 늘 하느님께 의지하며 살았다.

우리 신앙의 선조들은 무시무시한 무서운 박해 속에서도 함께 나누었다. 모든 것이 부족할 수밖에 없고 불편할 수밖에 없었던 깊은 산속 골짜기에서도 함께 나누었고, 함께 사랑했고, 함께 기도했다.

얼마나 배부르게 먹을 수 있었겠는가? 얼마나 맛있는 것을 먹을 수 있었겠는가? 자신들의 입에 풀칠하기에도 어려웠을 텐데, 우리 신앙의 선조들은 오래 생각하지 않았고, 많이 고민하지 않았고, 자신들의 것을 함께 나누고, 함께 공유하고, 함께 사랑하면서 살았던 분들이었다.

예수님께서는 당신을 따르던 군중들이 저녁때가 되었는데도 당신 곁을 떠나지 않자 그들에게 먹거리를 제공해 주시는 '오천 명을 먹이신 빵의 기적'을 보여주셨다. 마태오 복음을 보면, 예수님께서 제자들에게 "너희가 그들에게 먹을 것을 주어라."(마태 14,16) 하시니, 제자들은 자기들이 먹기에도 부족한 양이었지만, 자신들이 가지고 있었던 '빵 다섯 개와 물고기 두 마리'를 내어 놓음으로써 예수님께서 오천 명을 먹이신 빵의 기적을 가능하게 했다.

제자들은 작은 나눔을 실천했을 뿐인데, 예수님은 오천 명을 먹이신 빵의 기적이라는 큰 기적을 만드셨다. 제자들은 가진 것을 조금 나누었을 뿐인데, 돌아온 것은 예수님의 기적의 선물이었다. 제자들은 자신들의 것을 나누기가 조금은 아까웠을 수도 있었겠지만, 함께 나눔으로써 오히려 더 풍요로워졌다. 이렇게 나눔은 우리를 더욱 따뜻하게 풍요롭게 한다.

우리들도 열악한 환경의 교우촌에 살았던 신앙의 선조들을 기억하면서 조금씩 나누면서 살아야 한다. 조금씩 희생도 해보고, 양보도 해보고, 내가 조금 더 손해도 보면서 살아야 한다. 우리들도 지금 어떻게 보면, 내가 속해 있는 '본당 공동체'라는 '교우촌'을 이루고 있다. 우리들도 신앙의 선조들이 교우촌의 생활에서 보여준 것처럼, 서로 나누고, 서로 도와주고, 서로를 위해 기도해 주고, 서로 더 따뜻하게 사랑해 주는 신앙공동체가 되어야 한다. 우리들의 작은 사랑과 작은 나눔이 더 큰 사랑 더 따뜻한 사랑이 되고 더 큰 나눔이 되어야 한다.

하느님은 우리들의 작은 나눔을 큰 축복으로 우리들에게 보답해 주실 것이고, 하느님은 우리들의 작은 사랑을 큰 사랑으로 우리들을 보듬어 주실 것이고, 하느님은 우리들의 잔잔한 양보와 희생을 분명히 더 큰 은총의 선물로 돌려주실 것이다.

초대 교회 공동체처럼

'기쁨은 나눌수록 커지고, 슬픔은 나눌수록 작아진다.'는 말이 있다. 나누는 것은 좋은 것이다. 내가 가진 '맛있는 음식'을 나만 먹지 않고 가까운 사람들과 나누면, 더 기쁘고 행복하다. '내가 가진 것'을 누군가와 조금이라도 나누다 보면, 내 마음 저 깊숙한 곳에서부터 왠지 모를 '기쁨과 감사의 마음'이 생긴다. '내가 가진 것'을 내가 잘 모르는 사람과 조금이라도 나누면, 나도 나눌 수 있다는 것에 대해서 많이 기쁘고 많이 감사하는 마음이 생길 수 있다.

사실, 모으는 즐거움도 있지만, 나누는 즐거움도 있다. 모으는 기쁨도 있지만, 나누는 기쁨도 있다. 넉넉한 가운데에서 나누는 것도 괜찮지만, 부족한 가운데에서도 나눌 줄 아는 마음은 더 아름다운 마음이다. 약간은 부족한 것 같은데, 조금은 아까운 것 같은데, 오래 고민하지 않고 나누고 나면, 기분이 정말 좋아진다. 마음이 상쾌해진다. 우리 신앙의 선조들은 누군가와 나누는 기쁨, 나누는 행복을 잘 알고 있었다.

우리 신앙의 선조들은 박해시기에 자유로운 신앙생활을 위해 고향을 떠나 '아무도 살지 않는 깊은 산골'로 이주했고, 그곳에서 신자로서 살아갈 수 있는 '삶의 터전'을 만들었다. 바로 '교우촌'의 생활이었다.

한국 천주교회의 신앙의 선조들은 출발과 동시에 조선 정부의 박해를 받으면서 '교우촌'을 형성하였다. 1836년 선교사들이 입국한 이후에는 '공소'(公所)로 발전하는 교우촌도 생겨났다. 1850년 당시 전국에는 185개소 이상의 공소가 존재하였다. 당시 조정과 유림에서는 양반과 상민 천민이 신분에 상관없이, 또 부자와 가난한 이들이 서로 구별하지 않고 모두 한 형제 한 가족처럼 지내는 교우촌을 상당히 의심하고 두려워했다. 서로 다른 신분의 사람들이 한자리에 모이는 경우가 없었기 때문이다.

우리 신앙의 선조들이 이룬 교우촌은 무엇이었나? 어떤 의미를 가지고 있었나? 그곳에서 무엇을 하였나?

첫째, 교우촌은 초대 교회 공동체처럼 '공동으로 기도하는 신앙생활'이었다. 무시무시한 박해 중에 깊은 산골에서 생활하고 있으니 얼마나 무섭고 두렵고 외롭고 떨리는 마음이었겠는가? 그래서 교우촌의 교우들은 '개인적으로' 기도하기보다, '초대 교회 공동체의 모습'(사도 2,42.44-47 참조)처럼 '모두 함께 공동으로' 기도하면서 '서로를 위로하고 격려하고 용기를 주는' 시간들을 가졌다.

교우촌의 신자들은 함께 모여 기도하고 성경을 읽었다. 이들은 마을의 지도자 혹은 공소회장을 중심으로 신앙생활을 유지하였는데, 주일이면 기도문을 외우고 공소회장의 복음 해설을 들으며 하느님 말씀을 배웠다. 글을 아는 이들은 이웃들에게 기도문을 알려주고 교리를 가르치는 일을 본분으로 알았다. 이들은 밤낮으로 교회 서적을 필사해서 사람들에게 나누어주며 천주교를 알렸다.

이렇게 교우촌 신자들의 '공동으로 기도하는 생활 조건'은 첫 번째 천국(天國)을 체험하는 생활이었다. 교우촌이 발각되고 신자들이 줄줄이 감옥에 갇혔을 때에도 신자들은 감옥 안에서 함께 모여 기도를 바치며 신앙생활을 이어갔다.

둘째, 교우촌은 초대 교회 공동체처럼 '나눔을 실천하는 공동체'였다. 교우촌의 신자들은 풍요롭지는 않았지만 가난하지는 않았다. 넉넉하지는 않았지만 나누는 삶을 살았다. 새 신자 가족이 교우촌에 오면 '누구라 할 것 없이' 먹을 것과 입을 것을 내어 주었다. 누구도 받아주지 않는 과부와 고아도 교우촌에서는 굶주리지 않고 살 수 있었다. '쌀 한 줌 물 한 모금'이라도 나누는 삶을 실천했다. 재산이 있는 이들은 자신의 집을 공소로 쓰도록 내놓았고, 재산을 팔아 가난한 이들을 도왔다. 이러한 '나눔의 실천'은 두 번째 천국을 체험하는 생활이 되었다.

당시 조선에 파견된 파리외방전교회 선교사들은 교우촌 신자들의 삶의 모습을 보고, 가진 것을 공동으로 소유하며 신앙생활을 했던 '초대 교회 공동체의 모습'(사도 2,42-47 참조)을 보았다고 고백하였다. 1889년 보두네 신부는 공소에서 실천하고 있는 나눔의 형제애에 대해 "이 공소를 보고 있노라면 마치 초대 그리스도교회에 와 있는 것 같습니다. 모두가 궁핍하면서도 신분 차별 없이 조금 있는 재물도 서로 나누며 살아갑니다."라며 감탄했다. 보두네 신부(Baudounet, Francois Xavier, 1859-1915년)는 1889-1915년까지 전주 전동성당 초대 주임을 지내면서 성전을 건축하였다.

우리 신앙의 선조들이 교우촌 생활에서 보여준 모습은 '자선의 삶'이었다. '자선'(慈善)을 다른 말로 표현하자면, 측은지심(惻隱之心)이라 할 수 있다. 측은지심은 맹자의 사단(四端) 중의 하나로서, '다른 사람의 불행을 불쌍히 여기는 마음, 불쌍히 여겨 언짢아 하는 마음'이다.

그래서 자선은 또 다른 의미로 '남을 불쌍히 여겨 도와주는 것'이다. 불쌍히 여기는 '마음'과 도와주는 '행동'이 곧 자선이라 할 수 있다. 불쌍히 여기는 마음으로만 그치면 자선이 아니고, 불쌍히 여기는 '마음'과 도와주는 '행동'이 있어야 그것이 곧 자선이고 사랑이고 나눔이다.

'자선'이란 '나눔'이고 '사랑'이라 할 수 있기에, 자선은 우리로 하여금 사랑의 삶을 살게 해 주고, 더불어서 함께 살게 해 주고, 마음을 더 풍요롭게 해 준다. 내 통장에 가득히 모아지는 '행복과 기쁨'도 있겠지만, 어려운 사람들과 나누는 '행복'과 도와주는 '기쁨'도 꽤 크고 아름답다. 나누고 도와주는 것은 자랑도 아니요 과시도 아니요 교만스런 행동일 수 없고, 사랑의 마음이고 희생의 마음이다.

예수님과 제자들은 부유하지는 않았어도 가난하지 않았다. 예수님께서 하늘로 승천하신 후, 제자들과 신자들만 남아있던 초대 교회는 가난한 사람들이 없었다. 그 이유는 그들이 서로 가진 것을 함께 나누었기 때문이다. 박해를 받던 우리 신앙의 선조들도 가난하지 않았다. 무시무시한 박해 중에 있던 우리 신앙의 선조들도 엄밀히 말하면 가난한 사람들이 없었다. 우리 신앙의 선조들도 박해시기에 서로 함께 나누었기 때문이다.

가뭄이 들어 흉년이 왔어도 교우촌의 신자들은 굶지 않았다. 서로 나누었기 때문이다. 우리 신앙의 선조들은 '나눔의 달인, 사랑의 달인'들이었다. 힘들고 어려울 때 일수록 내 몫을 챙기고 남의 것까지 내 것으로 가지려 하지 않았고, 오히려 서로 더 나누고 서로 더 사랑했다. 우리가 배워야 할 모습이다.

하느님께서는 우리가 살아가는 데 부족함이 없도록 '풍족한 사랑과 재화'를 마련해 주셨다. 그런데 우리 주변에 누군가가 굶고 배고파하고 있다면, 그 이유는 우리들이 나누지 않았기 때문이다. 우리들의 나눔이 부족하기 때문에 빈곤과 기아가 생기는 것일 수 있다. 우리가 나누면 우리들 안에서 빈곤과 기아는 사라질 것이다. 일상(日常)에서 작은 나눔, 작은 자선, 작은 사랑을 실천해 보면서 하느님의 은총을 더 크게 만들어 보는 생활이 되기를 희망한다.

경상도 지역의 을해박해(1815년)

우리는 매일매일 대자연과 사람들로부터 많은 사랑과 축복과 혜택을 받으면서 살아간다. 주위의 보살핌과 이웃의 도움이 없다면 우리는 단 한 시간도 살아갈 수 없다. 이런 사실을 자주 느끼고 체험하면서 살아가고 있는지?

우리는 부모님의 고마움을 모르고, 선생님의 고마움을 모르는 배은망덕한 사람인가? 우리는 택배기사의, 환경미화원의, 우편 배달부의 고마움을 모르는 감정이 없는 사람인가? 우리는 태양의 고마움을, 나무의 고마움을, 물의 고마움을 모르는 어리석은 사람인가? 우리는 나를 위한 고마운 은인들, 고마운 이웃들, 고마운 동료들, 고마운 의인들을 잊고 사는 이기적인 사람인가?

'배은망덕'(背恩忘德)이란 말이 있다. '남에게 입은 은혜를 잊고 배반한다.'는 뜻이다. 그래서 '배은망덕한 사람'은 받은 은혜에 대해서 감사할 줄 모르는 사람이다. '하느님의 은혜'에 대해서도 감사할 줄 모르는 사람은 배은망덕한 사람, 어리석고 바보스런 사람이다.

심산유곡(深山幽谷) 산골 깊은 곳에서 신앙생활을 이어가며 살던 교우촌의 교우들은 풀뿌리 나무껍질을 먹고 살 정도로 지극히도 어렵고 힘든 생활을 하였다. 그럼에도 우리 신앙의 선조들은 복음 말씀대로 서로 사랑하고 서로 나누고 서로를 위해 위로해 주고 기도해 주면서, 신앙의 자유와 세상의 성화를 꿈꾸며 늘 하느님께 의지하며 살았다.

경상도 깊은 산골 '청송 노래산 교우촌'이 있었는데, 어느 날 그곳에 다른 곳에서 살고 있었던 천주교 신자인 '전치수'라는 사람이 찾아왔다. 앞에서도 언급했듯이, 1814년 당시 승정원 일기와 규장각 문서 그리고 조선조실록에서 소개된 우리나라 상황은 '1814년 7월과 8월에 한없이 비가 내려 홍수가 졌다. 전국이 흉년이 들어 먹을 것이 없게 되었다. 민심이 흉흉해지고 굶어 죽는 사람이 길가에 즐비했다.'라고 기록되어 있다.

이렇게 민심이 흉흉하고 얻어먹을 것이 없는 전국적인 흉년 속에서도 청송 노래산 교우들은 복음 정신대로 이 전치수에게도 '풀뿌리'와 같은 먹을 것을 나누어 주었다. 전치수는 경상도 북부 지대에 있는 교우촌을 중심으로 '청송 노래산, 상주 모랫골, 진보 머루산, 우련밭, 곧은정' 일대를 돌아다니면서 1년 동안 잘 얻어먹었다.

　1814년이 저물어 겨울이 오고 눈이 내리는데, 청송 노래산에도 흰눈이 덮이고 풀뿌리도 이제 캘 수 없게 되었다. 더는 먹을 것이 없다는 사실을 누구보다 잘 알고 있었던 전치수는 자기 살 길을 찾았다. 그는 지금까지 자신을 따뜻이 대접해 주었던 노래산 교우촌을 안동 관아에 밀고하고 '보상금'을 타기로 하였다. 결국 은혜를 원수로 갚는 자가 되고 말았다.

　전치수의 밀고로 안동 관아는 천주교 신자들을 일망타진할 계획을 세웠다. 천주교 신자들이 평소에는 한곳에 모이지 않지만, 큰 축일이 되면 반드시 같이 모여서 기도한다는 사실을 알고, 밀고 받은 날로부터 가장 가까운 축일을 알아낸다.

　그날이 1815년 음력 2월 22일 바로 예수 부활 대축일 전야이다. 노래산 신자들이 이때 다 모일 것을 짐작하고, 그날 밤에 안동 관아의 포졸들은 노래산을 철통같이 포위하고 기다렸다. 아무것도 모르는 신자들은 굶주림 속에서도 부활의 기쁨을 나누기 위해 눈 덮인 산에서 부활 찬미경을 함께 읊고, 비록 보잘것없지만 먹을 것들을 있는 대로 준비해 잔치를 벌이려 하였다. 밤이 깊어 그들이 모여 앉아 기도하기 시작했다.

　그때 포졸들이 덮쳐 들어오는데, 처음에는 산도둑들인 줄 알고 교우촌 청년들이 나서서 막아냈지만, 안동 관아의 포졸들이라는 것을 알게 되면서 신자들은 더 이상 대항하지 않고 양처럼 순순히 모두 잡히고 말았다. 노래산, 우련밭, 곧은정 등 교우촌의 교우 75명이 잡히게 되었다. 이들은 눈이 아직 녹지 않은 음력 2월 22일 쌀쌀한 그 밤에 그렇지 않아도 굶다시피 했던 신자들은 그 깊은 밤에 경주, 상주, 안동 감영으로, 그리고 경주 감영까지 끌려갔다.

경주 감영에서는 잡혀온 신자들을 교묘한 방법으로 회유하였다. 굶주림과 추위에 떨고 있는 이들에게 먹을 것과 옷가지를 마련하고 노자까지 준비해서 "주님을 배반한다."는 소리만 하면 맛있는 음식을 먹이고 옷을 입히고 노자를 줘서 집으로 돌려보내 주겠다 유혹하였다. 그런 유혹에 넘어간 사람이 어찌 없을 수 있겠는가?

절반 이상이 배교하여 풀려났다. 그렇지만 상주, 안동 뿐 아니라 경주 감영에서도 용감한 증거자들은 매맞아 죽거나 굶어 죽었다. 살아남은 증거자들은 대구 감영으로 옮겨지고 마지막으로 대구 관덕당 앞에서 순교하였다.

배교자 전치수의 사악한 욕심에 의해서, 1815년 경상도 지역의 '을해박해'(乙亥迫害)는 100여명의 신자가 체포되어 30여명의 신자들이 순교했을 뿐 아니라, 체포되지 않은 신자들도 재산을 약탈당하고 쫓겨 다녀야 하는 신세가 되어 이 지역에서 천주교는 큰 피해를 입게 되었다.

'배교자 전치수'는 은혜를 원수로 갚은 '배은망덕한 자'의 전형적인 모습이다. 배고파하는 자신에게 먹을 거를 주고 따뜻한 사랑을 보여주었던 교우들을 오히려 관가에 팔아넘긴 전치수는 예수님을 은전 서른 닢에 팔아넘긴 '유다 이스카리옷'을 떠올리게 한다.

예수님의 '포도밭 소작인의 비유'(마태 21,33-43) 이야기는 은혜를 원수로 갚는 자들의 이야기다. 포도밭 주인이 소작인들에게 땅을 빌려주었다. 그러면 소작인들은 땅을 열심히 가꾸어서 땅에서 얻은 소출의 일부를 포도밭 주인에게 소작료로 내야 했다. 그런데 소작인들은 자신들의 의무인 소작료를 내야 하는데, 빌렸으면 갚아야 하는데, 자신들의 의무를 다하지 못하고 있었다.

소작인들은 소작료를 받으러 온 종들을 때리고 죽이기까지 한다. 포도밭 주인의 아들까지도 죽이고 있다. 포도밭 주인의 은혜를 원수로 갚고 있었다. 공짜로 먹으려 한다. 감사하기는커녕 다 먹으려 한다. 다 가지려 한다. 남의 것을 거저먹으려 한다. 누가 들어도 화가 날 이야기다. '물에 빠진 사람을 구해주었더니, 감사하기는커녕 내 보따리 내놓아라.'는 것이다. 하늘, 땅, 사람을 다 가지려 한다.

하느님께서는 우리에게 무한하신 사랑을 베풀어 주고 계시는데, 우리들은 조금 힘들고 어려운 일이 생겼다 해서, 너무도 쉽게 하느님을 외면하고 멀리하고 있는 것은 아닌지? 하느님께 대한 신앙은 달면 삼키고 쓰면 뱉어 버릴 수 있는 것이 아니다. 우리를 매일같이 축복해 주시는 하느님께 감사하는 마음을 잊지 말아야 한다. 또한 그동안 우리들을 위해 '따뜻한 마음과 사랑'을 보여주었던 '은인'들이 누가 있는지, 다시 한번 잘 생각해 보고 그들에게도 역시 감사하는 마음을 잊지 말아야 하겠다.

'감사할 줄 아는 마음'은 인간이 가질 수 있는 '정직한 마음, 진실한 마음, 깨끗한 마음, 겸손한 마음'이다. '감사의 마음'은 우리들로 하여금 더욱 행복한 생활이 되게 한다. 내 주머니에 채우려는 마음, 욕심내려는 마음보다, 따뜻한 마음인 감사할 줄 아는 마음을 잊지 말아야 하겠다.

전라도 지역의 정해박해(1827년)

"거짓말을 하는 사람은 누구나 쉽게 화를 내는 법이다."(도스토옙스키)라고 했다. 화를 잘 내는 것은 성격의 조급함 때문이고, 화를 내고 나서 가만히 반성해 보면 화를 내게 만든 요인은 타인이 아니라 바로 자기 자신임을 깨달을 수 있다. 그런데 화를 잘 내는 사람의 특징은 모든 잘못과 모든 실수와 모든 과오가 자기 탓이 아니라 남의 탓이라고 생각하고 책임을 남의 탓으로 미뤄 버린다. 결국 화를 잘 내는 사람은 자신의 불안을 남에게 뒤집어씌움으로써 자신의 결백을 주장하는 이기주의자들이다.

못난 놈이 큰 사고를 쳤다. 모두가 기뻐하고 축하해야 할 날에 술주정과 행패를 부렸던 '한백겸'과 화를 참지 못하고 관가에 고발한 속 좁은 마음을 가진 예비신자 '주막집 주인'은 참으로 어리석고 못난 사람들이었다. 자신들 때문에 많은 신자들이 어려움을 겪거나 죽음의 길을 가게 되었다.

박해시기에 형성된 교우촌들이 자리한 곳은 마을과 마을을 나누는 높은 산자락으로 박해가 발생하더라도 다른 고을로 쉽게 피할 수 있었다. 우리 신앙의 선조들은 깊은 산속 교우촌에서 무엇을 먹고 어떻게 살았을까? 박해시대 교우들은 당시 사회에서 매우 천하게 여기던 '옹기 굽는 일, 숯 굽는 일, 짚신 삼는 일, 벌을 치고, 약초를 캐고, 사냥하는 일'들을 하였다. 특히, 질그릇 굽는 가마를 하나 만들면, 그릇들을 수천 개씩 한꺼번에 넣어서 구워낼 수 있어서 한 교우촌의 마을 사람들이 다같이 먹고 살 수 있었다. 그릇 굽는 가마 하나가 효자 노릇을 톡톡히 했던 것이다. 가마에 불을 떼는 날은 축제일이었다.

1827년(정해년) 2월 어느 날, 전라도 곡성 덕실이라는 교우촌에서는 질그릇 굽는 가마를 하나 만들었다. 얼마나 기분 좋은 일이었겠는가? 가마에서 첫 번째 그릇이 나온다니, 주변의 교우들은 서로서로 축하하기 위해 덕실 마을에 모였다. 이들 중 '한백겸'(예비신자)이라는 사람이 있는데, 그의 아버지는 '복자(福者) 한덕운 토마스'(1752-1802년)로서 1802년에 순교했으니 순교자의 후예였다.

충청도 홍주 출신인 한덕운(韓德運) 토마스는 1790년 10월에 윤지충 바오로에게 교리를 배워 입교하였다. 1800년 10월 한 토마스는 좀 더 자유로운 신앙생활을 위해 고향을 떠나 경기도 광주 땅에 속한 의일리(현, 경기도 의왕시 학의동)로 이주하였다.[32] 다음해 초 신유박해가 일어나자, 한덕운(토마스)은 옹기 장사꾼으로 변장을 한 뒤 한양으로 올라갔다. 한양으로 올라가는 도중 홍낙민(루카, 1801.4.8. 순교, 복자)의 시신을 돌보고, 또 서소문 밖에서 최필제(베드로, 1801.5.14. 순교, 복자)의 시신을 찾아 장례를 치러 주기도 하였다. 결국 한덕운(토마스)은 체포되어 포도청으로 끌려갔고, 동료들과 함께 사형 판결을 받고 경기도 광주에 있는 남한산성으로 옮겨져 남한산성 옛길에서 1802년 1월 30일 참수형으로 순교하였으니, 그의 나이 50세였다.

그런데, 순교자의 후예 한백겸은 어리석은 사람이었다. 전라도 곡성의 덕실 교우촌에 좋은 일이 있으니까 축하한다고 한백겸도 그곳을 찾아왔다. 기쁘니까 술을 먹고 취했는데 평소부터 술주정이 심하던 한백겸은 마침 그날도 주막집에서 술을 마시고 '주인 전씨의 부인'에게 '주사와 폭행으로' 행패를 부렸다. 사건이 벌어지자 '주막집 전씨'는 화가 나서 천주교 서적을 가지고 곡성 현감을 찾아가 한백겸을 비롯하여 별로 관계가 좋

---

[32] '복자' 윤지충 바오로와 동료 순교자 123위 '하느님의 종' 가경자 최양업 토마스 신부 약전 중 복자 한덕운 토마스, CBCK 한국천주교주교회의, 2017년.

지 않았던 신자들을 고발하였다. 주막 주인은 한백겸만 밀고하면 그 사람만 잡아갈 줄 알았으나, 그것이 아니었다. 이를 빌미로 천주교 신자들에 대한 박해가 벌어져 전라도 지역의 '정해박해'(丁亥迫害)로 확대되었다.

곡성 현감은 지체없이 천주교 신자들을 잡아 오라고 명령하였다. 신자들은 남녀노소를 가릴 것 없이 체포되었고 재산은 몰수되었다. 덕실 마을 신자만 잡아간 것이 아니었고 축하하러 갔던 신자들은 물론 이 마을에서도 다른 마을에서도 잡아가고 무수한 사람들이 잡혀갔다. 박해의 불길은 다시 곡성, 장성, 순창, 임실, 용담, 금산, 고산, 전주로 번져 나가, 전라도는 박해의 소용돌이에 휩싸이게 되었다.

거기에다 덕실 마을에서 옹기를 구워 살려고 모였던 많은 사람들의 신앙심이란 것은 미천하고 불확실했다. 그러니 잡혀가서 매 두 대씩에 전부 배교하였다. 그래서 1827년에 일어난 전라도 박해(정해박해)는 잡혀간 사람의 수에 비해 순교자는 너무 적고 배교자는 너무 많은 매우 가슴 아픈 박해가 되고 말았다. 500여명이 잡혀와 혹독하게 고문하고 굶기길 시작하니 혹독한 고문에 대부분이 배교하였고, 전라도에 9명 경상도에 6명 충청도에 1명 모두 합해 16명의 순교자가 탄생하였다.

순교자의 후손이라는 '한백겸'과 '예비신자 주막 주인'의 모습은 참으로 어리석은 사람들의 모습이었다. 자신들의 어리석

은 모습들이 자신들에게 멈추었다면 아무 문제가 없었을 텐데, 자신들의 어리석음이 아무 죄없는 다른 신자들에게까지 더 큰 어려움을 주고 박해를 당하게 하여 죽음에까지 이르게 했다.

잘못했으면, 다투었으면, 오해했으면, 먼저 화해하고 용서하고 사랑하고 이해하려고 해야 한다. 아직도 풀지 못한 일들이 있으면, 묻고 따지고 계산하고 고민하고 보복하는 꿈을 꾸어서는 안 될 것이다. 나 자신으로 인해서 내 주변 사람들도 같이 힘들어지는 일들을 만들지 말아야 한다.

예수님께서 "일곱 번이 아니라 일흔일곱 번까지라도 용서해야 한다."(마태 18,22)고 하신다. 그리고 '내가 너에게 자비를 베푼 것처럼 너도 네 동료에게 자비를 베풀어라… 너희 형제들을 마음으로부터 용서해야 한다.'(마태 18,33.35 참조) 하신다. 예수님은 끝이 없는 '무한대의 용서'를 말씀하신다. '어느 정도까지 용서하라'는 것이 아니라 '끝까지 용서하라'는 것이고 '무조건적으로 용서하라' 하신다.

우리는 '하느님께 용서'를 비는게 어려울까? 아니면, '형제들에게 용서'를 비는게 어려울까? 아마도 '하느님'보다 '형제들'에게 용서를 비는게 더 어려울 듯하다. 진정한 고백은 하느님께도 고백하고 내가 잘못한 형제들에게도 고백해야 한다. 고백의 기도는 이렇게 시작한다. "전능하신 하느님과 형제들에게 고백하오니 생각과 말과 행위로 죄를…" 하느님께도 형제들에게도 진정으로 용서를 청하고 화해해야 진정한 용서이고 화해이다.

용서는 곧 사랑이다. 용서하지 못하면, 사랑하지 못하면, 왠지 더 어려운 일들이 생길 수 있다. 그러나 용서하면, 사랑하면, 더 편안해지고 더 쉬워지고 더 행복해질 수 있다. 빨리 화해하지 않으면, 빨리 풀지 않으면, 빨리 용서하지 않으면, 빨리 사랑하지 않으면, 더 큰 어려운 일이 생길 수 있고 더 엉뚱한 일이 발생될 수 있고, 더 골이 깊어질 수 있고 더 괴로운 마음으로 살아갈 수 있다.

형제들과 화해할 일이 생각나면, 얼른 화해해야 한다. 형제들에게 용서를 청해야 할 일이 있으면, 빨리 용서를 청해야 한다. 형제들에게 묻고 따지고 계산하지 말고, 진정으로 따뜻하게 사랑해야 한다.

'제발 잡아가 주세요'
(정국보 프로타시오, +1839년, 성인)

사제관 뒤뜰에 작은 텃밭이 있어 '상추, 고추, 호박'을 심고 작은 농사일을 시작했다. '밭 가꾸기'는 처음이었고 흙을 만지는 일이 이렇게 정신건강에 좋은 것인지 새삼 알게 되었다. 흙을 만지면 만질수록 사람이 좋아지는 듯했다. 정서가 안정되는 것 같고, 흙이 사람을 치유해 주는 것 같아 좋았다. 농사가 잘되든 안되든 상관이 없고, 흙으로부터 좋은 기운을 받는 것 같아 좋았다.

그런데, 초보 농사꾼에게 어려움이 생겼다. 하룻밤 자고 나면 원하는 작물들이 성장하는 것 이상으로 잡초들이 난리였다. '나는 잡초 씨앗을 뿌린 적이 없는데, 누가 밤에 몰래 와서 잡초 씨앗을 뿌리고 도망갔나?' 할 정도로, 잡초와의 전쟁이었다. 그리고 잡초들이 아직 어릴 때 뽑아 주는 것도 좋지만, 그게 그렇게 쉽지만은 않았다. 며칠 한눈을 팔고 돌아와 보면 잡초들이 많이 성장해 있어 오히려 잡초 뽑기가 쉬워졌다. '아, 그래서 하느님께서도 기다렸다가 추수 때 가라지를 뽑아야 한다고 하셨구나!'

하느님께서는 우리들의 마음의 밭에 겸손과 절제와 온유와 인내와 같은 좋은 씨앗을 뿌리셨는데, 원수인 악마가 우리들의 마음의 밭에 탐욕과 분노, 어리석음과 교만, 방탕과 이기주의와 같은 나쁜 씨앗을 뿌렸다. 그래서 인간의 마음 속에는 두 마음이 존재하는 듯하다. 인간 안에는 '선한 마음'과 '악한 마음'이 있는 듯하다.

인간에게는 세상의 여러 유혹들을 잘 이겨내려는 '강인한 마음, 착하게 살려는 마음'이 있는가 하면, 세상의 유혹들에 쉽게 걸려 넘어지는 '어리석은 마음, 약한 마음'이 있는 듯하다. 삶을 조금은 더 멀리 넓게 길게 바라보려는 '넉넉한 마음, 여유로운 마음'이 있는가 하면, 잘 참지 못하고 그저 쉽게 분노하고 쉽게 화를 내는 '어리석은 마음'이 있거나, 한 번 더 생각하지 못하는 '안타까운 마음'이 있는 듯하다. 하느님을 위해서 순교하는 마음도 있는가 하면, 하느님을 모른다고 배교하는 마음도 있는 듯하다.

한국 천주교회는 출발과 동시에 정치적인 싸움에 휘말려 수많은 순교자들을 낳게 되었다. 순교자가 많았을까? 아니면, 배교자가 많았을까? 슬픈 얘기지만 '순교자 1명이 나오면, 배교자 10명이 있었다.' 할 정도로 배교자가 더 많았다. 그런데, '배교자'였다가 다시 마음을 잡고 회개의 마음과 함께 예수님의 십자가의 죽음의 길을 걸어간 '순교자'들도 많았으니, 정국보(프로타시오)를 기억하고 싶다. 103위 성인들 중에 성 정국보(프로타시오, 1799-1839년)의 생애를 보자.

정국보(프로타시오)는 송도(松都, 개성)의 양반 가문 출신으로, 성정(性情)이 양순하고 겸손하였고, 30세에 천주교의 교리를 듣고 세례를 받았다. 세례 이후에는 누구보다도 열심한 신앙생활을 하였는데, 그를 눈여겨보았던 한국 천주교회의 두 번째 선교 사제로 온 중국인 유방제(劉方濟, 파치피코, 여향덕) 신부는 서울로 모여드는 신자들의 '숙박소'를 그에게 관리하도록 맡길 정도로, 그는 모든 교우들에게 친절하였고, 교우들을 위해서라면 위험을 불사하고 헌신적으로 봉사하였다.

1839년 3월 조선에 외국인 신부들이 있다는 소식이 조정에 알려지면서 '기해박해'(己亥迫害)가 시작되자, 신자들을 잡아 가두기 시작하였고, 정국보(프로타시오)도 잡히게 되었다. '포도청'에서 배교를 강요하는 혹독한 박해와 고문을 받게 되었지만 조금도 굴복하지 않았다. 그러나 '형조'로 이송되어 와서는 관리들의 감언이설과 유혹에 빠지고 말아, 결국에는 배교를 선언하고 석방되었다.

누구보다도 열심한 신앙인이었고, 사제를 도와 교우들을 위해 희생과 봉사의 삶을 살았던 정국보(프로타시오)였기에, 더욱 가슴이 아프고 안타까웠다. 그는 온갖 박해와 고문으로 온몸이 부서지고 망가진 채로 집에 돌아왔지만, 오히려 몸은 편해졌는지는 몰라도 마음은 크게 괴로워하고 있었다. 그는 '하느님을 부정하고 거부했다.'는 자신의 죄에 대해서 심한 가책을 느끼면서 여러 날 침식을 거른 채 울며 지내게 되었다. 옆에서 지켜보던 천주교 신자들은 그를 격려하고 위로해 주었지만, 결국 그는 다시 감옥에 들어가기로 결심하였다. 보통 사람들은 어떻게 하면 감옥에 들어가지 않으려고 했을 텐데, 그는 다시 감옥에 잡혀 들어가겠다는 것이었다.

다시 형조를 찾아간 그는 '자신이 천주교의 하느님을 배교했었는데, 그 배교한 사실을 취소하고 죽기를 원합니다. 제발 다시 잡아가 주세요.' 하였지만, 형조의 군졸들은, "이 못난 놈아, 한번 말했으면 그만이지 다시는 못 들어간다."라며 그를 '미친 사람'으로 취급하고 무시하였다.

이튿날도 찾아가 '자신은 천주교 신자이니, 제발 잡아가 주세요.'라고 하였지만 아무 소용이 없었다. 사흘째에는 형조판서가 지나가는 길목을 지키고 앉아 기다렸다가, 형조판서가 나오자 그는 길 한 가운데 엎드려 "저는 죄를 지었습니다. 마음에 없는 말을 입으로 하였습니다. 그러나 지금은 뉘우칩니다. 저는 천주교인입니다. 언제까지나 그러하고자 합니다. 제발 저를 잡아가 주세요."하고 애원하였다. 판서가 그냥 지나치려 하자, 그는 더욱 큰소리로 부르짖고 애원하였고, 판서는 귀찮은 듯이 여기고 그를 잡아 옥으로 끌고가도록 명령하였다.

그리하여 정국보(프로타시오)는 기쁘고 즐거운 마음으로 다시 감옥으로 들어가게 되었다. 감옥에 갇혀 있던 다른 신자들이 "참 잘했다"고 하며, 그를 반갑게 맞이하였다. 그는 감옥에 들어가서 다시 많은 곤장을(치도곤 스물다섯 대) 맞으면서, 가혹한 고문을 받다가 감옥에 들어간지 1주일만에 1839년 5월 20일에 그가 바라던 대로 하느님을 증거하다가 40세의 나이로 옥중 순교를 하였다. 그는 기해박해의 첫 번째 순교자가 되었고, 103위 순교 성인들 중에 한 분이 되었다.

정국보(프로타시오)는 하느님을 믿는 신앙 때문에 박해를 받는 것이 무서워, 고통받고 매 맞는 것이 무서워, 처음에는 하느님을 포기하고 '배교자'가 되었다. 그러나 그는 곧바로 자신의 잘못을 크게 후회하고 뉘우치고 마음을 고쳐먹으면서, 다시 하느님께 대한 신앙을 증거하다가, 다른 순교자들처럼 '죽음의 길,

순교의 길'을 가게 되었고, 103위 순교 성인들 중에 한 분이 되었다. 하느님께서는 정국보(프로타시오)가 회개하고 다시 돌아오기를 바라며, 살펴주시고 안타까워하시고 사랑으로 끝까지 기다려주셨다.

예수님께서는 가라지의 비유(마태 13,24-30.36-43) 말씀을 통해서, 사랑이신 하느님께서는 우리를 오랫동안 기다려 주신다는 희망의 메시지를 주셨다. 농부가 밭에 좋은 씨를 뿌렸는데, 원수가 밤에 몰래 와서 가라지(잡초)를 덧뿌리고 갔다. 그러나 농부는 곧바로 가라지(잡초)를 뽑지 않고 추수 때까지 기다리겠다 한다. 우리 같으면 잡초가 보이는 대로 족족 뽑아버릴 텐데, 농부이신 하느님은 '기다리겠다.', '추수 때까지 기다렸다가 뽑아 버리겠다.' 하신다. 이렇게 하느님께서는 우리가 회개할 때까지 기다려주시는 분이시다.

하느님은 우리의 나약함을, 우리의 연약함을, 우리의 여린 모습을, 더 어여삐 보시고 더 사랑해 주시고 더 살펴주시고 기다려 주신다. 하느님은 우리의 잘못을 우리의 실수를 성급하게 단죄하고 벌을 주시는 분이 아니시고, 기다려주시는 분이시다. 하느님은 우리가 회개하기를, 달라지기를, 변화하기를, 고집스러운 마음을 다시 고쳐먹기를, 다시 새로워지기를 기다려 주신다.

하느님과 멀어지지 말아야 한다. 하느님을 멀리에 두지 말아야 한다. 세상에 마음을 너무 많이 빼앗기지 말고 하느님께 돌아와야 한다. 하느님은 안전한 분이시다. 하느님은 우리를 안전하게 지켜주신다. 하느님과 함께 있을 때 우리는 안전하다. 우리가 하느님과 가까이하는 삶을 살 때 하느님께서는 우리를 더 크게 축복해 주실 것이다.

자매 순교자
(이정희 바르바라, +1839년, 성인;
이영희 막달레나, +1839년, 성인)

하느님께서는 다양하게 우리를 부르신다. 빨강색 파란색만 좋아하는 사람들을 부르시지 않고, 다양한 색깔을 가진 사람들도 부르신다. 또 하느님께서는 외향적인 성격, 내성적인 성격, 똑똑한 사람, 약간 부족해 보이는 사람들도 골고루 부르신다. 예수님께서도 제자들을 다양하게 부르셨는데, 어부들, 백수들, 운동권 출신, 세리 등 가지지 못하고 배우지 못하고 어리숙한 이들을 당신의 제자들로 부르셨다.

요즘에는 귀한 자식 하나밖에 없는 외아들이 많은데, 하느님께서는 그 외아들을 사제직으로 많이 부르고 계신다. 또 하느님께서는 쌍둥이 아들들을 모두 사제로 부르시거나, 3형제 아들들을 모두 사제로 만들어서 하느님과 교회를 위해 봉사하게 해주시고, 심지어 4형제 모두를 사제로 만드셔서 한국 천주교회뿐만 아니라 다른 나라를 위해서도 봉사하게 하셨다. 하느님으로부터 선택받는 우리들의 모습은 다양하다.

개인적으로 조사했기에 통계가 다를 수 있음을 전제로, 한국 천주교회의 227명의 성인들(103명)과 복자들(124명) 중에서 가족들(부모, 자녀)이 '성인, 복자'인 경우는 17가정 58명이 있다. 그들 중에서 형제자매 남매들이 '성인, 복자'인 경우는 12가정 26명(형제 7가정, 자매 2가정, 남매 3가정)이 있고, 자매 2가정은 '성 김효임(골롬바) 성 김효주(아녜스) 자매'와 '성 이정희(바르바라) 성 이영희(막달레나) 자매'가 있다. 하느님께서 자매를 순교의 길로 부르신 '성 이정희(바르바라, 1799-1839년)와 성 이영희(막달레나, 1809-1839년)'에 대해서 알아보자.

경기도 봉천의 가난한 양반 집에서 태어난 '이정희(바르바라)와 이영희(막달레나)'의 집안은 모두 1839년 기해박해 때 순교한 '순교일가(殉敎一家)'이다.

성 이바르바라(조카, 1839년 5월 27일 옥사, 15세)

성 이매임(데레사, 고모, 1839년 7월 20일 순교, 52세)

성 이영희(막달레나, 동생, 1839년 7월 20일 순교, 31세)

성 이정희(바르바라, 언니, 1839년 9월 3일 순교, 40세)

성 허계임(막달레나, 어머니, 1839년 9월 26일 순교, 67세)

고모 이매임(데레사)의 영향으로 천주교 신앙을 받아들인 '이정희(바르바라) 이영희(막달레나)' 자매는 신자가 아니었던 아버지 몰래 기도와 수계생활을 하였다. 그러던 어느 날, 아버지는 언니 이정희(바르바라)를 외교인 청년과 정혼을 하게 하였다. 이에 이정희(바르바라)는 스스로 동정 생활을 하기로 마음을 가진 터라 자신의 뜻을 지키기 위해 갑자기 다리가 아픈 척하여 '3년 동안 앉은뱅이 노릇'을 하였는데, 약혼자는 마음이 변심하여 다른 여자와 결혼을 하였다.

그 후 이정희(바르바라)는 외교인인 부친 밑에서 동정을 지키기가 쉽지 않을 것이라 생각하고 어떤 신자 청년과 결혼하였지만, 2년 만에 남편을 여의고 친정에 돌아왔다가, 서울로 올라가 고모 이매임(데레사)과 동생 이영희(막달레나)와 함께 살면서 열심히 신앙생활을 하였다.

또한, 아버지는 동생 이영희(막달레나)가 장성하자 그녀를 어떤 외교인과 결혼시키고자 하였으나, 본래부터 동정을 지킬 마음이 간절하였던 그녀도 아버지의 강요를 피하기 위하여 집을 나가기로 결심하고, '호랑이에 물려간 것처럼' 꾸며 집을 떠나 고모 이매임(데레사)의 집으로 가서 함께 동정을 지키며 신앙생활을 하며 살았다. 어머니는 이영희(막달레나)가 동정을 지키기 위하여 서울 고모의 집에서 지낸다는 사실을 알게 되었고, 아버지도 이 사실을 알게 되면서 딸의 신앙생활을 허락하였다.

이렇게 하여 이영희(막달레나)는 열심히 신앙생활을 하며 본래부터 원하였던 동정을 지킬 수가 있었다.

하느님을 믿고 하느님을 따르는 이 여인들의 열정은 누구도 막을 수 없었다. '이정희(바르바라) 이영희(막달레나)' 자매는 서로를 격려하며 어머니와 다른 교우들과 함께 생활하면서 열심히 신앙생활을 하였다. 왠지 여성들끼리 모여 사는 신앙공동체가 마치 수도생활의 모습을 떠오르게 할 정도였다.

그러던 중 기해박해가 일어난 1839년 4월, 신자들이 목숨을 바치면서 신앙을 지켰다는 이야기를 듣고 감동하여, 당시 한집에 살고 있던 이매임, 이정희, 이영희, 김성임, 김루시아, 어머니(허계임)는 함께 자수하였다. 그녀들은 어떠한 형벌에도 굽히지 않았고, 신앙을 증거하기 위하여 여러 고초들을 이겨내면서 마침내 순교의 영광을 얻게 되었다. 당시 법(法)은 부모나 형제를 같은 날에 처형하지 않도록 규정하고 있었기에, 가족들의 순교 날짜는 서로 달랐다.

하느님께서는 다른 순교자들처럼 '이정희(바르바라) 이영희(막달레나)' 여인들과 늘 함께하고 계셨다. 하느님께서 그녀들의 결혼생활도 동정 생활도 신앙생활도 보살펴 주시고 이끌어 주셨고, 그녀들의 삶도 죽음도 모두 하느님께서 함께해 주셨다. 하느님께서는 일찍부터 두 자매를 불러주셨고, 일찍부터 두 자매를 지켜주시고 좋은 길로 이끌어 주셨다. 이러한 하느님의 이끄심과 부르심을 잘 알고 있었던 그녀들은 항상 하느님 중심으로 하느님 기준으로 하느님 잣대로 살았다.

"예수님께서 갈릴래아 호숫가를 지나가시다가, 호수에 그물을 던지고 있는 시몬과 그의 동생 안드레아를 보셨다.… 그들에게 이르셨다. '나를 따라오너라.'… 그들은 곧바로 그물을 버리고 예수님을 따랐다. 예수님께서 조금 더 가시다가, 배에서 그물을 손질하는 제베대오의 아들 야고보와 그의 동생 요한을 보시고, 곧바로 그들을 부르셨다. 그러자 그들은 아버지 제베대오를 삯꾼들과 함께 배에 버려두고 그분을 따라나섰다."

(마르 1,16-20)

예수님께서 갈릴래아의 어부 네 사람 즉 베드로와 안드레아 형제, 제베대오의 아들 야고보와 요한의 형제를 부르시는 이야기이다. 예수님께서는 갈릴래아의 어부들인 베드로와 안드레아 형제, 제베대오의 아들 야고보와 요한의 형제들을 먼저 찾아가 그들을 부르셨다. 제자들이 먼저 예수님을 선택하여 찾아가 예수님을 만난 것이 아니라, 예수님께서 먼저 제자들을 선택하여 찾아가 그들을 만나 그들을 부르셨다. 우리가 하느님을 선택한 것처럼 생각할 수 있지만, 우리가 성당을 택한 것처럼 볼 수 있지만, 사실은 하느님께서 우리를 선택하셔서 우리를 성당으로 이끌어 주셨다.

2019년 12월 말부터 전 세계가 '코로나 19'로 많은 고통과 어려움과 불편함과 생활고를 겪었다. 더군다나 박해시기도 아닌데, 공동체 미사도 드리지 못하는 상황에 직면하면서 참으로 마음이 아프고 너무도 괴롭고 아쉬운 시간들이었다. 그럼에도 '하느님께서는 우리를 잊지 않고 계신다.'는 하느님의 큰 위로를 느끼고 체험할 수 있었다. 우리가 믿고 있는 하느님께서 '성 이정희(바르바라)와 성 이영희(막달레나)' 자매들에게 보여주신 것처럼, 하느님께서는 우리를 결코 내버려두지 않으신다. 우리가 믿고 있는 하느님께서 우리를 결코 잊어버리지 않고 꼭 기억해 주실 것이다. 우리가 믿고 있는 하느님께서 우리를 좋은 길로 잘 이끌어 주실 것이다.

　이정희(바르바라)와 이영희(막달레나) 자매들도 자신들을 이끌어 주시는 하느님의 손길을 잘 느끼고 있었으리라. 자매들도 자신들을 보살펴 주시는 하느님의 손길을 잘 체험할 수 있었으리라. 자매들을 찾아오시는 하느님의 손길을 그녀들은 잘 알아챌 수 있었으리라.

　우리들도 보이지 않는 하느님의 손길 하느님의 숨결을 잘 느끼고 체험하는 생활이 되었으면 좋겠다. 우리가 살면서 때로는 힘들고 어려운 일들이 생긴다 하더라도, 하느님께 크게 의지하고, 하느님께서 우리를 이끌어주고 계신다는 것을 느껴보았으면 좋겠다. 하느님을 항상 생각하고, 하느님께 많이 의지하는 기도생활 신앙생활을 잘 이어갔으면 좋겠다. 하느님을 믿고 하느님을 따르겠다는 우리 신앙인들이 하느님 말고 누구를 더 믿고 더 의지해야 하겠는가? 언제나 하느님께 항상 의지하고 하느님과 좋은 관계를 잘 이어가는 생활이 되기를 희망한다.

밀고자 김순성 요한

 딸랑딸랑, 성당 문에 걸린 작은 종이 울렸다. 이에 늙은 신부님이 웬 사람이 고해 성사를 하러 왔나 싶어 나가 보았다. 문 앞에 서 있는 사람은 꼬마 소년이었다. 소년은 저금통을 들고 있었다. "어떻게 왔니 꼬마야." 하고 신부님이 묻자 "벌을 받고 있는 불쌍한 사람을 위해서 미사를 드려주세요. 신부님 이것은 미사 예물입니다." "벌을 받고 있는 불쌍한 사람이라니 도대체 누군데?" 눈물을 글썽이던 꼬마는 "그 사람이 누구인가는 밝힐 수가 없어요." 라고 대답할 뿐이었다. 그리하여 프랑스 파리 근교의 성당에서는 한 소년의 간절한 청에 의해서 불쌍한 사람을 위한 미사가 열렸다.
 이 소년이 불쌍한 사람이라고만 표현했던 사람의 이름은 '유다 이스카리옷', 바로 주님을 배반하여 주님으로부터 "차라리 태어나지 않았더라면 자신에게 더 좋았을 것이다."(마태 26,24)라고 평을 받은 유다가 이 꼬마 소년이 밝히지 않은 불쌍한 사람의 이름이었다. 지옥에서 벌을 받고 있을 유다가 가엾어 이 소년은 그를 위해 미사를 드렸던 것이다. 이 소년은 주님은 하시고자 하시면 유다를 지옥의 불길 속에서 구해주실 수 있다고 굳게 믿고 있었다. 시골 신부님에 의해서 드려진 미사가 과연 유다의 영혼을 구원해 주었는지 아닌지는 모른다. 그러나 유다를 불쌍히 여기고 예물까지 바친 소년의 착한 마음에 주님께서는 깊은 영성을 불어 넣으셨던 것만은 분명하다.[33]

'밀정(密偵), 밀고자(密告者)', 그 의미는 조금씩 다르지만 분명한 것은 '배신자, 배교자'를 의미하는 단어이다. 자신이 살기 위해서, 자신의 잇속을 챙기기 위해서 자기가 직접 나서서 남을 일러바쳐 곤경에 처하게 하거나 죽게 만드는 것이다. 한국 천주교회의 역사 안에서 대표적인 '배교자 밀고자 김순성(요한, 김여상)'이라는 사람이 있었다. 이 이름은 김대건(안드레아) 신부의 서간 여러 곳에서 언급되고 있다. '배교자, 밀고자'였던 '김순성(요한)'에 대해서 알아보자.

---

33) 최인호, 눈물, 여백, 2013년, 187-189쪽 참조.

우리 신앙의 선조들은 냉담자가 회두하면 회두한 사람과 함께 모여 눈물겹게 회두에 대한 감사기도를 드리곤 하였다. 그런데 김순성이라는 사람은 그의 마음 안에 예수님을 배반한 유다 이스카리옷의 모습이 있었기에, 감사기도를 해 준 교우들을 관가에 일러바쳐 모두 잡혀가게 하였다. 그리고 관가로부터 짭짤한 보상을 챙겼다. 그는 또 다른 교우를 만나면 "아, 나도 인간인데 그 열심한 신자들이 순교하는 것을 보고 놀랐다. 이번에는 진정으로 회두했다."고 말하고, 사람들이 또 믿어주고 감사기도를 드리면, 그 사람들을 또 관가에 일러바쳤다. 그래서 교우들은 김순성이라는 자가 나타나면 그를 무시하고 외면하곤 하였다.

그러던 어느 날, 마음씨가 한없이 좋기만 한 충청도 정산 출신 정화경(안드레아, 1807-1840년, 聖人)을 만나, 그 앞에서 눈물을 줄줄 흘리며 '회두했다'고 한다. "당신도 알다시피 내가 천주교 신자를 많이 일러바친 덕택에 조정에서 나를 상당히 믿어줍니다. 만일에 외국에서 오셨다는 주교님이 조정에 가서 '천주교는 이렇게 저렇게 좋은 것'이라고 설명하면 임금님이 허락해 줄 것 같았습니다. 내가 보니 조정에서도 사람 죽이는데 지쳐서 '천주교가 이러저러하다.'고 설명만 하면 한 번 듣고 풀어주고 있습니다."

이 말에 마음씨 착한 정화경(안드레아)은 귀가 번쩍하여, '그렇게만 되면 죽음 당하는 사람이 더 안 나와도 되고, 산속 교우촌에서 힘들게 살지 않아도 된다.'는 생각에 너무 좋아했다. '주교님에게 빨리 이 말을 전해야 되겠다.' 생각하고, 사람들 몰래 앵베르(1797-1839년, 조선교구 2대 교구장, 聖人) 주교님이 계신 산속 교우촌을 찾아간다. 당연히 밀고자 김순성이 미행을 하였다.

　　앵베르 주교님은 '서울에 있어야 될 사람이 이곳 산골 교우촌까지 찾아온 것'에 놀랐고, 정화경(안드레아)은 '주교님이 임금님께 가서 교리를 잘 설명해 주면 조정에서도 믿어줄거라.' 전하였다. 주교님은 아무 소리 안하고 즉시 종이 한 장을 꺼내서 고향 프랑스에 마지막 편지를 쓰신다. "나는 순교합니다. 그것도 지극히 열심인 내 신자가 너무나 어리석어서 잡혀갑니다." 그리고 다른 두 분 모방 신부님과 샤스탕 신부님에게 명령을 내린다. "신부님들 자수하세요. 이유는, 내가 잡히게 되면서, 조정에서도 외국인 신부가 있다는 것을 확인하게 되었으니, 그나마 남아 있는 교우들마저 다 죽게 되었습니다."

　　결국, 두 분 신부님들은 신자들을 지키기 위해 자수하였고, 한 분의 주교님과 두 분의 신부님은 이렇게 잡히시고 모진 고문을 당하시게 되었다. 한국 천주교회를 위한 사제가 없었던 시절에, 어렵게 국경을 넘어 한국 땅에 입국하신 조선교구 2대 교구장 앵베르 주교와 모방 신부 샤스탕 신부는 이렇게 순교의 길을 가게 되었다.

한편 정화경(안드레아)은 배교자와 박해자들의 모략으로 자신이 속았음을 깨닫고, 자신의 잘못을 반성하면서 자기의 잘못으로 인해 고통받는 사람들을 위해 스스로 자수하여 자신도 순교할 것을 결심하였다. 이에 신부들의 만류로 몸을 피하여 숨을 곳을 찾았다. 숨어 다니던 정화경(안드레아)은 배교자 김순성을 또다시 만났으나 신부들의 말씀대로 배교자의 말을 한마디도 듣거나 믿지 않았으며, 오직 천주교의 신앙심을 이야기하였다. 김순성은 정화경(안드레아)을 다시는 속일 수 없다고 생각하고 그를 포졸들에게 인도하였다.

포청에서는 정화경(안드레아)을 배교시키기 위해 여러 가지로 위협하였다. 그는 주뢰형(周牢刑)으로 대꼬챙이로 온몸이 찔렸으며, 치도곤(治盜棍)도 100대 이상을 맞았으나 조금도 신앙심을 굽히지 않았다. 그리하여 옥에 갇힌 지 5개월 후인 1840년 1월 23일(음력 1839년 12월 19일)에 교수형(絞首刑)을 받아 순교에 이르니, 이때 그의 나이는 33세였다.

'배교자, 밀고자'인 김순성의 마음은 '나쁜 마음, 사악한 마음, 이기적인 마음, 욕심이 많은 마음'이었다. 그의 마음은 '길밭, 돌밭, 가시덤불'과 같았을 것이다. 그는 하느님의 말씀을 듣기는 하였지만, 그의 마음은 '나쁜 마음, 사악한 마음'이어서 언제나 나쁜 열매를 맺고 말았다. 동료들을 배신하여 고발하고, 교회의 목자도 고발하여 죽음의 길을 가게하고 말았다.

반면, 마음씨가 한없이 좋기만 한 정화경(안드레아)은 밀고자 김순성에게 속아서 교회의 소중한 보물이었던 '앵베르 주교님, 모방 신부님, 샤스탕 신부님'을 죽음의 길로, 순교의 길로 인도하였다. 그러나, 결국에는 자신도 하느님께 대한 신앙을 증거하다가 주교와 신부들과 똑같이 죽음의 길, 순교의 길을 가게 되었고, 103위 순교 성인들 중에 한 분이 되었다. 성 정화경(안드레아)은 하느님의 말씀을 잘 받아들이면서 '배교자 밀고자 김순성'과는 달리 '좋은 마음, 순수한 마음'이었기에 순교의 영광이라는 '좋은 열매'를 맺을 수 있게 되었다.

예수님께서 말씀하신 "씨 뿌리는 사람의 비유"(마태 13,1-23) 말씀을 생각해 보자.

"씨 뿌리는 사람이 씨를 뿌리러 나갔다. 그가 씨를 뿌리는데 어떤 것들은 길에 떨어져 새들이 와서 먹어 버렸다. 어떤 것들은 흙이 많지 않은 돌밭에 떨어졌다. 흙이 깊지 않아 싹은 곧 돋아났지만, 해가 솟아오르자 타고 말았다. 뿌리가 없어서 말라 버린 것이다. 또 어떤 것들은 가시덤불 속에 떨어졌는데, 가시덤불이 자라면서 숨을 막아 버렸다. 그러나 어떤 것들은 좋은 땅에 떨어져 열매를 맺었는데, 어떤 것은 백 배, 어떤 것은 예순 배, 어떤 것은 서른 배가 되었다. 귀 있는 사람은 들어라."

(마태 13,3-9)

이 비유 말씀은 누가 씨를 뿌리느냐가 중요한 것이 아니라 그 씨를 받아들이는 토양, 땅, 흙이 중요하다는 말씀이다. 그 씨를 받아들이는 토양, 땅, 흙이 어떤 상태에 있느냐에 따라, 그 씨를 통해서 열매가 각각 다르게 맺어진다. 하느님의 말씀의 씨앗을 받아들이는 우리들의 마음이 중요하다. 우리가 각자의 마음의 밭갈이를 잘 해야 한다.

　우리들도 마음의 밭갈이를 잘해서 언제나 마음을 잘 다스리고, 언제나 마음을 잘 조절해서 좋은 열매를 많이 맺어가는 인생 여정들이 되어야 하겠다. 머리만 잘 쓰는 사람보다 마음이 따뜻한 사람이 되어야 한다. 머리가 큰 사람보다 마음이 넓은 사람이 되어야 한다. 머리가 좋은 사람보다 마음의 밭갈이를 매일같이 잘하는 사람이 되어야 한다. 마음이 넉넉하고 풍요롭고 아름다운 사람이 되어야 한다. 부드럽고, 사랑스럽고, 따뜻해 보이는 넓은 마음을 가져야 한다.

　우리의 마음이 거칠어진 마음이라면, 부드러운 마음으로 바꾸어야 한다. 우리의 마음이 고집스러운 마음 딱딱해진 마음이라면, 겸손한 마음 따뜻한 마음으로 바꾸어야 한다. 우리의 마음이 어둡거나 무거운 마음이라면, 밝고 맑은 마음을 갖도록 노력해야 한다. 미워하는 마음보다 사랑하는 마음을 더 크게 가지면 좋겠다. 다투려는 마음보다 용서하려는 마음을 더 많이 가지면 좋겠다. 고집스러운 마음보다 너그러운 마음을 가지면 더 좋겠다.

우리는 '배교자, 밀고자'와 같은 '길 밭, 돌밭, 가시덤불'의 마음보다, '순교자들'의 마음과 같은 '좋은 마음, 따뜻한 마음, 예쁜 마음, 사랑의 마음'을 잘 만들어 가야 하겠다. 우리도 예수님을 배반하여 벌을 받고 있을 유다 이스카리옷을 위해 기도하는 꼬마 소년처럼, 배교자 밀고자의 삶을 살았던 벌을 받고 있을 김순성 요한을 위해서도 기도해야 하겠다.

박해시대의 선교 방법

우리 신앙의 선조들은 박해 중에 어떻게 선교를 하였을까? 특히 우리들과 얼굴색도 다르고 언어도 다르고 여러 가지로 다른 모습을 가지고 있었던 '외국인 신부님들'이 어떤 방법으로 선교를 하였을까? 중국인 주문모 신부와 유방제 신부, 유럽인 모방 신부 샤스탕 신부 앵베르 주교는 박해 중에 어떻게 선교하였을까?

일반적으로 선교란 '드러내는 일'이다. 사람들에게 '하느님을 드러내고 알리는 일'이다. 사람들에게 '천주교 신자가 여기에 있다.'는 것을 '드러내는 일'이다. 지금 우리들의 선교 방법이기도 하다. 그러나, 우리 신앙의 선조들의 선교 방법은 '숨기는 일'이었다. 천주교 신자라는 것이 드러나면 '박해'를 받기에,

가능하면 숨어서 하는 숨기는 신앙생활이었다. 그래서 숨어서 신앙생활을 더 자유롭게 하기 위해 깊은 산속에 들어가 '교우촌'을 형성하였다. 또한, 서양에서 온 외국인 신부들은 우리와 얼굴 형태가 다르기에, 박해 중에 외국인 신부들은 자신들의 모습을 잘 숨겨야 했다. 들키기라도 했다가는 곧바로 박해를 받아 죽음의 길을 가야 했다. 가능하면 숨어야 했다.

그래서 우리 신앙의 선조들이 자신들을 숨기면서 선교를 잘 할 수 있는 '방법, 도구'는 바로 '천사의 날개'였다. 천사의 날개란 '상복'(喪服)과 '방갓'이었다. 샤스탕(Chastan, 1803-1839년, 聖人) 신부는 신자들한테 자신의 '상복과 방갓'을 들어보이며 너무도 기쁜 마음으로 '천사의 날개'라고도 했다. '상복'은 상중에 상제(喪制)가 입는 예복으로, 삼베로 지으며 바느질을 곱게 하지 않는 옷이다. '방갓'은 상제가 밖에 나갈 때에 쓰는 삿갓 모양의 큰 갓을 말한다.

조선 땅에 들어온 서양 신부들은 조선시대 풍속을 역이용하였다. 첫째, 조선시대의 풍속이란 '아무리 어리더라도 상중(喪中)에 있는 사람의 말은 들어 준다.'는 것이다. 부모를 잃은 슬픔 중에 있는 사람이 시킨 것은 들어주는 게 그를 위로하는 것이라는 우리나라 사람들의 인정에서 나온 풍습이었다. 둘째, 부모상을 당하면 '부모를 잃은 죄인이 하늘을 우러러볼 수 없다.'는 의미로 '상복'을 입고 김삿갓처럼 크고 깊은 '방갓'을 썼는데, 깊이 눌러쓰면 턱이 보일락 말락 했다.

셋째, 상복을 입은 사람이 지나가면 그 슬픔을 위로하는 뜻에서 '누구든지 일단 길을 비켜주었다.' 상주가 먼저 지나가게 하는 것이었다. 이 예절이 요즘도 남아 있어 장례차가 지나가면 다른 차가 비켜준다. 넷째, 슬픔에 잠겨있는 '상주에게 먼저 말을 붙이지 않는다.' 슬픔에 잠겨있는 사람의 심정을 헤아릴 길 없으니 상주가 먼저 말을 하지 않는 한 절대로 말을 걸지 않는다. 참 멋있는 풍속이다. 다섯째, 상주는 아무리 말을 하고 싶어도 '웬만하면 말을 하지 말아야' 했다.

이러한 조선시대의 풍속을 서양 신부들은 역이용하여, 일단 국경을 통과하면 교우들이 미리 준비해 간 '상복'을 입었다. 그리고 얼굴이 안보이게 '방갓'을 쓰고 몹시 슬픈척하면서 길을 걸었다. 그러면 사람들이 모두가 길을 비켜주고 말도 걸지 않았다. 말을 걸면 큰일 날 일이었다. 왜냐하면 서양 신부들이 우리나라 말을 모르기에 당장 들통이 나고 말 것이기 때문이다.

샤스탕 신부가 말한 천사의 날개인 '상복과 방갓'은 당시에 통행증 노릇을 단단히 한 것이다. 훗날 1886년 한불조약이 맺어지고, 2년이 더 지난 1888년부터 사제들은 '천사의 날개' 대신에 당당히 '수도복'(수단)을 입고 다닐 수 있게 되었다. 이와 같이 우리 신앙의 순교 선조들은 '천사의 날개'를 입고 '숨기는 선교'를 통해서 하느님의 말씀을 전하였다.

우리 신앙의 선조들과 특히 한국의 무시무시한 박해의 상황 속에서 선교활동을 하였던 서양 신부들은 하느님을 전할 수만 있다면, 상복을 입고 슬퍼하는 사람이 되는 것도 쑥스러워하지 않았다. 방갓을 쓰고 만에 하나 들킬 수 있는 긴장감이 감도는 상황 속에서도 두려워하지 않았다. 하느님을 전하고 알릴 수만 있다면 어떤 상황 속에서도 멈추지 않았고, 이것저것 묻고 따지고 계산하지 않았고, 하느님을 선교하는데 용맹함을 보여주었다.

예수님께서는 "너희는 가서 모든 민족들을 제자로 삼아, 아버지와 아들과 성령의 이름으로 세례를"(마태 28,19) 주라 하셨다. 예수님께서는 많은 사람들이 하느님을 믿고 살아갈 수 있도록 하느님을 '드러내는 선교의 삶'을 살기를 바라셨다.

우리들도 '하느님을 전하고 알리는' 선교하는 일에 소홀하지 말아야 한다. 예전에는 '천사의 날개'(상복과 방갓)와 같은 '숨기는 선교'였다면, 이제는 숨길 이유가 없는 '드러내는 선교'가 되었다. 하느님을 드러내고 천주교 신자라는 사실을 드러내는 선교 방법이 되었다. 우리들이 하느님을 드러내고 전하는 '선교의 도구'가 되어야 한다. 우리 신앙인들이 '사랑을, 따뜻함을, 친절한 모습을, 좋은 모범을' 보여주면서 '천주교 신자가 여기에 있다. 하느님을 믿는 사람이 여기에 있다.'고 드러내는 선교가 있어야 한다.

우리 자신이 하느님을 알리고 드러내는 '도구'가 된다면, 이 또한 하느님의 은총이다. 우리 자신이 하느님을 위해서 뭔가를 할 수 있다면, 하느님의 축복이다. 우리를 통해서 사람들이 천주교에서 말하는 '하느님'을 알고, 그 하느님 덕분에 더 행복할 수 있도록, 우리 신앙인들이 잘 알려주어야 한다. 많은 사람들이 천주교를 통해서 사랑하는 방법을 잘 배우고 잘 살아갈 수 있도록, 잘 도와주어야 한다. 많은 사람들이 천주교를 통해서 좋은 일 선한 일도 많이 할 수 있도록, 멋진 도우미 역할을 잘해주어야 한다.

박해시대의 고해 성사

    옷을 벗으려면 옷고름을 풀어야 하고, 원수와 다시 친해지려면 마음을 풀어야 한다. 코가 막히면 코를 풀어야 하듯이, 맺히고 뭉치고 얽혀 있는 모든 것을 풀어야 마음도 풀린다. 우리는 어려운 일을 하려면 몸부터 풀어야 한다. 운동을 하기 위해서는 가볍게 '몸을 풀어야' 다치지 않을 수 있다. 시험 치러 가는 아이를 향해서 엄마 아빠가 '마음 푹 놓고 해!' 하고 말한다. 우리나라가 지금은 멱살 잡고 분열과 갈등으로 치닫는 나라가 되어 가고 있다면, '풀어야' 한다. 우리의 힘은 '푸는데'서 나올 수 있다. '풀어야 한다!'[34]

---

34) 이어령, 80초 생각나누기, 155-156쪽 참조.

우리 신앙의 선조들은 무서운 박해시기에 어떻게 풀어갔을까? 우리나라에 처음으로 복음이 선포된 해가 1784년이다. 사제가 없는 평신도들에 의해 시작된 한국 천주교회의 역사는 이렇게 시작되었다. 사제가 없던 한국 천주교회에서는 신앙생활을 할 수 있는 특별한 것이 아무것도 없었다. 교회 안에 있는 '칠성사' 중에서 '세례성사'는 평신도들도 할 수 있는 것이지만, '성체성사와 고해성사와 그 밖의 성사들'은 사제가 있어야만 가능한 성사이다. 그만큼 천주교회 안에서는 '사제'의 역할이 매우 중요하다는 것을 천주교 신자들은 잘 알고 있다.

1794년 12월 드디어 한국 천주교회 설립 10년 만에 처음으로 중국인 '주문모(야고보) 신부'(1752-1801년)가 한국 땅에 왔다. 신자들은 성사(聖事)를 집전할 수 있는 사제를 모시게 된 기쁨은 말로 다 할 수 없었다. 한국 땅에 사제가 있다는 것은 '성사'(聖事)가 집전될 수 있다는 뜻이다. 바로 '미사'가 이루어질 수 있었다. 미사가 있었다는 것은 '성체'를 모실 수 있는 신앙생활이 가능했다는 것이다.

주문모 신부는 1795년 부활대축일 첫 미사를 봉헌하면서 세례성사를 시작하는데, 이때 신자들에게 '제일 먼저 하고 싶은 게 뭐냐?'고 물으니 '고해성사를 보고 싶다'고 하였다 한다. 전국에 흩어져 있던 신자들은 고해성사가 보고 싶어서 신부를 만나러 수십 일씩 걸어왔다. 조정에서 천주교를 탄압하는데, 천주교 신자라고 내놓고 다닐 수도 없었고, 먹을 음식도 제대로 구할 수도 없었고, 아무 소리도 못하면서 수십 일씩 걷고 굶고 잠도 못자며 찾아왔던 것이다. 죄를 용서받는 가치, 하느님과 일치하는 영적 의미의 체험이 얼마나 소중했으면 그렇게 했겠는가?

그런데 막상 고해성사를 보려고 하니 주문모 신부는 한국말을 몰랐다. 그래서 고해성사가 무척 힘들었다. 그래도 한자를 아는 양반들은 자기 죄를 한문으로 적어내고 신부가 그걸 보고 고해성사를 줄 수 있었지만, 글 모르는 사람은 고해성사를 아예 보지를 못했다. 어렵게 사제를 만났는데, 말이 통하지 않아 고해성사를 볼 수 없다 해서 그냥 돌아갈 수는 없었다. 어찌어찌 한문을 아는 사람을 찾아내 자신의 죄를 써서 사제에게 드리면, 사제가 입을 열어 보속을 말해줘야 하는데, 서로가 소통이 되지 않으니 보속을 말하는 대신 그 자리에서 종아리를 걷고 매를 맞았다고 한다.

남녀유별을 철석같이 지키던 시대에, 여인네들이 부끄러운 죄를 생판 모르는 남자(사제)에게 얘기하고 또 종아리를 걷고 매를 맞는다고 생각해 보면 참 기가 막힌 일이다. 그렇게 매를 맞고도 죄를 용서받은 기쁨 때문에 감격의 눈물을 흘린 분들이 초대교회 신자들이었다. 주문모 신부는 그 모습을 보고 감격하고 육체적인 피로를 잊었다 한다. 어느 날 그의 일기에는 "나는 피로에 지쳐서 견딜 수 없었다. 그런데 열의에 찬 고해자가 또 왔다. 내가 어찌 그에게 성사를 주지 않으리오. 그에게 고해성사를 주고 난 후 나는 조금 전의 피로가 씻은 듯 가신 것을 느꼈다."라고 적혀 있었다.

조선교구 5대 교구장 '다블뤼 주교'(1818-1866년)의 증언을 보자.

"(매우 가난하고 몹시 비참하지만 제가 보기에 선한 의지를 품은) 교우들은 7-8년 전부터 성사를 보지 못하고 있었습니다. 하느님만이 박해의 1년이 어떤 값을 치러야 하는지 아십니다. 제가 얼마나 많은 위로를 받았는지 모릅니다. 크나큰 위로를 받았습니다. 이곳에 있는 사람들은 박해에도 마음이 흔들리지 않았던 노련한 병사들입니다. 남편이 망나니의 칼 밑에서 죽는 것을 본 과부도 있고, 부모가 순교의 관을 받은 고아들도 있습니다.

오늘은 처녀 하나가 오빠들이 고문당한 이야기를 하고 내일은 어머니가 자녀들을 먼저 하늘나라로 보냈다고 이야기합니다. 언제나 교우들은 잘못을 회개하고 오래 전부터 기다려왔던 신부를 보고 기뻐서 웁니다… 저는 그들에게 중국어, 조선어, 저도 모르는 언어가 뒤섞인 말도 안 되는 언어로 이야기합니다. 그들은 알아들을 때도 있고 못 알아들을 때도 있지만 결국에는 만족해하고 저 역시 만족합니다. 그러다가 헤어져야 할 시간이 되면 강제로 헤어져야만 하는 가족들처럼 울고불고 난리입니다. 슬프지요! 어쩌면 그들이 살아 있는 동안 그들의 마음 부담을 덜어주고 그들의 하느님과 결합시켜 줄 신부를 다시 보지 못할 수도 있으니까요…"35)

우리들도 고해성사의 은총을 체험했으면 좋겠다. 고해성사는 재판도 아니고, 판결 받는 것도 아니고, 남의 죄를 대신 고백하는 것도 아니고, 내가 잘못해 놓고 괜히 하느님께 떼쓰는 시간도 아니다. 고해성사는 하느님의 사랑이고, 하느님의 선물이고, 하느님과의 화해, 형제들과의 화해, 더욱더 진실해지는 것이고, 나에게 더 솔직해 지는 것이고, 나를 속이지 않은 것이고, 묻고 따지고 계산하는 것이 아니다.

---

35) 샤를 살몽, 성 다블뤼 주교의 생애, 대전가톨릭대학교 출판부, 2006, 265-266쪽.

III 정하상 바오로(+1839년, 성인)를 이해하다

평신도 지도자

'상재상서'(上宰相書)

교황에게 편지를 보내다

한국 천주교회의 초대 교구장
(브뤼기에르 주교, 1792-1835년)

살아있을 때 잘하자
(조신철 가롤로, +1839년, 성인)

성가정을 이루다
(아버지 정약종 아우구스티노, +1801년, 복자)

평신도 지도자

독일의 시인 릴케는 '엄숙한 시간'에서 이렇게 노래했다.

"지금 이 세상 어디선가 누군가 울고 있다. 세상 속에서 까닭 없이 울고 있는 사람은 나를 위해 울고 있는 것이다.

지금 한밤중에 어디선가 누군가 웃고 있다. 한밤중에 까닭 없이 웃고 있는 그 사람은 나를 두고 웃고 있는 것이다.

지금 이 세상 어디선가 누군가 걸어가고 있다. 까닭 없이 걸어가고 있는 그 사람은 나를 향해 오는 것이다.

지금 세상 어디선가 누군가 죽어가고 있다. 세상 속에서 까닭 없이 죽어가고 있는 그 사람은 나를 바라보고 있다."

우리들이 이 순간 행복하게 웃고 있는 것은 이 세상 어딘가에서 까닭 없이 울고 있는 사람의 눈물 때문이다. 우리들이 건강한 것은 어딘가에서 까닭 없이 병을 앓고 있는 환자들 덕분이다. 우리들이 배불리 먹을 수 있는 것은 어딘가에서 까닭 없이 굶주리는 사람들의 희생이 있기 때문인 것이다. 그러므로 우리는 이 세상 어딘가에서 울부짖고 있는 사람과 주리고 목마른 사람과 아픈 사람과 가난한 사람들의 고통을 잊어서는 안된다.[36]

지금 우리가 한국 천주교회라는 울타리 안에서 신앙생활을 평화롭게 안정적으로 잘할 수 있게 된 것은 과거에 누군가가 큰 역할과 희생과 노력을 해주었기 때문이다. 지금 우리가 하느님께서 주시는 행복을 알아채고 그 행복을 위해 즐거운 신앙생활을 할 수 있게 된 것은 옛날에 누군가가 그 행복의 길을 잘 닦아주었기 때문이다. 지금 우리가 하느님을 믿고 살아갈 수 있게 된 것은 오래전에 누군가가 그 하느님을 알려주고 전해주었기 때문이다.

성 정하상 바오로(1795-1839년)는 한국 천주교회의 든든한 기둥이었고, 지금의 우리 신앙인들이 존재할 수 있도록 큰 역할과 희생과 노력을 보여주었다. 우리는 초창기 한국 천주교회를 대표하는 '평신도 지도자' 정하상(바오로)을 이해하고 기억해야 한다. 한국 천주교회의 장하신 103위 순교 성인을 부를 때마다 우리는 '성 김대건 안드레아와 성 정하상 바오로와 동료 순교

---

36) 최인호, 최인호의 인생, 여백미디어, 2014년, 21-22쪽 참조.

자'라고 말한다. 그만큼 정하상(바오로)은 한국 천주교회 역사에서 중요한 역할을 하였음을 우리는 기억하고 있다. 정하상(바오로)에 대해서 알아보자.[37]

경기도 양근 지방 마재에서 태어난 정하상(바오로)의 가족은 아버지 정약종(아우구스티노, 복자), 어머니 유소사(체칠리아, 성인), 형 정철상(가롤로, 복자), 여동생 정정혜(엘리사벳, 성인)가 있다. 온 가족이 모두 목숨을 다해 하느님을 믿고 순교한 것으로도 유명하다.

아버지 정약종(아우구스티노)은 명도회(평신도 단체) 회장을 역임하는 등 지도층 신자로 활동하다 신유박해(1801년)로 체포돼 순교했다. 박해 당시 정하상(바오로)의 나이는 만 6살, 어머니와 함께 옥에 갇혔다가 석방되었다. 아버지의 죽음으로 집안이 기울자 어머니는 자녀들을 데리고 마재로 가서 생활하였다. 이곳에서 그의 가족들은 가난과 박해의 위험 속에서 살아가지만 정하상(바오로)은 굳은 믿음의 생활로 극복해 나갔다. 어머니를 통해서 교리를 배우며 충실한 하느님의 종으로 성장하였다.

정하상(바오로)은 청년기에 들어서 교회의 재건을 위해 하느님께 봉헌된 삶을 살기 시작하였다. 그는 무엇보다도 조선 천

---

37) 신중신, 강 건너 저편(소설 정하상), 바오로딸, 2005년 참조.

주교회를 위한 성직자 영입에 적극적이었는데, 을해박해(1815년)가 일어난 해(20세)부터 중국 베이징을 오가며 중국교회에 조선교회의 소식을 전하기 시작했다. 교통수단이 발달하지 않았던 당시에 정하상(바오로)은 걸어서 9차례나 중국 베이징을 왕래하면서 조선교회를 재건하고 성직자를 조선에 영입하기 위해 온갖 노력을 다하였다.

당시 조선에서 정하상(바오로)을 돕던 신자들 중에는 동정부부로 유명한 조숙(베드로)과 권데레사(권일신의 딸)가 있었고, 순교자의 후손인 이경언(바오로)과 현석문(가롤로), 그리고 유진길(아우구스티노)과 조신철(가롤로) 등이 있었다.

한국 천주교회를 위해서 정하상(바오로)의 활약은 대단하였다. 1801년 황사영(알렉시오)이 교황에게 편지를 보내려고 시도했었으나 실패하였는데, 1826년 정하상(바오로)과 유진길(아우구스티노)이 조선 교우들의 이름으로 교황에게 '조선교회를 위해 사제를 보내달라.'는 서한을 썼고, 그 서한은 마카오를 거쳐 라틴어로 번역된 후 1827년 교황청 포교성성에 전달됐다. 이들의 노력으로 마침내 1831년 조선 포교지가 조선교구로 설정됨과 동시에 파리외방전교회의 브뤼기에르 주교가 초대 교구장으로 임명되었다.

정하상(바오로)은 1836년 파리외방전교회의 모방 신부의 조선 입국을 도왔고, 최양업 김대건 최방제 신학생들의 중국 유학길을 함께 하였으며, 돌아오는 길에 샤스탕 신부의 입국을 도왔다. 이후로도 조선교구 제2대 교구장인 앵베르 주교의 입국을 돕고, 주교를 보필하는 복사 역할을 수행하였다.

또한, 교회에 헌신하는 정하상(바오로)의 열성을 잘 알게 된 앵베르 주교는 "주님께서는 우선 우리의 베이징 보행군으로 나이 42세(1837년)에 아직 독신이며 우리들을 모두 조선에 인도하여 들인 신자(정하상)를 찾아내는 은혜를 주셨다."면서 "나는 3년 안으로 사제품을 줄 희망을 품었다."고 말할 정도였다. 앵베르 주교는 정하상(바오로)에게 라틴어와 신학을 가르치며 사제품을 줄 준비를 했었다.

그러나 정하상(바오로)은 자신의 순교의 길을 예감하고 박해자들에게 제출할 호교론('상재상서'上宰相書. 재(宰)는 정3품 이상의 당상관을 가리키는 말이고, 상(相)은 영의정·좌의정·우의정을 가리킨다.)을 직접 작성하였다. '상재상서'는 재상에게 올리는 글이라는 뜻으로 정하상(바오로)이 쓴 우리나라 최초의 호교론서였다.

정하상(바오로)이 쓴 '상재상서'는 그가 체포된 다음날 종사관을 통하여 재상 우의정 이지연에게 전달하게 하였다. 정하상(바오로)은 이 책을 통해 교회의 기본적인 교리를 설명하고, 교회가 주자학적인 전통에 어긋나지 않으며 사회의 윤리를 바르게 한다면서 신앙의 자유를 호소하였다.

정하상(바오로)은 1839년 9월 22일 45세의 나이로 서소문 밖 형장에서 참수되었고, 훗날 1984년 교황 요한 바오로 2세에 의해서 103위 순교 성인들 중에 한 분이 되었다.

정하상(바오로)은 평신도로서 한국 천주교회를 위해 대단한 노력과 희생과 헌신과 투신의 삶을 살았다. 당시에 한국말을 제대로 하지 못했던 외국인 신부들의 최측근의 협조자로서, 신자들의 지도자로서, 큰 희생과 헌신과 투신의 삶을 살았다. 또한, 갓 태어난 한국 천주교회가 1801년 신유박해로 산산이 흩어지게 되었을 때, 정하상(바오로)은 나약해지고 있던 교회 공동체를 재건하고 성직자 영입운동을 진행하며 조선교구 설정을 이끈 한국 천주교회의 대표적인 평신도 지도자였다.

예수님께서는 '우리가 찾아야 할 참된 행복'에 대해서 말씀하신다.

"행복하여라, 마음이 가난한 사람들! 하늘 나라가 그들의 것이다. 행복하여라, 슬퍼하는 사람들! 그들은 위로를 받을 것이다. 행복하여라, 온유한 사람들! 그들은 땅을 차지할 것이다. 행복하여라, 의로움에 주리고 목마른 사람들! 그들은 흡족해질 것이다. 행복하여라, 자비로운 사람들! 그들은 자비를 입을 것이다. 행복하여라, 마음이 깨끗한 사람들! 그들은 하느님을 볼 것이다. 행복하여라, 평화를 이루는 사람들! 그들은 하느님의 자녀라 불릴 것이다. 행복하여라, 의로움 때문에 박해를 받는 사람들! 하늘 나라가 그들의 것이다. 사람들이 나 때문에 너희를 모욕하고 박해하며, 너희를 거슬러 거짓으로 온갖 사악한 말을 하면, 너희는 행복하다! 기뻐하고 즐거워하여라. 너희가 하늘에서 받을 상이 크다. 사실 너희에 앞서 예언자들도 그렇게 박해를 받았다."(마태 5,3-12)

자랑스런 우리 신앙의 순교 선조들은 세상이 주는 행복보다 하느님이 주시는 행복을 알고 그 행복을 얻기 위해 오로지 하느님만을 바라보며 살았다. 우리 신앙의 순교 선조들은 하느님 나라에서 행복한 삶을 살고 있는 하느님 나라의 행복한 사람들이다. 정하상(바오로)은 세상이 주는 행복보다 하느님께서 주시는 행복이 무엇인지를 잘 알고 있었다. 정하상(바오로)은 하느님께서 주시는 참된 행복을 얻기 위해 한국 천주교회를 위해 온 생애를 다해, 온 마음과 온 정신을 다해 투신의 삶을 살았고, 자신의 목숨을 바치면서까지 한국 천주교회를 위해 희생하고 순교하였다.

정하상(바오로)과 우리 교회의 신앙의 순교 선조들은 이 세상에서 실패의 삶, 패배의 삶을 살았던 것처럼 보였지만, 하느님 나라에서 승리한 삶을 살고 있는 하느님 나라의 위대한 백성이 되었다. 그들은 세상에서는 꼴찌가 된 것 같지만, 하느님 나라에서는 첫째가 되었다. 그들은 이 세상에 큰 마음을 두기보다, 하느님께 큰 마음과 큰 믿음을 두었다. 그들은 이 세상에서 하느님을 사랑하고 하느님이 계시는 하느님 나라를 꿈꾸었다. 그들은 이 세상에서 비록 가난했지만, 비록 억울했지만, 비록 슬펐지만, 결국 하느님 덕분에 하느님 나라에서 행복하게 되었다.

우리 신앙인들도 마음만큼은 깨끗한 사람들이 되었으면 좋겠다. 우리들도 늘 이웃을 위해 양보하는 온유한 사람들, 언제나 너그럽게 형제들을 받아들이고 이해하는 사람들이 되었으면 좋겠다. 인내하며 매일매일 착하게 살아가는 사람들, 어둠의 세상에 밝은 빛을 전해주는 평화를 추구하는 사람들, 하느님의 진리를 배반하지 않는 사람들이 되었으면 좋겠다.

우리 모두가 이 땅에서도 행복하고, 훗날 하느님 나라에서도 행복한 사람들이 되기를 희망한다. 우리들이 세상이 주는 행복을 얻기 위해 열심히 사는 것도 중요하지만, '하느님이 주시는 행복'도 알고 느끼고 체험하고, 그 행복을 얻기 위해 참 신앙인으로 살아가기를 희망한다. '하느님이 주시는 행복'을 일상생활 안에서 잘 알아갔으면 좋겠다.

'상재상서'(上宰相書)

 남들보다 잘하는게 무엇이 있을까? 어떤 사람은 언변이 뛰어나 말을 잘한다, 어떤 사람은 기도가 필요한 사람들을 위해서 꾸준히 기도를 잘한다, 어떤 사람은 가진 것은 없지만 부족한 가운데에서도 나눔을 잘한다, 어떤 사람은 만나는 사람들에게 따뜻한 사랑을 잘한다, 어떤 사람은 뛰어난 능력은 없지만 봉사를 잘한다, 어떤 사람은 남에게 피해를 주지 않으려고 조심조심하며 잘한다, 어떤 사람은 늘 웃는 얼굴로 친절하게 잘한다.
 남들보다 많이는 아니어도 '조금' 잘하는게 있다면, 그것을 가지고 가족과 이웃과 세상에 좋은 일을 많이 하는 것도 인생에 있어서 의미가 크겠다. 남들보다 조금 잘하는게 있다면, 아마추어 실력이라 하더라도, 개인적인 소중한 시간을 내서 다른 사람들을 위해서 봉사하고 사랑하고 희생하는 모습은 좋아 보인다.

남들보다 뛰어나지는 않지만, 자신의 재능 능력 재주들을 잘 발휘해서, 사회와 국가를 위해서 희생 봉사하고, 가까운 이웃들을 위해 좋은 일도 많이 하고, 하느님을 드러내고 교회를 위해서도 헌신하는 것은 아름다운 삶이다.

정하상(바오로)의 집안은 당시 지적으로 '정약현, 정약전, 정약종(아우구스티노), 정약용(세례자 요한)', 이름만 들어도 당대 최고의 대학자 지식인 집안이었다. 영성적으로도 '열심한 천주교 신앙인 집안'이었다. 정하상(바오로)은 자신이 지니고 있는 '지적인 능력'과 '열심한 신앙'을 바탕으로 갓 태어난 한국 천주교회를 위해 대단한 노력과 희생과 헌신과 투신의 삶을 살았다. 그래서 그는 한국 천주교회의 '대표적인 평신도 지도자'가 되었다.

정하상(바오로)은 당시 무시무시한 천주교의 박해 상황 속에서도 천주교 박해를 그쳐줄 것을 요구하는 상소문을 작성하여 조선 정부에 전달하였다. 헌종 5년(1839년) 3월 5일(음) '사학토치령'(邪學討治令, 조선시대 주자학에 반대되거나 위배되는 학문을 이르던 사학인 천주교를 퇴치한다.)이 내려졌다. 40여 년 만에 다시 중앙정부 차원의 천주교 박해가 재개된 것이다. 그후 '오가작통법'(다섯 집을 하나로 묶어 서로 도망가는 것을 감시하고 조세 납부를 독려하던 제도)이 강화되면서 천주교 신자들을 검거하는 선풍이 일자 정하상(바오로)은 앵베르 주교를 지방으로 피신시켰다.

서울로 다시 올라온 정하상(바오로)은 체포가 임박했음을 느꼈고, 그는 체포를 각오하고 자신의 견해를 밝히는 글을 작성하였는데, 이것이 바로 '상재상서'(上宰相書) 곧 '재상에게 올리는 글'이었다. '상재상서'(上宰相書)란 무엇인가? 한국 천주교회를 위한 '최초의 호교론서'이다. '상재상서'는 2,000여 자의 단문이지만, 가장 명확하게 주장한 문장으로 당시에 '영의정 · 좌의정 · 우의정과 같은 재상들에게 올리는 글'이라는 의미로서, 천주교를 박해하는 사람들에게 '천주교의 입장을 밝히고, 박해를 그치도록 강력하게 주장'한 글이다. '내용'은 천주교 교리에 관한 내용들로서, 마치 오늘날 누군가가 '성당에 다니면 뭐가 좋은데, 하느님이라는 분은 누군데, 천주교에서 말하는 핵심 교리는 무엇인데, 영원한 생명이란 무엇인데…?'라고 물었을 때 간단명료하게 설명한 교리 내용으로 이루어져 있다.

어느 누가 감히 무시무시한 박해 중에 천주교에 대해서 자신있게 설명하고 주장할 수 있었겠는가? 정하상(바오로)은 1839년 3월 '기해박해'가 시작되면서 6월 초하루에 포졸들이 집에 들이 닥쳤을 때 스스로 집안에서 붉은 오라로 결박하고 나섰고, 모친과 누이동생이 함께 체포되었다. 그리고 미리 준비한 '상재상서'를 전달하였다. '상재상서'(上宰相書)의 내용을 살펴보자.[38]

---

38) 정하상, 상재상서, 윤민구 역, 성요셉출판사, 2016년, 11-34쪽 참조.

'상재상서'에서 정하상(바오로)은 다음과 같이 호교론적인 글로 시작하고 있다.

"엎드려 아뢰옵건대 맹자(孟子)가 양자(楊子)와 묵자(墨子)를 옳지 않은 학설이라 하여 배척한 것은 그 사상(思想)이 유교의 가르침을 함부로 해칠까 두려워하였기 때문이고, 한유(韓愈)가 석가(釋迦)와 노자(老子)를 배척한 것은 그 사상이 서민을 흘려 혼란케 할까 두려워하였기 때문입니다.

이렇듯 옛날에 학자들이 법률을 제정하여 금지하는 법칙을 마련할 때에는 반드시 그 대상의 의의(意義)와 이치(理致)가 어떠한지, 또 해로운 것이 무엇인지를 연구하였습니다. 그런 다음에 마땅히 금해야 할 것은 금하였고, 금하지 않아도 될 것은 금하지 않았습니다. 만약 올바른 것이라면 그것이 비록 나무꾼의 말일지라도 성인(聖人)들은 반드시 받아들였으니, 이것은 사람의 겉모습만 보고 그가 한 말을 함부로 버리지 않았다는 뜻입니다. 그런데 우리나라에서 하느님(天主)의 거룩한 종교를 금지하는 이유가 도대체 무엇입니까?"

정하상(바오로)은 천주교의 하느님이 '주역'(周易)이나 '시경'(詩經)에서 말하는 '상제'(上帝)나 '공자'가 말한 '천'(天)과 같은 개념이라고 설명했다.

"우리나라 사람들은 이러한 글들을 경서(經書)와 사기(史記)에서도 많이 볼 수 있다고 하여 의심하는 마음을 품습니다. 하지만 다음과 같은 말들이 중국의 경서와 사기 가운데서도 나타나 있지 않습니까? 즉 역경(易經)에서는 '하느님께 바칩니다'(以亨上帝)라는 말을 하고 있고, 시경(詩經)에서는 '하느님께 아뢰나이다'(昭事上帝)라는 말을 하고 있으며, 서경(書經)에서는 '하느님께 제사 드립니다'(譚于上帝)라는 말을 하고 있고, 공자 역시 '하늘에 죄를 지으면 기도 바칠 곳이 없다'(獲罪于天, 無所禱也)는 말을 하고 있습니다.

또한 하늘을 공경하고 하늘을 두려워하며 하늘에 순종하고 하늘을 받들어야 한다는 등의 학설이 여러 성현들과 철학자들의 저서 곳곳에 나타나 있으니, 설사 서양의 사기(성서)가 전래되지 않았다고 해도 무엇이 걱정되겠습니까?"

정하상(바오로)은 당시 조정에서 천주교를 비판하는 논리를 '상재상서'에서 조목조목 반박했다. 조정은 천주교를 '임금도 없고 부모도 없다(無父無君)'고 비판했는데, '상재상서'는 '십계명 가운데 네 번째가 효도로서 부모를 공경하라'는 것이라며 '충과 효는 만대가 흘러도 바꾸지 못하는 도리'라고 설명했다.

"부모님을 업신여기고 임금도 업신여긴다고 말하니 이는 성교회의 가르침을 하나도 모르고 하는 말입니다. 십계명의 네 번째가 부모님을 효도로 공경하는 계명입니다. 무릇 '충'과 '효'라고 하는 두 글자는 만대(萬代)가 흘러도 변할 수 없는 도리입니다. 부모님의 뜻을 받들고 그 육신을 봉양하는 것은 사람의 자식으로서 당연한 일이지만 천주교 신자들은 더더욱 열심히 삼가고 조심하여야 합니다. 그래서 예(禮)를 다하여 부모님을 섬기고 온 힘을 다하여 부모님을 봉양해야 합니다. 또한 임금에게 충성을 바칠 때에도 자신의 몸을 허락하여 생명을 바치고, 끓는 물 속에 들어가고 타는 불을 밟더라도 결코 피하지 않아야 하는 것입니다. 이렇게 하지 않으면 성교회에서 가르치는 계명을 어기는 것이 됩니다. 이런데도 성교회를 보고 부모를 업신여기고 임금을 업신여기는 학설이라고 하는 것입니까?"

또한, **정하상**(바오로)은 천주교가 남자와 여자가 함께 모여 기도하는 것을 보고, 윤리적인 흠집을 내기 위해 천주교가 '여색(女色)을 서로 유통한다'고 비난받는 것에 대해서 '이른바 여색을 유통하는 것은 짐승도 그렇게 하지 않는 것인데, 거룩한 교회에는 십계명 가운데 여섯 번째가 간음하지 말라는 것이고, 아홉 번째가 다른 사람의 아내를 바라지 말라는 것입니다.'라며 정면으로 반박했다.

"여자를 서로 교환한다고 말하는데, 동물도 그렇지 않은 것들이 있는데 하물며 어찌해서 그런 행동을 천주교에서 한다고 하는 것입니까? 십계명 중 여섯 번째 계명에서는 음행을 하지 말라 하였고, 아홉 번째 계명에서는 남의 아내를 탐내지 말라고 하였습니다. 여섯 번째 계명은 몸으로 범하지 말라는 것이고, 아홉 번째 계명은 마음으로 범하지 말라는 것입니다. 천주교에서는 간음을 엄격하게 금지하는 것을 이와 같이 거듭 강조하고 있는데, 어째서 도리어 여자를 교환한다는 거짓말을 보태기까지 합니까? 그처럼 윤리를 거스르고 떳떳한 질서를 어지럽히는 종교가 있을 수 있겠습니까?"

결국, 정하상(바오로)은 무수한 곤장을 맞고 주뢰(周牢)형(죄인을 심문할 때 두 다리를 한데 묶고 다리 사이에 두 개의 긴 막대기를 끼워 비틀던 형벌)을 당했다. 헌종 5년(1839년) 8월 14일(음력) 한국 천주교회의 중심 인물이었던 정하상(바오로)은 역관 유진길(아우구스티노)과 함께 서소문에서 사형당했고, 3명의 프랑스인 앵베르 주교, 모방 신부, 샤스탕 신부는 새남터에서 사형당했다. 정하상(바오로)은 1984년 교황 요한 바오로 2세에 의해서 어머니 유 체칠리아와 여동생 정 엘리사벳과 함께 성인으로 시성(諡聖)되었다.

정하상(바오로)은 하느님이 주신 탈렌트를 잘 활용하여, 자신이 지니고 있는 '지적인 능력'과 '열심한 신앙'을 바탕으로 하느님을 위해서, 하느님의 백성을 위해서, 온 힘을 다해 노력하고 헌신하고 희생하였다.

"하늘 나라는 어떤 사람이 여행을 떠나면서 종들을 불러 재산을 맡기는 것과 같다. 그는 각자의 능력에 따라 한 사람에게는 다섯 탈렌트, 다른 사람에게는 두 탈렌트, 또 다른 사람에게는 한 탈렌트를 주고 여행을 떠났다. 다섯 탈렌트를 받은 이는 곧 가서 그 돈을 활용하여 다섯 탈렌트를 더 벌었다. 두 탈렌트를 받은 이도 그렇게 하여 두 탈렌트를 더 벌었다… 그러자 주인이 그에게 일렀다. '잘하였다, 착하고 성실한 종아! 네가 작은 일에 성실하였으니 이제 내가 너에게 많은 일을 맡기겠다. 와서 네 주인과 함께 기쁨을 나누어라.'… '누구든지 가진 자는 더 받아 넉넉해지고, 가진 것이 없는 자는 가진 것마저 빼앗길 것이다.'"(마태 25,14-17.21.29)

하느님께서 우리에게 주신 '자신의 능력'(탈렌트)을 적극적으로 잘 활용하였는지 생각하게 하는 예수님의 비유 말씀이다. 우리가 하느님에게서 받는 탈렌트를 잘 활용하여 '나'만을 위해서가 아니라 보다 많은 사람들을 위해서 더 많은 좋은 열매를 맺어야 한다는 말씀이다.

정하상(바오로)은 하느님이 주신 탈렌트를 잘 활용하여, 자신이 지니고 있는 '능력'과 '신앙'을 바탕으로, 오늘로 말하면 장관급 이상의 정승(政丞)들에게 호교론적인 글을 쓰면서 그들(박해자)에게 '천주교의 입장을 밝히고 박해를 그치도록' 강력하게 주장하였다. 정하상(바오로)은 당시 천주교에 대한 잘못된 생각들과 주장들에 대해서 조목조목 비판하고 반박하고, 천주교에 대해서 제대로 설명하는 내용들을 글로서 표현하였다.

정하상(바오로)의 '상재상서'는 우리나라 최초의 호교론서다. 정하상(바오로)의 '양심선언'이자 '신앙고백'으로서, 이벽의 '성교요지'(聖教要旨), 부친 정약종의 '주교요지'(主教要旨)와 더불어 조선 천주교도들의 천주교 인식과 신앙관을 잘 알 수 있게 해주는 중요한 자료가 되고 있다. 참으로 대단한 일이고 훌륭한 일을 하였다. 이러한 정하상(바오로)의 신앙을 증거하는 용맹함 덕분에 한국 천주교회는 기초를 잘 다지며 잘 출발할 수 있었고, 아직은 황무지와 같은 한국 천주교회에 좋은 열매를 차근차근 맺을 수 있게 하였다.

우리들도 세상을 위해서, 하느님을 위해서, 사람들을 위해서 좋은 일을 해야 하겠다. 우리들도 하느님이 주신 자신의 '능력들, 재능들, 장점들'을 잘 활용하여 교회를 위해서 좋은 일을 해야 하겠다. 우리가 무슨 좋은 일을 할 수 있을까? 생각해 보고, 다른 사람들에게 '작은 도움이 되는 삶'을 살아야 하겠다.

교황에게 편지를 보내다

　이탈리아 로마 교황청의 교황에게 편지를 써본 사람이 얼마나 있을까? 아무래도 손가락 안에 꼽을 정도이겠다. 아마도, 한국 천주교회 안에서 한 두 명이 있을까 말까 하겠다. 200여 년 전 조선의 정하상(바오로)과 유진길(아우구스티노)은 정말 대단한 사람들이었다. 그들은 '교황님'이 계시다는 것을 알았고, 교황에게 편지를 쓸 생각까지 하였고, 교황에게 직접 편지도 보내면서, 그 편지에 대한 교황의 답까지 받은 사람들이었다.

　1801년 신유박해로 인하여 중국인 사제 주문모 신부가 순교하자 조선에는 사제가 한 명도 없게 되었다. 박해 중에 살아 남은 천주교인들은 '교회의 재건'과 '성직자 영입운동'에 열중하였는데, 대표적인 인물이 '정하상(바오로)과 유진길(아우구스티노)'이었다.

당시 조선 천주교회의 지도자들은 오랜 시간 여러 차례 중국 천주교회의 북경 교구를 통해 조선 천주교회를 위한 '성직자 영입'을 청하였으나, 그것이 뜻대로 잘 풀려가지 않았다. 그러던 중 조선 천주교회의 등불이며 새벽 별이었던 정하상(바오로)과 교회 재건의 동력이요 최상의 협조자였던 유진길(아우구스티노)은 차라리 로마에 있는 교황에게 직접 청원서를 올려보자는 계획을 세웠다.

문장력이 뛰어난 유진길(아우구스티노)이 초안을 잡고, 정하상(바오로)과 여러 사람들이 토론과 의논을 하여 청원서에 담을 내용들을 검토하였다. 또한 만일의 경우를 대비하여 밀서(密書)가 들통 날 경우에는 교계 심장부가 쑥대밭이 될 수 있기에, 가공(架空)의 인물 이름 '암브로시오'로 청원하는 것으로 가닥을 잡게 되었다. 한국 천주교회의 평신도들이 교황에게 보낸 편지인 청원서의 서두는 이러했다.

"저희들의 최고 감목(監牧)이신 교황께 조선교회의 암브로시오와 그 동료들은 인사와 깊은 공경을 드리나이다.

구세주 예수께서 강생하사 세상을 구속하시고 부활 승천하신 후 1천 8백년 동안 땅의 극변까지 복음을 전하여 어둠 속에 앉아 있는 백성들을 비추어 준 성인들과 학자들이 끊이지 않았나이다. 저희들의 나라도 비록 비천하기는 하오나, 생명의 말씀을 듣고, 천주와 더불어 화해하는 은총을 받고, 수난의 공로와 만 번 무한한 주님의 자비의 보배에 참여하는 기쁨을 맛보았나이다. 그런즉 주께 끊임없이 감사를 드리는 것이 저희들의 본분이 아니겠나이까. 그러하오나 저희들은 괴로움과 고민에 짓눌려 있사와 이 사정을 성하(聖下)께 겸손되이 말씀 사뢰어 성하의 배려 있으시기를 빌 필요가 있다고 생각하나이다.

주(문모) 야고보 신부님이 돌아가신 후, 조선에는 끊임없는 박해로 말미암아 교회의 전파가 막히게 되어 이제는 겨우 1천 명가량 되는 교우가 숨어서 교(敎)를 전하고 그것을 증거해 나가는 데 지나지 않나이다.… 늙거나 병이 들어 죽는 자들은 슬픔에 싸여 무덤 속으로 들어가오며, 살아남아 그들의 뒤를 잇는 저희들은 또한 비탄 속에 잠겨 삶에 지치고 있어 슬픔과 고뇌는 점점 더 저희들의 가슴을 찍어 누르나이다. 그리하여 저희들은 가지가지의 위험을 무릅쓰고 저희들의 목자이신 북경 주교님께 여러 번 청원을 하였나이다. 북경 주교님은 비록 저희들의 간절한 청을 듣고 감동은 하셨으나, 저희들의 죄 많은 영혼을 성사의 집행으로 재생시키고 다시 뜨겁게 하여줄 신부들을 보내 주시지 못하였나이다.…

저희들은 교황 성하께 두 가지 일을 겸손되이 제안하옵는데, 이 두 가지가 똑같이 필요한 줄로 생각하나이다. 그리고 이 두 가지는 서로 분리될 수 없는 것이옵니다. 어떤 사람이 여러 날 동안을 먹지 않고 지내면 기력이 다하여 죽게 되나이다. 그 사람이 1개월 안으로는 양식을 얻게 되어 있다 하더라도, 그의 심한 허기증을 풀어줄 얼마간의 양식이 당장에 오지 않는다면 나중에 오게 될 양식이 무슨 소용이 있겠나이까. 한편, 그 사람이 다음 달에 식량을 받게 되어 있지 않다면 그가 오늘 먹을 음식이 무익하지 않겠나이까. 이와 마찬가지로 신부를 파견하는 것이 저희들로서는 큰 은혜요 저희들에게는 크나큰 기쁨이 되리라는 것은 틀림없는 일이오나, 이와 동시에 저희들의 욕구를 영속적으로 채워주고 장래에 있어 저희들의 후손들에게 영신적 구원을 보장하여 줄 방법이 강구되지 않는다면, 그것은 불충분한 일일 것이옵니다.…

좋은 결과를 거두기 위하여는, 우선 신부들을 보내어 저희들의 긴박한 사정을 돌보게 하고 나서, 이분들로 하여금 그 다음에 보내야 할 배를 맞아들이게 해야 될 것이오니, 이것이야말로 천주교를 마음대로 믿을 수 있게 되는 가장 좋은 방법이옵니다… 천주교를 후원하고 전파하는 데에는 해로(海路)를 택해야 한다는 것이 명백하옵니다.… 만일 저희 주교님(북경주교)이 신부들을 보내어 성사(聖事)만 행하게 하는 데 그친다 하오면, 이들은 관헌들의 감시와 백성의 불신을 면하기가 아주 어려울 것이오며 천주교를 전파할 희망은 아주 사라지고 말 것이옵니다.

천주교 서적을 읽어 보면, 배를 이용하여 일본 사람들 같이 멀리 떨어진 지방에 사는 미개한 민족들과 땅의 극변에까지 복음을 전하였다 하옵니다. 그러하오나 슬프게도 저희 나라는 이

구석에서 잊혀진채 암흑 속에 외로이 남아 있사오며, 여기에는 하늘조차 빛을 잃고 있나이다. 이 넓은 나라에 어쩔 수 없이 멸망의 구렁텅이로 떨어져 들어가는 영혼이 얼마나 많겠나이까. 저희들은 무식하고 마음이 어린 자들이옵니다. 그러하오나 우리 주 예수 그리스도께서 저희들을 위하여 흘리신 성혈과 주인의 식탁에서 떨어지는 음식 부스러기를 우러러 보나이다. 높은 지혜를 가지신 성하께서는 이와 같이 급박한 위험에서 저희들을 구원하여 주시고, 저희들을 집어삼키려는 구렁에서 건져 주실 방법을 취하여 주시기 바라나이다.…"(이 편지의 한문 원본은 유실되었고, 최초의 라틴어 역문만이 교황청 인류복음화성 고문서고에 '1826년 12월 3일자로 번역된 라틴어본'이 보관되어 있다.)[39]

편지 내용은 조선 천주교회를 위해서 '사제'를 보내달라는 것으로, 항구한 대책을 보내주시라고 청하고 있다. 목자가 없어서 벌써 영적으로 굶은지 오래 되었고 목숨이 경각에 달했으니 사제가 와서 살려야 한다는 것이었다.

1824년 말경 혹은 1825년 경에 쓰여진 '조선교회를 위해 사제를 보내달라는 서한'은 중국 천주교회를 거쳐, 라틴어로 번역되어 1826년 12월 3일에 로마의 교황에게 보냈다. 당시 전

---

39) 한국천주교회사(중), 샤를르 달레, 안응렬 최석우 역주, 한국교회사연구소, 1980년, 212-215쪽 참조.

교담당 포교성성(현재 인류복음화성) 장관 카펠라리 추기경(훗날 교황 그레고리오 16세)과 교황 레오 12세는 크게 감동하였다. 드디어 1831년 교황 그레고리오 16세는 교인이 1만 명도 안 되며 성당도 하나 없고 성직자도 한 명이 없는 조선 천주교회를 독립교구로 설정하였고, 동시에 파리외방전교회의 '브뤼기에르 주교'를 초대 교구장으로 임명하여 파견하였다.

이로써 조선 천주교회는 신앙을 자발적인 의지로 찾았고, 세계 교회 역사 안에서 유일무이한 자생교회(自生教會)라는 전통을 갖게 되었으며, 신앙의 선조들의 뜨거운 열정과 노력으로 '교구 창설'이라는 업적까지 이루게 되었으니, 이보다 더 위대하고 영광스러운 일이 어디 또 있겠는가? 그러나 안타깝게도 브뤼기에르 주교는 조선에 입국하는 여정 중에 숨을 거두고 말았다. 이후, 1836년에 서양인으로서 '모방 신부'가 최초로 조선에 입국하였고, 최양업, 김대건, 최방제 '신학생들의 유학길'이 열리게 되었으며, '샤스탕 신부와 앵베르 주교'가 조선에 입국하는 경사스러운 일들이 생기게 되었다. 비로소 우리 조선 천주교회는 목자와 함께하는 교회가 된 것이다.

정하상(바오로)과 동료들은 '깨어있는 사람들'이었다. 목숨이 경각에 달린 무서운 박해 중에 신앙을 포기하거나 깊은 산골로 숨기에도 몸과 마음이 바빴을 텐데, 정하상(바오로)과 동료 신자들은 자신들의 목숨을 걸고 한국 천주교회의 미래를 위해 온 마음과 정신을 다하였다. 그들은 열심한 신앙을 바탕으로 번뜩이는 생각과 뛰어난 지혜를 잘 발휘하여 한국 천주교회의 기초를 튼튼하게 잘 세워 주었다. 이 사람들이야말로 이 땅에 하느님의 교회를 세우기 위해 늘 언제나 깨어있었던 사람들이었다.

"너희는 조심하고 깨어 지켜라. 그때가 언제 올지 너희가 모르기 때문이다.… 그러니 깨어있어라. 집주인이 언제 돌아올지, 저녁일지, 한밤중일지, 닭이 울 때일지, 새벽일지 너희가 모르기 때문이다. 주인이 갑자기 돌아와 너희가 잠자는 것을 보는 일이 없게 하여라. 내가 너희에게 하는 이 말은 모든 사람에게 하는 말이다. 깨어있어라."(마르 13,33.35-37)

'깨어있는 삶'이란, 소극적인 삶, 수동적인 삶, 게으른 삶이 아니라 적극적인 삶, 능동적인 삶, 성실한 삶, 부지런한 삶이다. 정하상(바오로)과 동료들은 갓 태어난 한국 천주교회의 미래를 위해 참으로 준비를 잘하면서 깨어있었다. 차근차근, 차분하게, 진지하게, 열정을 다해서 이 땅에 하느님 나라의 씨앗이 잘 뿌려질 수 있도록 지혜롭게 살면서 깨어있었다.

우리들도 깨어있어야 하겠다. '배부른 돼지보다, 배고픈 소크라테스가 낫다.'(존 스튜어트 밀)는 말처럼, 아무 생각도 없고 고민도 없이 지내는 '배부른 돼지'(사람)보다, 고민하고 생각하고 성찰하고 사색하는 '배고픈 소크라테스'(사람)가 되어야 하겠다.

아무 생각 없이 하루하루를 살기보다, 조금이라도 생각하면서 새로워지려고 변화하려고 노력하면서 살아야 하겠다. 그냥 아무 생각 없이 아무런 정성 없이 아무런 준비 없이 사는 것이 아니라, 매일 매일 의미있게 가치있게 살아야 하겠다.

평소와는 조금 다른 모습으로, 깨어있는 모습으로, 기도도 더 해보고, 따뜻한 사랑도 더 보여주고, 성급한 판단보다는 한 박자 쉬고 한 번 더 생각해 보는 생활을 만들어 가야 하겠다.

한국 천주교회의 초대 교구장
(브뤼기에르 주교, 1792-1835년)

한국 천주교회의 '초대 교구장 주교'는 누구였을까? 그의 생애는 어떤 역경과 하느님의 축복이 어떻게 함께 하였을까? 그의 한국 천주교회의 역할은 어떤 것이었을까? 여러 궁금증들이 생긴다. 한국 천주교회의 초대 교구장 주교는 프랑스 파리외방전교회 소속 '바르톨로메오 브뤼기에르 주교'(1792-1835년)이다.

1824년 정하상(바오로)과 유진길(아우구스티노)은 조선 교우들의 이름으로 교황에게 '조선교회를 위해 사제를 보내달라'는 편지를 썼고, 그 편지는 마카오를 거쳐 1827년 교황청 포교성성에 전달되었다. 교황청 포교성성은 1827년 9월 1일과 11월 17일 파리외방전교회로 보낸 공한(公翰)을 통해, 파리외방전교회가 조선 선교를 맡아주기를 바란다고 했다. 이에 파리외방전교회 책임자들은 아시아 여러 지역에 파견된 선교사 회원들의 의견을 묻고자 회람을 돌렸다. 그러나 파리외방전교회 장상들은 여러 이유를 들어 망설이고 있었다. 이에 '샴'(태국의 옛 이름)의 선교 사제로 파견되어 있던 바르톨로메오 브뤼기에르 신부가 조목조목 반박하고 나섰다.

당시 교황청의 결정에 파리외방전교회 장상들은 조선에 사제를 보내지 못하는 이유들을 피력하였는데, 그 이유들이 우리의 마음을 씁쓸하게 하면서도 진정 그런 이유로 조선 선교를 망설였을까? 하는 의구심도 갖게 한다. 파리외방전교회 장상들이 하느님의 일을 하는데 있어서 정말 어려움이 많아서 그랬을까? 하느님 사업을 하는데 있어서 도저히 말할 수 없는 또 다른 무엇이 숨어 있었기에 그랬을까? 한국 천주교회의 입장에서는 서운할 수밖에 없는 이유들이다.

파리외방전교회 소속 전교 사제였던 브뤼기에르 신부는 1829년 5월 19일에 방콕에서 파리외방전교회 본부 장상 신부들에게 보낸 장문의 편지에서, 조선에 사제를 보내지 못하는 이유들을 다음과 같이 밝혀 주고 있다.

"돈도 없고, 선교사 숫자는 적으며, 다른 선교지에도 급한 일이 많고, 그 지방에 들어가는 데 거의 극복하지 못할 난관이 있으며, 또 불행한 조선 신입 교우들이 선교사들을 국내로 영입하는 데 사용하겠다는 방법이 가능하지 않다는 사실을 근거로 해서 조선 선교 수락 문제를 미룰 생각을 여러분은 하고 있습니다."

그리고, 브뤼기에르 신부는 '돈이 없다, 선교사가 없다, 시급한 일이 많다, 조선 입국이 어렵다, 여력이 없다'는 이유들에 대해서 하나하나 비판하였다.

첫째, 조선 선교를 위해 '기금이 없다'는 이유에 대해서,

"…지혜롭게 절약하여 만일의 경우에 대비할 수 있을 것이고, 또 내일을 너무 걱정하여 섭리를 모욕하지 말라고 제자들에게 말씀하신 하느님께서 새로운 재원을 마련해 주실 것입니다. 우리 신학교에서 일찍이 불가능한 일이라고 하며 어떤 일을 거부한 적이 있었습니까? 희망이 전혀 없어 보이는 선교지 가운데 한 군데라도 포기한 일이 있었습니까? 그런 일은 없었지요. 우리는 주님을 바라보면서, 악에서 선을 끌어내실 수 있는 그분께서는 모든 것을 다 하실 수 있음을 믿었습니다…"

둘째, 조선 선교를 위해 '선교사가 없다'는 이유에 대해서,

"이것이야말로 우리가 내놓을 수 있는 이유 중에서도 가장 약한 것이라고 생각됩니다… 열심한 조선 교우들이 여러 번에 걸쳐 우리 교황님께 올린 편지… 그것을 프랑스의 소신학교와 대신학교에 전부 보내고, 성직을 지망하는 그 모든 신학생들의 애덕과 열성에 간절한 호소를 하십시오. 그러면 오래지 않아

선교사들을 얻게 될 것입니다. 저는 프랑스인들의 성격을 잘 압니다…"

셋째, 조선 선교보다 '다른 시급한 일이 많다'는 이유에 대해서,

"저 불쌍한 조선인들이 당하고 있는 것만큼 급한 일은 없습니다… 신덕이 아직 약하고 갖가지 유혹에 둘러싸여 있는 수천 명의 교우들에게 구원의 손길을 뻗치는 일이야말로 애덕의 의무가 엄중히 명하는 것 아닙니까? 지구 저 끝에 있는 불쌍한 교우들은 여러 해 전부터 교우들의 공동 아버지이신 교황님께 두 손 모아 구원을 청하고 있습니다… 완전히 버림받은 선교지에서 볼 때에는 신부 한두 명도 말할 수 없이 큰 은혜가 될 것입니다…"

넷째, 조선 선교를 위해 '조선 입국이 어렵다'하는 이유에 대해서,

"광명의 자식들이 하느님의 영광과 구령 사업에 겁을 내고 소극적이어서야 되겠습니까? 베이징에서 출발한 한 중국인(주문모) 신부가 조선에 들어가 박해가 극심한 가운데서 여러 해 동안 성직을 행하다가 영광스러운 순교로 선교 사업을 끝맺었습니다(1801년). 그런데 쓰촨이나 산시에 가 있는 서양인 신부는 그렇게 할 수 없단 말입니까?… 닥쳐올지도 모르는 위험을 용감히 무릅쓴다면 하느님의 특별한 섭리를 바랄 수 있지 않겠습니까?… 하느님께서 당신 사도들에게, 가서 만민을 가르치라는 명령을 밝히 내리실 때에 조선을 빼놓으셨겠습니까?…"

마지막으로, 조선 선교를 위해 '여력이 없다'는 이유에 대해서,
"주교가 선교사 지원자들에게 가장 큰 호의를 보여주는 교구에는 사제직을 지망하는 사람들의 숫자가 늘 많다고 하더군요. 버림받은 교회를 지원하기 위해 용감한 희생을 한 어떤 회에 이와 비슷한 은총이 내려지리라고 바랄 수는 없겠습니까?"

위와 같이 여러 이유들에 대해서 브뤼기에르 신부는 조목조목 반박하면서, 결론적으로, 실제로 조선에 사제가 한 사람 가야 하는데, 한 사람도 갈 사람이 없다면 자신이라도 가겠다며 스스로 조선 파견을 자청하였다.

"만일 이 나라에 파견된 신부가 거기에 들어갈 수가 없다든지 사형을 당한다든지 하면 그 당사자에게는 이익이 될 것입니다. 그렇다고 다른 선교지에 크나큰 손해도 끼치지 않을 것입니다… 이런 위험한 사업을 맡을 신부가 누구이겠습니까. 제가 하겠습니다. 샴 주교가 아무리 자신의 교구에 선교사가 많이 있기를 원한다 하더라도 불행한 조선 사람들을 위해 신부 한 명은 기꺼이 내놓을 것입니다. 그는 제 편지를 읽었고, 교황님께서 제 청을 들어주신다면 무엇이든지 할 결심을 하고 있습니다…"[40]

---

40) 브뤼기에르 주교 편지 10 서신(書信) ; 브뤼기에르 주교 서한집, 정양모 윤종국 역, 가톨릭출판사, 2007년, 126-134쪽 인용.

그리고 브뤼기에르 신부는 자신이 조선 선교에 도움이 된다면 1년 전부터 종용받아온 주교직을 수락하겠다고 밝혔다. 브뤼기에르 신부는 1829년 6월 29일 성 베드로와 성 바오로 사도 대축일에 방콕에서 샴 교구 보좌 주교이며 갑사 명의 주교(Capsa, 지금의 튀니지 공화국 관할의 사하라 사막 오아시스 도시인 가프사 Gafsa를 말한다)로 주교품을 받았다.

교황 그레고리오 16세는 1831년 9월 9일 두 개의 교서를 동시에 발표하였는데, 첫 번째 교서는 '조선교구를 완전히 독립시켜서 독립된 교구로 설정한다.'는 것이고, 두 번째 교서는 '그 최초의 독립된 교구의 초대 교구장으로 바르톨로메오 브뤼기에르 주교를 임명한다.'는 것이었다.[41] 이 교서에 따라, 샴(태국)에 있던 바르톨로메오 브뤼기에르 주교는 1년 뒤인 1832년 7월 25일 그 소식을 듣고, 조선이 어디에 있는지도 몰랐고 돈도 없었지만, 3일 만에 조선을 향해 바로 출발하였다.

눈물 없이는 읽을 수 없는 '브뤼기에르 주교의 여행기'[42]에는 조선교구의 초대 교구장이 된 브뤼기에르 주교가 태국에서부터 조선으로 가는 여정을 자세히 기록해 놓았다. 그는 조선으로 가는 여행 중에 해적들을 만나 모든 것을 빼앗기기도 하였

---

41) 그레고리오 16세 교황 칙서 ; 브뤼기에르 주교 서한집, 142-145쪽 참조.
42) 브뤼기에르 주교 여행기, 정양모 역, 가톨릭출판사, 118, 168, 346쪽 인용.

고, 늘 배가 고팠으며, 그런 중에도 조선식의 풍속(걷기, 무릎 굽혀 앉기, 인사하기…)들을 익히는데 소홀하지 않았고, 거의 하루도 빠지지 않고 일기를 써 내려갔다.

"우리 여행은 길고도 지루했고, 이따금 위험하기도 했습니다.… 게다가 때로는 뱃사람들이 많지도 않은 우리 식량을 훔쳐갔기 때문에, 얼마 안 가서 원치 않은 혹독한 단식을 해야만 되었습니다. 이렇듯 돌연 겪게 된 사순절 경험으로 우리는 훨씬 비참해졌습니다.…(1832년 12월 19일 일기)"

조선으로 가는 여정은 가히 예수님의 십자가의 고통의 길을 체험하는 여정이었을 것이다.

"나는 열병이 낫지 않은 상태에서 난징을 떠났습니다. 걷기 시작한 첫날부터 나의 몸 상태는 더욱 악화 되었습니다. 피로하고 무더운 데다가 먹지도 마시지도 못하고 온갖 어려움을 겪은 결과, 복부에 심한 통증을 느꼈습니다. 이질이 분명했습니다.…(1833년 7월 31일 일기)"

조선의 초대 교구장 브뤼기에르 주교는 꿈에 그리던 조선에 발을 들여놓지 못하고, 자신의 죽음을 이미 알고 있었는지, 다음과 같은 일기를 남기고 얼마 지나지 않아 돌아가셨다. (+1835.10.20.)

"나는 나의 운명을 하느님의 손에 맡겼습니다. 나는 하느님 섭리의 품 안에 내 한 몸을 던져, 중도에서 죽거나 불가항력에 의해 저지당하지 않는 한, 나의 달음박질 종착지(조선)에 이를 때까지 머리를 숙이고 위험을 뚫으며 달릴 것입니다.…(1835년 10월 5일 일기)"

브뤼기에르 주교는 태국에서부터 조선으로 가는 2년 3개월의 힘들고 어려운 여정을 겪으며, 북만주의 펠리구라는 교우촌에 도착하였다. 1835년 10월 20일, 그날도 깊은 밤에 배고픔을 달래며 나무 밑에서 잠을 청하였는데, 영원히 일어나지 못하고 말았다. 조선의 초대 교구장은 이렇게 꿈에 그리던 조선에 발을 들여놓지 못하고 죽음을 맞이하고 말았다. 브뤼기에르 주교의 사도적 열정과 조선에 입국하기 위해 대륙을 횡단한 긴 여정은 조선 평신도들의 열의와 세계교회의 응답이라는 차원에서 우리에게 깊은 감명을 준다.

조선 천주교회의 초대 교구장이 된 브뤼기에르 주교는 파리 외방전교회 동료 사제들에게 잘못된 생각과 편견들을 정확히 지적하고, 그들이 달라지고 변화하고 회개할 것을 촉구하였다. 세례자 요한은 곧 오실 주님을 기다리는 데 있어서 여러 가지 준비도 필요하지만, 한 가지 만큼은 꼭 지켜야 한다고 강조하였다. 그것은 우리가 회개(悔改)해야 한다는 것이다.

"광야에서 외치는 이의 소리. '너희는 주님의 길을 마련하여라. 그분의 길을 곧게 내어라'하고 기록된 대로, 세례자 요한이 광야에 나타나 죄의 용서를 위한 회개의 세례를 선포하였다. 그리하여 온 유다 지방 사람들과 예루살렘 주민들이 모두 그에게 나아가, 자기 죄를 고백하며 요르단 강에서 그에게 세례를 받았다."(마르 1,3-5)

예수님을 잘 맞이하는 길은 우리 신앙인들의 '회개의 자세'가 전제되어 있어야 한다는 것이다. 회개(悔改)는 우리의 잘못한 죄를 뉘우치고 고백하는 '고해성사를 보는 것'이고, '내가 잘못했다'는 마음으로 '제 탓이요, 제 탓이요'하며 '가슴을 펑펑 치는 것'이기도 하고, '말로만' 참회하는게 아니라 '마음으로' 참회하고 '마음으로' 결심하는 것이다.

또한, 회개란 긍정적으로 생각하고, 가능하면 좋게 생각하고 받아들이는 것으로, 그래야 달라지고 변화하고 새로워질 수 있기 때문이다. 나를 긍정적으로 생각하고, 그래서 나를 긍정적으로 사랑하고, 가까운 가족들과 이웃 형제들도 긍정적으로 생각하고 받아들이고, 그래서 그들을 따뜻하게 사랑하는 것이다. 매사에 나에게 다가오는 세상과 사람들을 '긍정적으로 바라보는 눈'이 필요하다.

한국 천주교회의 초대 교구장이었던 브뤼기에르 주교는 당시에 무서운 박해 중에 있는 한국 천주교회를 위해 무엇보다도 필요한 것은 '할 수 없다, 힘들겠다, 어렵겠다'는 부정적인 생각이 아니라, '할 수 있다, 해 볼만 하다'는 '긍정적인 생각'으로 선교를 해야 한다고 강조하였다. 어떠한 상황 속에서도 '긍정적인 용기와 결단'이 필요하다는 것을 강조하였다.

'부정적인 생각'보다 '긍정적인 생각'을 하는 것이 필요하다. '할 수 있다'는 긍정적인 생각으로 하느님의 마음에 들도록 조금 더 잘 살아보는 것이다. 우리들의 '몸과 마음과 눈'을 '비판적으로, 부정적으로' 하지 말고 '긍정적으로' 생각하고 바라본다면, 아마도 우리들의 마음이 더 따뜻해질 것이다. 조금은 더 '따뜻한 마음'과 조금은 더 비판적이지 않은 '긍정적인 마음'으로 생활한다면, 사랑이신 하느님께서 우리들을 더 축복해 주실 것이고 더 사랑해 주실 것이다. 이 세상은 아름답고 좋은 세상이다. 내 주변의 사람들을 가만히 잘 살펴보면, 그런대로 착하고 좋은 사람들이 많이 있음에 감사하는 마음이다.

살아있을 때 잘하자
(조신철 가롤로, +1839년, 성인)

우리가 이 세상에 태어나서 '가장 행복했던 일'은 하느님을 알게 된 일이었으면 좋겠다. 우리가 이 세상에서 '가장 잘한 일'은 천주교 신자가 된 일이었으면 좋겠다. 우리가 이 세상에서 '가장 즐거웠던 일'은 신앙생활을 하게 된 일이었으면 좋겠다. 우리가 이 세상에서 행한 '가장 아름다운 일'은 하느님을 사랑하고 형제들을 사랑하는 일이었으면 좋겠다.

우리 신앙의 순교 선조들 중에 하느님을 알고 하느님을 위해서 기쁘고 행복하게 살았던 사람이 있었으니, 그는 조신철(가롤로, 1795-1839년)이다. 정하상(바오로)의 최측근 협조자들을 꼽아 보자면, 통역관이었던 요즘 말로 금수저 출신 유진길(아우구스티노)과 또 한 사람은 흙수저 출신 조신철(가롤로)이 있다. 조신철(가롤로)의 생애에 대해서 알아보자.

조신철은 강원도 회양의 가난한 집안에서 태어났다. 그는 매우 가난하여 승려생활도 하고 머슴살이도 했는데, 우연한 기회에 북경을 왕래하는 사신의 일꾼이 되었다. 그는 정직하고 용감했기에 사신들로부터 제일 신임을 받고 있었다. 이때 사신을 따라다니면서 성직자 영입운동을 펼쳤던 정하상(바오로)과 유진길(아우구스티노)도 그의 착실함을 잘 알아보고 있었다.

어느 날 밤, 정하상(바오로)이 조신철을 찾아가 "나는 천주교 신자요, 당신도 천주교 신자가 되어 내게 만약 무슨 일이 생기면 당신이 나를 대신해서 이 일을 해주기 바라오." 라고 하였다. 그런데, 조신철은 한동안 아무 소리없이 있다가 문을 열고 나가버렸다. 정하상(바오로)의 입장에서는 이제 큰일이 나겠다 싶었다. 그가 고발이라도 한다면 어떻게 되겠는가?
초조한 순간이 지나고 3일째 되던 날 밤, 조신철이 정하상(바오로)을 찾아와 조심스럽게 말한다. "내가 볼 때 부연사 300명 중에 인간 같은 사람은 당신밖에 없소. 그런 당신이 천주교 신자라니… 나는 지금까지 국법을 어긴 적이 없었소. 다른 사람 같았으면 당장 고발을 했겠지만, 당신이 그런 말을 했기에 나는 그 말을 못 들은 것으로 하려고 아무 말 않고 나갔소. 그런데 나가서 하루를 지내면서 '아이고! 그 사람 살려줘야 되겠다.' 하는 생각이 들었고, 이틀을 지내면서는 '믿을 수 있는 사람은 그 사람밖에 없는데 그 사람이 왜 천주교 신자가 되었을까?', 3일째 되니까 '천주교가 뭔데 이런 사람이 믿을까?' 하는 궁금한 생각이 들어 이렇게 다시 왔소."

그날부터 정하상(바오로)은 그에게 예비신자 교리를 가르쳤고, 조신철은 베이징에 가서 세례성사를 받고 미사에 참례하며 성체를 모시는 기쁨을 갖게 되었다. 조신철(가롤로)은 세례를 받으면서 한국 천주교회를 위해 애쓰고 있는 정하상(바오로)의 최측근이 되어, 한국 천주교회의 부흥을 위해 큰 수고와 희생을 하였다.

귀국 후, 조신철(가롤로)은 정하상(바오로)을 도와 한국 천주교회를 위해 성직자들의 입국을 도왔으며, 특히 서양 신부로서는 처음으로 한국 땅에 들어오신 모방 신부의 통역관이 되어 지방 전교 사업에 크게 이바지하였다. 조신철(가롤로)은 가족들을 천주교로 입교시키고, 자신과 같은 낮은 신분의 많은 사람들에게 용기를 주고 천주교 신자로 입교시켰다.

7월 어느 날, 조신철(가롤로)은 가족들과 함께 체포되어 감옥에 들어가, 고문을 받게 되었다. 포도청의 형리는 그의 팔과 다리를 묶어서 대들보에 매달고 닥치는 대로 매질을 하였으나,

그는 침묵을 지킬 뿐이었다. "저 사람의 몸은 살이 아니고 목석인가 보오."라고 하였다고 한다.

조신철(가롤로)은 앵베르 주교, 모방 신부, 샤스탕 신부와 함께 온갖 형벌을 받다가 사형선고를 받게 되었다. 그는 형장으로 끌려가면서 "나는 천국으로 먼저 가서 기다릴 터이니 모두 용기를 내서 따라오도록 하라고 나의 가족들에게 전해주시오."라고 하였고, 가는 도중에도 기도하기를 그치지 않았다. 정하상(바오로) 유진길(아우구스티노) 등과 함께 북경을 왕래하면서 목자없는 한국 천주교회의 부흥을 위하여 노력하였던 조신철(가롤로)은 45세의 나이에 참수당하였다. 그는 기해박해의 순교자가 되었고, 103위 순교 성인들 중에 한 분이 되었다.

조신철(가롤로)은 정하상(바오로)을 통해 하느님을 알게 되면서, 그리스도를 새로운 임금으로 모시고 살게 되었고, 이 세상에 살아 있을 때 하느님의 백성을 위해 봉사하였고, 결국에는 하느님을 증거하는 '순교의 삶'을 살았다. 조신철(가롤로)은 천주교 신자로 살아가면서 가장 행복했던 일이 '하느님을 알게 된 일'이었고, 더 많은 사람들이 '사랑이신 하느님'을 알게 되기를 바라는 일이었다.

예수님께서는 우리가 이 세상에 살아있을 때, 어려운 사람들을 돕고 사랑하면서 착하게 성실하게 잘 살았다면, 훗날 하느님 나라에 들어갈 수 있다 하신다. '너희는 형제가 배고팠을 때 먹을 것을 주었고, 목말랐을 때 마실 것을 주었고, 나그네 되었을 때 따뜻하게 맞아들였고, 헐벗었을 때 입을 것을 주었고, 병들었을 때 돌보아 주었고, 감옥에 갇혔을 때 찾아주었다. 너희가 내 형제들인 가장 작은 이들에게 사랑을 베풀었으니, 영원한 생명을 누리는 곳인 하느님 나라로 들어갈 것이다.'(마태 25,35-36.40 참조) 우리가 이 세상에 살아있을 때, 다른 이에게 도움이 되는 삶을 살아야 하고, 착하게 살아야 하며, 어려운 사람들을 잘 위로해 주고 사랑하면서 살아야 한다는 말씀이다.

조신철(가롤로)은 세례를 받으면서, 이 세상에서 가장 행복하고 가장 즐겁고 가장 아름다운 인생 여정을 펼치게 되었다. 그는 그리스도를 '임금으로' 모시게 되었고, 교회와 하느님의 백성을 위해서 도움이 되는 삶을 살려고 노력하였다. 그래서 우리는 오랜 시간이 지났음에도 지금도 그의 삶의 모범을 우리들 가슴에 기억하고 있다.

우리들도 다른 사람들에게 도움이 되는 삶을 살아야 한다. 죽은 다음에 착하게 살려고 하지 말고, 살아있을 때 착하게 살아야 한다. 죽은 다음에 사랑하려고 하지 말고, 살아있을 때 많이 사랑하면서 살아야 한다. 죽은 다음에 나누지 말고, 살아있을 때 나누고 사랑해야 한다. 우리가 세상에서 살아있을 때 사람들에게 사랑을 많이 베풀면서 살았다면, 훗날 죽은 다음에 하느님 나라에서 좋게 기억될 것이다. 훗날 하느님 나라에서 우리는 하느님께로부터 어떻게 기억될까? 한 번쯤 생각하고 묵상해 봐도 좋겠다.

성가정을 이루다
(아버지 정약종 아우구스티노, +1801년, 복자)

'튼튼한 가정'은 밥 잘 먹고 운동을 많이 하는 가정이고, '씩씩한 가정'은 성격 좋고 진취적인 가정이고, '성실한 가정'은 착하고 꾸준한 가정이고, '거룩한 가정, 성가정'은 하느님이 중심이 되고 하느님께 열심히 기도하는 가정으로 '하느님으로 똘똘 뭉친 가정'이라고 말할 수 있다.

복자 정약종(아우구스티노, 1760-1801년)은 황사영(알렉시오)의 스승이고 다산 정약용의 형이고, 당시 많은 신자들의 스승으로서 한국 천주교회의 큰 지도자이며, 정하상(바오로)의 아버지이다. 정약종(아우구스티노)의 가정은 인간적인 잣대로 볼 때 참으로 불행한 가정이었으나, 신앙인의 눈으로 볼 때는 하느님께 대한 믿음과 사랑이 누구보다도 모범이 되는 가정, 거룩한 가정, 성가정이다.

정약종(아우구스티노)의 가정은 가족 모두가 하느님께 대한 믿음을 포기하지 않고 죽음으로서 믿음을 지키며 순교하여, 3명의 성인과 2명의 복자가 탄생한 성가정이다. 정약종(아우구스티노)의 가족들의 면면(面面)을 알아보자.

복자 정약종(아우구스티노, 1760-1801년)은 경기도 광주 마재에 있는 유명한 학자 집안에서 태어나, 정약현, 정약전, 정약종(아우구스티노), 정약용(세례자 요한)의 형제들 중에 셋째로, 형제들 사이에서 제일 열심한 신앙인이었다.

정약종이 천주교 신앙을 접하게 된 것은 1786년에 형들로부터 교리를 배우면서였다. 그러나 그의 형제들은 조금씩 교회를 멀리하였으나, 그는 오히려 교리를 실천하는 데 정성을 다하였다. 1794년 조선에 입국한 주문모 신부는 평신도 단체인 '명도회'를 조직한 뒤 그를 초대 회장으로 임명하였다. 그러나 1801년 신유박해 때 체포되어 상급 재판소인 의금부로 압송되었다. 엄한 형벌과 문초를 받았으나 이미 순교할 원의를 갖고 있던 그에게는 어떠한 유혹과 형벌도 소용이 없었다. 결국 체포된 지 15일 만에 서소문 밖으로 끌려 나가 순교(1801.4.8.), 그의 나이는 41세였다.

복자 정철상(가롤로, 1781?-1801년)은 정약종의 큰 아들이다.

정 가롤로는 어려서부터 부친에게서 천주교 교리를 배워 열심히 신앙생활을 하였다. 포천의 유명한 신자인 홍교만 프란치스코 하비에르의 딸을 아내로 맞이하였다. 정 가롤로가 20세 가량 되었을 무렵인 1801년에 신유박해가 발생하였다. 이때 부친과 숙부들이 체포되어 의금부로 끌려가자, 그는 그들을 따라가 의금부 인근에 머물면서 옥바라지를 하였다. 부친이 순교하던 4월 8일에, 정 가롤로는 의금부의 명에 따라 체포되어 형조에서 문초를 받게 되었다. 그러나 그는 결코 교회에 해가 되는 말을 하지 않았으며, 있는 사실을 거짓으로 꾸며 대면서 주문모 신부를 보호하려고 하였다.[43] 그는 한 달 이상을 옥에 갇혀 박해를 받다가 사형 판결을 받고 순교(1801.5.14.)하여 짧은 생을 하느님께 바쳤다.

형조에서 정철상 가롤로에게 내린 사형 선고문 내용은 이러하였다.

"너는 천주교에 깊이 빠져, 집안 제사에 참석하지 않았으며, 요사한 스승(곧 주문모 야고보 신부)을 보호하려고 송곳으로 찔러도 말하지 않았다.······주문모를 맞이하여 거처하도록 하고, 흉악한 무리들을 불러 모임을 가졌으며, 개나 돼지처럼 행동하면서 인간의 윤리를 무너뜨린 죄는 만 번 죽어도 아깝지

---

[43] '복자' 윤지충 바오로와 동료 순교자 123위 '하느님의 종' 가경자 최양업 토마스 신부 약전 중 복자 정철상 가롤로, CBCK 한국천주교주교회의, 2017년.

않다."⁴⁴⁾

　　성 정하상(바오로, 1795-1839년)은 정약종의 둘째 아들로, 아버지의 열심한 신앙을 이어받아 한국 천주교회의 부흥을 위해 열정을 다하였다. 외국인 선교사 영입운동과 이를 위해 교황청에 편지를 써서 보내기도 하였고, 천주교 교리를 설명하는 '상재상서'(上宰相書)를 작성하는 등, 갓 태어난 한국 천주교회의 평신도를 대표하는 인물이 되었다. 서소문 밖 형장에서 참수되어 45세의 나이로 순교(1839.9.22.)하였다.

　　성 유선임(체칠리아, 1761-1839년)에 대해서 알아보자.
　　유 체칠리아는 명도회장 정약종(丁若鍾)의 부인이며 성 정하상(丁夏祥) 바오로의 어머니이다. 상처한 정약종과 20세에 혼인하여, 남편의 권면으로 혼인 3년 만에 세례성사를 받았다. 1801년 신유박해로 남편과 전실 아들 정철상(丁哲祥)이 순교한 뒤 재산을 몰수당하고 마재에 살던 시동생 정약용(丁若鏞)의 집에서 지냈다. 1839년 기해박해가 일어났을 때 조카의 피신 권유를 거절하고 7월 11일, 아들 정하상, 딸 정정혜(丁情惠)와 함께 체포되었다. 유 체칠리아는 72세의 고령임에도 포청에서 곤장 230대를 맞는 혹형을 받았으나 용감히 참아 냈다. 노인을 사형시키는 것이 국법에 금지되어 있어서 여러 달 동안 옥에

---

44) '복자' 윤지충 바오로와 동료 순교자 123위 '하느님의 종' 가경자 최양업 토마스 신부 약전 중 복자 정철상 가롤로, CBCK 한국천주교주교회의, 2017년.

갇혀 있다가 11월 23일 고문과 형벌의 여독으로 옥사, 순교하였다. 103위 성인 가운데 최고령 순교자이다.[45]

이 성가정의 막내는 성 정정혜(엘리사벳, 1797-1839년)이다.

동정 순교자인 정정혜는 정약종(丁若鍾)의 딸로, 네 살 때 세례성사를 받았다. 1801년 신유박해로 전가족이 함께 체포되어, 아버지와 이복 오빠 정철상(丁哲祥)은 순교하였으나 정정혜는 어머니 유 체칠리아, 오빠 정하상(丁夏祥)과 함께 석방되었다. 그 뒤 마재의 삼촌 정약용(丁若鏞)의 집에서 살면서 길쌈과 바느질로 가족들의 생계를 꾸려 나갔다.

1839년 7월 11일 기해박해 때 정정혜는 서울에서 어머니, 오빠와 함께 체포되었다. 포청에서 7회의 신문을 받으면서 320대의 곤장을 맞았고, 형조에서도 6회의 신문과 함께 혹독한 고문을 받았으나 끝까지 신앙을 지킨 뒤에 12월 29일 6명의 교우와 함께 서소문 밖 형장에서 참수형으로 순교하였다. 그때 나이 43세였다.[46]

정약종(아우구스티노)의 가정과 가족들은 모두 '제 명(命)을 다하지 못하고' 죽었다. 그러나 우리 신앙인들의 눈으로 볼 때, 참

---

45) 한국 103위 순교 성인화 특별전 '피어라, 신앙의 꽃' 중 성녀 유 체칠리아, CBCK 한국천주교주교회의, 2020년.
46) 한국 103위 순교 성인화 특별전 '피어라, 신앙의 꽃' 중 성녀 정정혜 엘리사벳, CBCK 한국천주교주교회의, 2020년.

으로 '위대한 순교자들'이고, '멋진 신앙인들'이고, '모범적인 가정'이다. 우리가 감히 따라가지 못할 열심한 신앙과 열정을 가진 정약종(아우구스티노)의 가정에 어느 누가 '손가락질'을 하며 잘못되었다고 비판할 수 있겠는가?

정약종(아우구스티노)의 가정은 한마디로 '하느님으로 똘똘 뭉친 가정'이었다. '시작'도 하느님이었고, '마침'도 하느님이었다. 하느님이 '중심'이었고, 하느님 말고는 다른 것을 생각하지 않았던 가정이었다. 우리 신앙인들의 모델이 되고 모범이 될 만한 '충분한 자격을 가진 가정'이었다. 우리들에게 신앙의 모범을 잘 보여준 성가정이었다.

'성가정, 거룩한 가정'이란, 첫째 '하느님이 중심이 된 가정'이다. 힘들고 어려운 일들이 닥쳤을 때 오히려 차분하게 하느님께 기도하는 가정, 세상의 여러 어려움들 앞에서 오히려 침착하게 하느님의 뜻을 찾으려는 가정, 언제나 하느님을 '가정의 중심'으로 모시려는 가정을 말한다. 부유하지도 않고 잘나지도 않았지만, 하느님께 기도할 줄 아는 가정이라면 성가정이다. 어려움을 겪는 가정이지만, 하느님께 의지할 줄 아는 가정이라면 성가정이다. 가난하지만, 하느님을 중심으로 모실 줄 아는 가정이라면 성가정이다.

둘째, 성가정이 되기 위해서는 '가족들 간의 끊임없는 사랑'이 요구된다. 이 세상 그 어떤 것도 '사랑'보다 더 소중한 것이 없다. '돈'은 있지만 '사랑하는 가족들'이 없다면, 인생을 살아가는데 아무 의미가 없다. '친구들'은 많지만 '사랑하는 가족들'과 대화가 없고 만남도 없다면, 늘 언제나 마음 한구석이 아쉽고 외로울 것이다. '사업은 성공'했는지 모르지만 '사랑하는 가족들'과 따뜻한 사랑을 나누지 못하고 있다면, 진실로 성공한 삶은 아닐 것이다.

우리가 제일 먼저 사랑해야 할 사람은 이웃집 아저씨, 동네 사람들, 나에게 잘해주는 친구들도 있겠지만, 무엇보다도 나와 피를 나눈 사랑하는 가족들, 백년가약을 맺은 사랑하는 남편과 아내, 눈에 넣어도 아프지 않을 사랑하는 자녀들을 가장 먼저 사랑해야 한다. 내가 내 가족들을 사랑하지 않으면, 누가 내 가족들을 사랑하겠는가? 내가 내 가족들을 위해 하느님의 축복을 비는 기도를 하지 않으면, 어느 누가 내 가족들을 위해 열심히 기도해 주겠는가? 이 세상에서 가장 소중한 사람들, 내가 가장 사랑해야 할 사람들, 내가 누구보다도 지켜주어야 될 사람들은 '사랑하는 가족들'이다.

사랑하는 가족들의 어깨들을 만져주면서 '오늘도 수고했다, 사랑한다.'라고 따뜻한 말 한마디를 건네 보면 좋겠다. 우리 신앙인들의 가정이 사랑이신 하느님이 중심이 되어, 가족들이 더욱 따뜻한 사랑을 나누는 즐거운 가정, 행복한 가정, 거룩한 가정이 되기를 희망한다.

Ⅳ 김대건 안드레아(+1846년, 성인) 신부를 기억하다

최초의 부르심

한국 천주교회의 '큰 빛'

하느님께 고개를 숙이다

보지 않고도 믿는 이들은 행복하다

오래 사는 것과 영원히 사는 것

하느님은 인생의 동반자

첫 미사

밀알 하나와 같은 삶

고향(故鄕)에서 환영을 받지 못하다

'당신이 천주교인이오?'

'사랑을 친구(親口)하노라'

'영원한 생명이 내게 시작되려고 합니다'

순교자 집안
(아버지 김제준 이냐시오, +1839년, 성인)

하느님 나라의 겨자씨를 심다
(어머니 고 우르술라, 1798-1864년)

3개월의 시간만 필요했다
(임치백 요셉, +1846년, 성인)

최초의 부르심

　시골에 사는 한 할머니가 읍내에 있는 은행에서 돈을 찾아 집으로 돌아가는 버스를 탔다. 그런데 버스에 타자마자 돈 지갑을 잃어버렸다 생각하고, 허둥지둥하며 버스에서 내렸다. 할머니는 버스를 기다렸던 정류장에 돈 지갑이 있을 것이라 생각하고, 처음 버스를 기다렸던 정거장으로 열심히 걸어서 돌아갔다. 이를 어쩌나, 돈 지갑은 어디로 갔는지 찾을 길이 없었다.

　크게 상심하여 돌아갈 기운도 잃어버린 할머니는 발길을 읍내에 있는 성당으로 옮기고 있었다. 천주교 신자였던 할머니는 성당 신부에게 이 기막힌 사연을 얘기하고 싶었다. 할머니는 사제관의 초인종을 누르고 성당 신부를 불러내어 놀란 가슴을 움켜잡고 고르지 못한 숨을 내쉬며 잃어버린 돈 지갑 얘기를 꺼냈다. 할머니의 사정을 들은 성당 신부는 할머니의 손을 잡고 돈 지갑 찾기 작전에 돌입하였다. 다행히 돈 지갑은 버스 안에 있었고, 여러 고마우신 은인들 덕분에 할머니는 돈 지갑을 다시 되찾게 되었다.

버스 안에 함께 있던 사람들이 바닥에 떨어져 있는 임자 없는 돈지갑을 그냥 모르는 척, 아닌 척, 합리화해서 개인적으로 슬쩍 마무리해 버리면 끝이었을 텐데…. '좋은 은인들, 착한 천사들' 덕분에 할머니의 소중한 돈 지갑을 다시 찾게 된 훈훈한 이야기다.

'나' 아닌 '다른 사람들'을 위해서 시간과 정성과 마음을 크게 써주는 사람들을 '소명인'(召命人)들이라 할 수 있다. 그래서 '좋은 은인들, 착한 천사들'은 소명인들이다. 착하고 선하고 좋은 마음으로 살아가는 사람들이 소명인들이다.

천주교회에서는 사제들과 수도자들을 하느님의 부르심(聖召)을 받은 사람들, 즉 '소명인'들이라 한다. 사제들과 수도자들은 하느님과 세상과 사람들을 위해 좋은 역할 착한 역할을 많이 하도록 하느님으로부터 특별한 부르심을 받았다. 사제들과 수도자들은 '나' 아닌 '다른 사람들'을 위해 희생과 헌신의 삶을 살도록 부르심을 받았다.

한국 천주교회에서 최초로 하느님의 부르심을 받은 신학생들이 있다. 그들은 '최양업 토마스, 최방제 프란치스코 하비에르, 김대건 안드레아'이다. 세 명의 신학생들의 이야기를 간략

하게 살펴보자.[47]

    1836년 1월 12일 서양 선교사로서 처음으로 조선에 입국한 모방(Maubant) 신부는 방인(邦人)사제 양성을 위해서 1836년 2월 6일에 최양업(토마스)을, 3월 14일에 최방제(프란치스코 하비에르)를, 7월 11일에 김대건(안드레아)을 신학생으로 선발하였다. 전해지는 세 소년의 외형을 보면, 최양업(토마스)은 키가 크지는 않아도 몸이 단단했다. 최방제(프란치스코 하비에르)는 워낙 가난하게 살아서인지 키가 작은 데다 몸도 부실했다. 김대건(안드레아)은 셋 중에서 키는 가장 컸지만 워낙 마른 체구였다.

    세 명의 신학생들은 중국 마카오로 유학길을 떠나기 하루 전날(1836.12.2.) 모방 신부 앞에서 다음과 같이 서약을 하였다. "하비에르, 토마스, 안드레아 세 사람은 태생이 다르나, 이제 의로써 형제를 맺으니 마음을 합해 위로는 천주님을 모시고 아래로는 교우들을 이끌고자 하나이다. 같은 해 같은 달 같은 날에 태어나지는 못했어도 오직 세 사람이 같은 해 같은 달 같은 날에 천주님을 위해 죽기를 원하나이다. 천주님께서는 이 마음을 굽어살피소서."

---

47) 김문태, 세 신학생 이야기, 바오로딸, 2012년 참조.

이들은 중국 마카오의 신학교에 도착하여(1837.6.7.), 신학 공부를 시작하였다. 스승 신부들의 평가들을 보면, '최양업(토마스)은 치밀하고 머리도 좋고 조선 천주교회의 관리는 그에게 맡기면 문제가 없을 정도다. 최방제(프란치스코 하비에르)는 훌륭한 사제가 될 사람, 조선의 토마스 아퀴나스가 될 정도로 재능이 탁월하고 속이 아주 깊다. 김대건(안드레아)은 민첩하고 머리 회전이 빠르고 의지도 굳어서 장차 기막힌 성직자가 될 것이다.' 하였다.

그러나, 최방제(프란치스코 하비에르) 신학생은 마카오의 신학교 생활 5개월여 만에 장티푸스의 일종인 위열병(胃熱病, fièvre gastrique)에 걸려 사망하였다(1837.11.27. 17세). 머나먼 이국 땅에서 사랑하는 동료들을 남겨두고 '좋으신 예수님, 좋으신 하느님'을 되뇌이며 숨을 거두었다 전해진다. "슬프게도 하느님의 무서운 손길이 이 작은 무리를 짓눌렀습니다. 더 강한 믿음, 더 깊은 신심을 가졌던 프란치스코 하비에르. 어린 조선 교회의 가장 아름다운 존재로 촉망되던 하비에르 신학생이 꽃다운 나이에 우리 곁을 떠나야만 했습니다."

(스승 칼르리 신부의 1837년 12월 서한 중에서)

'최양업과 김대건'은 우여곡절이 많았던 7년여의 신학교 생활을 겪으며 1844년 12월 15일에 함께 부제품을 받았다. 그 후 김대건(안드레아) 부제는 1845년 8월 17일에 사제품을 받았고, 1845년 11월 조선 입국에 성공하여, 1846년 5월까지 사목을 한 후, 1846년 9월 16일에 순교하였다. 최양업(토마스) 부제는 1849년 4월 15일에 사제품을 받았고, 1849년 12월 조선 입국에 성공하여, 12년 동안 사목활동을 하다가, 1861년 6월 15일에 병으로 선종하였다.

하느님의 부르심을 받아 한국 천주교회를 위해 사제가 되도록 부르심을 받은 세 명의 신학생들은 외국 생활에서 많은 어려움을 겪었다. 아쉽게도 동료 하나를 잃어버리는 커다란 슬픔도 겪으면서 어렵게 하느님의 거룩한 일을 수행하기 위한 사제가 되었다.

한국 천주교회를 위해서 타향살이에서 수고 고생한 최양업(토마스) 최방제(프란치스코 하비에르) 김대건(안드레아) 세 소년들을 기억하면서, 그들의 수고, 고생, 노력에 감사의 마음과 하느님의 특별한 축복을 기원하는 기도를 드려야 하겠다. 특히 비록 사제가 되지 못하고 병으로 숨을 거둔 최방제(프란치스코 하비에르) 신학생의 영혼이 하느님 나라 안에서 영원한 안식을 누릴 수 있도록 기도하는 마음도 있어야 하겠다.

"나는 착한 목자다. 착한 목자는 양들을 위하여 자기 목숨을 내놓는다.… 나는 내 양들을 알고 내 양들은 나를 안다. 이는 아버지께서 나를 아시고 내가 아버지를 아는 것과 같다. 나는 양들을 위하여 목숨을 내놓는다."(요한 10,11.14-15)

예수님은 '착한 목자'로서 우리에게 오셨다. 착한 목자이신 예수님은 양들을 위해 목숨을 바치는 목자로 오셨다. 우리들을 위해 '희생과 봉사의 삶을 사는 착한 목자'로 오셨다. 다른 사람들을 위해 희생한다는 것이 얼마나 의미있고 보람있고 가치있는 삶인가를 보여주셨다. 다른 사람들을 위해 희생하고 용서하고 사랑하려는 사람은 이 의미를 잘 알 수 있다.

김대건(안드레아) 신부, 최양업(토마스) 신부, 최방제(프란치스코 하비에르) 신학생은 하느님과 한국 천주교회를 위해서 누군가는 해야 할 일을 거부하지 않고 외면하지 않고 하느님의 거룩한 부르심에 '응답'하는 삶을 살았다. 자신의 하나뿐인 인생을 하느님을 위해 투신하고 봉헌한 삶을 살았던 멋진 김대건(안드레아) 최양업(토마스) 최방제(프란치스코 하비에르) 선배를 둔 한국 천주교회의 사제들에게는 하느님의 크신 축복이고 선물이다.

목자인 사제들은 자신들에게 맡겨진 양들(신자들)을 위해 더 열심히 기도하고 더 따뜻하게 사랑하고 더 희생하고 봉사고 섬기는 삶을 살아야 한다. 사제들은 자신들의 뜻을 고집하기보다 하느님의 뜻에 따라 잘 살 수 있도록 해야 한다. 더불어서 하느님을 위해, 교회 공동체를 위해, 세상을 위해, 사람들을 위해, 봉사하고 희생의 삶을 사는 사제들과 수도자들이 많이 나올 수 있도록 더 많은 관심과 기도를 해야 한다.

한국 천주교회의 '큰 빛'

착하게 성실하게 사는 사람이 결코 바보가 아니고 어리석은 사람이 아니다. 어려운 사람들을 위해 자신의 것을 나누는 사람, 다른 사람들을 위해서 묵묵히 희생하고 봉사하는 사람, 다른 나라에서 43년간 희생과 봉사의 삶을 살았던 소록도의 나환자들을 위한 마리안느와 마가렛 수녀 간호사들, 누가 있든 없든 건널목에서 신호를 잘 지키는 사람, 정직하고 바르게 사는 사람, 이런 사람들은 우리 시대에 '빛이 되고, 소금이 되고, 모범이 되는 사람들'이다. 바보가 아니다. 이상한 사람들이 아니다. 잘못된 사고(思考)를 가진 사람들이 아니다.

반면, 도덕적 양심이나 윤리적인 기준들을 중요하게 생각하지 않고, 적당히 눈치 보며 적당히 부정을 저지르며 살아가는 사람, 반칙을 일삼는 사람, 남몰래 부정적인 생각과 행동을 하는 사람, 법질서를 어기는 사람, 이런 사람들이 우리 시대에 잘못된 가치 기준을 뿌리내리려는 사람들이고 나쁜 사람들이다. 똑똑한 사람들이 아니다. 지혜로운 사람들이 아니다. 융통성이 있는 사람들이 아니다. 경계해야 할 사람들이다. 어둠의 사람들이다. 시대를 앞서가는 사람들이 아니다.

훗날, 나의 장례미사 때, 나를 추억하고 나를 그리워하면서 나를 기억하는 추도사에 이런 내용들이 있었으면 좋겠다. '참으로 착하게 살았다, 성실하게 살았다, 좋은 일을 많이 했다, 우리들에게 빛이 되는 삶을 살았다….'라는 추도사가 있기를 바란다.

이 세상에 '밝은 빛으로' 오신 예수님을 믿었던 김대건 신부는 우리 모두에게 빛이 되고 모범이 되는 삶을 살았다. 착하고 성실하게 반칙하지 않는 삶을 살았다. 김대건 안드레아(1821.8.21.-1846.9.16.) 신부는 한국 천주교회의 첫 번째 사제이고, 한국 천주교회의 103위 순교 성인들 가운데 가장 대표적인 인물이고, 한국 근대사에 최초의 유학생이었고, 한국 천주교회의 '큰 빛'이 되어 주었다. 김대건 신부의 생애를 간략하게 요약하였다.[48]

---

48) 강종민, 성(聖) 김대건 안드레아 신부, 기쁜소식, 2011년; 강종민, 길 내는 목자 수선탁덕 성인 김대건, 기쁜소식, 2021년 참조.

1. 1821.8.21. : 충청도 솔뫼(현 충남 당진군 우강면 송산리 솔뫼 성지)에서 아버지 순교 성인 김제준(이냐시오)과 어머니 고 우르술라의 장남으로 태어났다.

2. 1827년 정해박해 때 : 조부 김택현과 부친 김제준을 따라 서울(청파)에 갔다가, 경기도 용인 한덕골을 거쳐, 골배마실 산골로 피신하여 조부로부터 한학을 공부하였다.

3. 1836.4. : 경기도 용인의 '은이공소'에서 모방 신부에게 세례를 받은 뒤 최양업과 최방제와 함께 신학생 후보로 선발되었다.

4. 1836.12. : 중국 마카오의 신학교에 유학을 떠났다.

5. 1837.6.7. : 중국 마카오에 도착하였다.

6. 1844.12.15. : 최양업과 함께 만주 소팔가자에서 페레올 주교에게 부제품을 받았다.

7. 1845.8.17. : 상해 연안에 있는 금가항 성당에서 페레올 주교에게 사제품을 받았다.

8. 1845.9.28. : 제주도 용수리 포구(용수성지)에 표착하였다.

9. 1845.10.12. : 페레올 주교와 다블뤼 신부와 함께 충청도 강경포구에 귀국하였다.

10. 1846.6.5. : 메스트르 신부와 동료인 최양업 부제의 입국로를 개척하다가 순위도에서 체포되었다.

11. 1846.6.14. : 조정에서 김대건 신부의 뛰어난 외국어 실력과 학문을 국가의 인재로 쓰려고 회유하였고 혹독한 박해도 있었지만 흔들리지 않았다.

12. 1846.9.16. : 새남터에서 군문효수형으로 순교하였다.
13. 1846.10.26. : 미리내에 안장되었다.
14. 1857.9.23. : 비오 9세 교황이 가경자로 선포하였다.
15. 1925.7.5. : 비오 11세 교황이 로마 성 베드로 대성전에서 김대건 신부를 포함한 한국의 순교자 79위를 시복(諡福)하였다.
16. 1984.5.6. : 요한 바오로 2세 교황이 서울 여의도 광장에서 김대건 신부를 포함한 한국의 순교자 103위를 시성(諡聖)하였다.
17. 2019.11.28. : 2021년 '성 김대건 안드레아 신부님 탄생 200주년 희년'에 유네스코가 김대건 안드레아 신부님을 유네스코 세계기념인물로 선정했다.

예수님께서는 바리사이파 사람이면서 유다인들의 최고 의회 의원이었던 '니코데모와 대화'(요한 3,1-21)**에서 당신 자신이 이 세상을 환하게 밝혀줄 '빛으로' 이 세상에 왔는데**(요한 3,19 참조)**, 사람들은 '어둠'을 더 좋아하고 있었다고 안타까워하고 계신다.**

"하느님께서 아들을 세상에 보내신 것은 세상을 심판하시려는 것이 아니라 세상이 아들을 통하여 구원을 받게 하시려는 것이다.… 빛이 이 세상에 왔지만, 사람들은 빛보다 어둠을 더 사랑하였다. 그들이 하는 일이 악하였기 때문이다.… 그러나 진리를 실천하는 이는 빛으로 나아간다."(요한 3,17.19.21)

예수님은 이 세상을 환하게 밝혀줄 '빛으로' 이 세상에 오셨고, 예수님께서는 우리 신앙인들이 먼저 밝은 대낮처럼 '빛의 삶'을 살기를 바라고 계신다. 예수님께서 우리 인류에게 빛이 되어 오신 것처럼, 김대건 신부는 한국 천주교회의 빛이 되어 주었다. 김대건 신부는 예수님의 말씀처럼 이 세상에서 길지 않았던 짧은 생애를 밝은 대낮처럼 '빛의 삶'을 살았다. 김대건 신부는 한국 천주교회의 '1호 사제'가 되어, 결코 나약하지 않았고 부족하지 않았으며, 한국 천주교회의 가장 큰 빛으로 살았다.

김대건 신부는 무시무시한 박해 중에도 조금도 두려움 없이 조금도 타협하지 않고, 꿋꿋하게 하느님을 전하면서, 한 치의 흔들림도 없었으며, 기꺼이 하느님을 위해 하나뿐인 목숨까지 내어놓는 용맹함을 보여주면서 우리 신앙인들의 모범이 되어 주었다. 우리의 김대건 신부는 이렇게 한국 천주교회가 어떤 길을 걸어가야 할지를 밝게 밝혀주는 큰 빛이 되어 주었다. 김대건 신부와 우리 신앙의 순교자들은 하느님을 위해 온몸을 다해 증거하고 알리는 빛의 삶을 살았던 위대한 분들이다.

우리 신앙인들도 하느님을 증거할 수 있다면, 하느님을 드러낼 수 있는 역할을 할 수 있다면, 참으로 하느님의 축복이고 감사로운 일이다. 우리 신앙인들의 삶도 '빛의 삶'을 살아야 한다. 빛의 삶이란 칙칙한 어둠이 아닌 옆에 있으면 왠지 빛이 나는 삶을 말한다.

'빛이 나는 삶'이란 그렇게 어렵지 않다. 자신의 삶에 최선을 다해 열심히 사는 것, 성실하게 착하게 잘 사는 것, 따뜻한 마음으로 사는 것, 다른 사람들에게 좋은 모범이 되는 것, 다른 사람들을 위해 좋은 역할을 하는 것, 예쁘게 잘 사는 것, 멋지게 사는 것, 배려하면서 사는 것, 반칙하지 않는 것, 고집부리지 않는 것이 '빛이 나는 삶'이다. 어둡지 않게 살고, 그늘이 없이 슬픈 모습이 없이 밝게 명랑하게 산다면, '빛이 나는 삶'이다.

우리 신앙인들은 세례 성사 때 대부 대모로부터 상징적으로 '촛불'을 받으면서 그리스도의 빛을 받은 '빛의 사람들'이 되었다. 그래서 우리 신앙인들은 빛이 나는 삶을 살아야 한다. 어둡고 그늘진 모습이 아니라, 밝고 즐겁게 행복하게 빛이 나는 삶을 살아야 한다. 멀리서 바라만 봐도 빛이 나는 삶을 살아야 한다.

하느님께 고개를 숙이다

우리는 살아가면서 도저히 인간적인 힘으로, 인간적인 능력으로 해결할 수 없는 문제가 닥쳤을 때 어떻게 하는가? 실망하고 포기하고 좌절하는가? 어디 용한 점쟁이를 찾아가는가? 아니면, 성당에 가서 기도하면서 하느님의 도우심을 구해보는가?

하느님의 은총을 필요로 하는 신앙인들이 '하느님께서 은총을 주시려면 주시고, 말려면 마세요….'식의 '협박성 기도'는 어리석은 모습이다. 어린 시절 부모에게 투정 부리듯이 하느님께 투정 부린다고 쉽게 해결되지 않을 것이다. 하느님 앞에서 겸손해야 하고, 하느님께 고개를 숙여야 한다. 하느님 앞에서 자신을 낮추고, 하느님이 중심이 되어, 하느님께 의지하는 생활이 되어야 한다. 하느님께 고개를 숙인다는 것은 세상의 그 어떤 것보다 하느님이 가장 크시다는 것을 인정하는 것이다.

김대건 신부는 힘들고 어려울 때마다, 20대의 젊은 나이에도 불구하고, 실망하지 않고 포기하지 않고 하느님께 크게 의지하면서 희망의 끈을 놓지 않았다. 김대건 부제는 조선에 들어올 때 겪었던 어려움들을 스승 신부들에게 보낸 편지에서 잘 보여주고 있다.

"(페레올 주교님 입국을 주선하기 위해 한밤중에; 독자의 이해를 돕기 위한 저자의 덧붙임) …저 혼자 의주에서 이십 리가량 떨어진 산골짜기를 찾아들어 울창한 숲속 어둠침침한 나뭇가지 밑에 몸을 숨겼습니다.

사방에 눈이 쌓여 산촌이 모두 하얗고 싸늘한데 밤이 되기를 기다리자니 어찌나 지루한지 묵주기도를 수없이 거듭하였습니다. 해가 지고 천지가 어둠에 잠겼을 때 하느님의 도우심을 구하면서 그곳을 떠나 읍내를 향해 가는데 발소리마저 내지 않으려고 신발도 벗고 걸었습니다. 강을 건너고 길도 아닌 험한 곳을 달려갔습니다. 어떤 곳은 눈이 다섯 자 혹은 열 자나 높이 쌓여있었습니다.…

…저는 추위와 굶주림, 피로와 근심에 짓눌려 기진맥진한 채 남의 눈에 띄지 않으려고 거름더미 옆에 쓰러져 있었습니다. 인간의 도움을 전혀 기대할 수 없고 오로지 하느님의 도우심만을 고대하면서 먼동이 틀 때까지 녹초가 되어있었습니다.

그때 마침 저를 찾아다니던 신자들이 그곳에 나타났습니다. 그들은 저보다 먼저 왔는데 저를 만나지 못하자 되돌아갔다가 두 번째 온 것이라 합니다.…우리는 기쁨에 넘쳐 하느님께 감사를 드렸습니다.…

…모두 함께 길을 떠나 이레 만에 수도, 곧 한양에 도착하여 신자들이 마련해 둔 집에 들어갔습니다.… 방안에 갇혀 며칠을 지내니까 무슨 이유인지 알 수 없는 여러 가지 근심, 걱정으로 괴롭더니 마침내 병에 걸렸습니다. 마치 오장육부가 끊어지는 듯이 가슴과 배와 허리가 참을 수 없을 만큼 지독히 아팠습니다. 때때로 심하게 아프다가 좀 낫기도 하고, 이렇게 한 보름 넘게 앓았습니다.…

지금은 병이 다 나았으나 몸이 허약해져 글씨를 쓸 수도 없고 다른 것을 원하는 대로 할 수도 없습니다. 다른 것을 원하는 대로 할 수도 없습니다. 한 이십 일 전부터는 눈병까지 생겨서 고통을 받고 있습니다. 이렇게 가련한 처지의 허약한 몸인데도 불구하고 하느님의 도우심과 자비에 의지하여 페레올 주교님과 선교사 신부님들을 영접할 준비를 진행하고 있습니다.…

…(하느님; 독자의 이해를 돕기 위한 저자의 덧붙임) 당신께 대한 경외와 인자하심을 기억하시는 하느님과 복되신 동정 성모 마리아께서는 우리가 무사히 강남 여행을 마치고 돌아오게 해 주실 것을 희망하고 있습니다.…" (김대건 안드레아 부제의 열 번째 편

지, 1845년 3월 27일, 서울에서)⁴⁹⁾

김대건 부제는 고국에 들어오기 위해 겪었던 '긴박했던 상황' 속에서도 포기하지 않고 좌절하지 않고 도망가지 않고, 하느님께 크게 의지하였고 희망의 끈을 놓지 않았다. 김대건 부제는 언제나 사랑이신 하느님께 고개를 숙이며 하느님께 의지하였다. 그리고 하느님께서는 김대건 부제를 사랑으로 이끌어 주셨다.

예수님 당시의 회당장의 위치는 마을에서 가장 큰 어른, 가장 존경받던 위치, 종교적 사회적으로 그 위치가 높았던 인물이었다. 그런 회당장이 자신의 딸이 병들어 죽게 되어서, 체면 불구하고 당시 떠돌이 예언자로 불리우던 나자렛 예수님을 찾아가, 무릎을 꿇는 것보다 더 낮은 모습으로 '예수님의 발 앞에 엎드려' 예수님께 간절히 청하고 있다.

" '제 어린 딸이 죽게 되었습니다. 가셔서 아이에게 손을 얹으시어 그 아이가 병이 나아 다시 살게 해 주십시오.'하고 간곡히 청하였다."(마르 5,23)

---

49) 김대건 신부의 편지 모음, '이 빈들에 당신의 영광이', 정진석 옮김, 바오로딸, 2023년, 128-132쪽.

예수님은 회당장의 청을 받아주시고, 직접 회당장의 집을 방문하시어, 병든 소녀의 손을 잡고 "'탈리타 쿰!'… '소녀야, 내가 너에게 말한다. 일어나라!'"(마르 5,41)하시며 소녀의 병을 고쳐주신다. 예수님은 당신께 고개를 숙이고 겸손되이 당신께 의지하는 이들을 물리치지 않으신다. 야이로 회당장은 예수님을 크게 의지하고 예수님께 고개를 숙이고 무릎을 꿇으면서 예수님의 사랑과 은총과 축복을 받게 되었다.

하느님 앞에서 작아지고 낮아지고 겸손해지지 않는다면, 하느님을 믿는 신앙생활의 의미를 찾기가 어려울 것이다. 하느님께 고개를 숙이지 않으려면, 신앙생활을 하기가 어려울 것이다. 하느님께 가장 크게 의지하지 않으려면, 신앙생활을 할 이유가 없을 것이다. 신앙인들은 세상의 그 어떤 것보다 '하느님이 가장 크시다.'는 것을 인정해야 한다. 하느님을 믿는 신앙인이라면 하느님께 고개를 숙이고 하느님의 은총을 구하는 것은 지극히 당연한 모습이다. 하느님만이 '나의 기쁨이시고, 나의 희망이시고, 나의 유일한 구원자이시다.'라는 믿음이 필요하다.

겸손이란, 교만하지 않는 마음, 우쭐거리지 않는 마음, 잘난 척하지 않는 마음, 자신을 낮추는 마음이다. 하느님께 대한 믿음을 가지는데, 가장 중요한 요소 중에 하나는 겸손이다. 겸손은 하느님께 대한 더 깊은 믿음을 가지는데, 하느님께 대한 더 튼튼한 믿음을 가지는데, 매우 중요한 요소 중에 하나다. 겸손한 마음은 하느님 앞에서 자신을 낮추는 마음이고 하느님을 사랑하는 마음이다. 겸손한 마음으로 하느님께 고개를 숙이고 하느님께 의지하고 하느님께 간절히 기도하는 시간들을 만들어 보면 좋겠다.

보지 않고도 믿는 이들은 행복하다

성당에 다니는 사람에게 이렇게 물었다. '성당에서 누구를 믿습니까?' 질문이 조금 잘못되기는 했지만, 대답으로 '성당을 믿는다. 천주교를 믿는다. 성모 마리아를 믿는다. 신부님을 믿는다….' 하면 잘못된 대답이다. '하느님을 믿는다.' 하면 제대로 된 대답이다. '하느님'이 믿음의 대상이어야 한다. 제대로 된 믿음을 표현하자면, '하느님을 믿는다. 예수님을 통해서 알게 된 하느님을 믿는다. 하느님을 볼 수는 없지만 하느님의 아들이신 예수님을 믿는다.' 라고 말할 수 있어야 한다.

'하느님의 존재를 이해한다. 하느님의 존재를 안다.' 하면 인식론자의 말일 수 있다. 머리로만 이해하고 머리로만 알 뿐이지 하느님을 진짜로 믿지 않는 사람의 말이다. 또, '하느님을 믿지 않는다. 하느님의 존재를 모른다.' 하면 무신론자의 말일 수 있다.

'하느님을 볼 수는 없지만 하느님을 믿는다. 하느님께 전적으로 의지한다…' 하면 믿음을 가진 사람의 말이다. 하느님을 '마음으로, 온몸으로' 믿겠다는 것이다. 하느님을 보지 않고도 믿겠다는 참된 믿음이고, 참된 신앙인의 모습이다. 그래서 성당에 다니는 이유는 '하느님을 믿기 위해서, 영원한 생명을 얻기 위해서, 보다 더 착하게 살기 위해서, 보다 더 삶을 의미 있고 가치 있게 살기 위해서…' 성당에 다니는 것이다.

한국 천주교회는 출발과 동시에 정치 문화적인 배경 아래에서 천주교 신자라는 이유로 많은 박해를 받았던 종교였다. 우리 신앙의 선조들이 박해를 받던 시기에 '선교'하기가 쉬웠을까, 어려웠을까? 당시의 많은 사람들은 박해받는 천주교 신자들을 보고 '나도 천주교 신자가 되면, 저렇게 박해를 받겠구나, 죽겠구나, 멀리해야겠구나…' 생각했을 텐데, 오히려 박해시기에도 불구하고 천주교 신자들은 '끊어짐이 없이 꾸준히' 이어져 왔다는 사실이다.

하느님의 도우심인지 신기하게도 '천주교 신자가 되고 싶다는 생각을 했던 사람들이 많이 있었다.'는 역사적인 근거가 있다. 김대건 신부는 당시의 많은 사람들이 박해받는 천주교 신자들을 보고 무서운 생각만 했던 것이 아니라, 오히려 '착하고, 바르고, 정직하고, 진실한 삶'을 살고 있었던 '천주교 신자들의 좋은 모습'을 보고 많은 사람들이 천주교에 대해서 긍정적으로 생각하고 있었다고 전해주었다.

1844년 12월 15일 최양업과 함께 페레올 주교에게 부제품을 받은 김대건 부제는 1845년 1월초에 9년 만에 처음으로 홀로 한국 땅에 입국하였다. 그것도 잠시뿐 선교사 영입을 위한 방법을 모색하기 위한 목적으로 한국에 있는 4개월의 시간 동안 네 개의 편지를 썼는데, 그중에서 세 번째 편지인 '열한 번째 편지'를 보자.

"신자들은 박해와 굶주림에 억눌려있었고 대부분이 집도 없이 여기저기 떠돌아다니다 체포되어 몰살당하는 비참한 상황이었습니다. 그래서 외교인과 포졸들까지도 신자들을 동정한 정도였습니다.…

신부님들(앵베르 주교님, 모방 신부님, 샤스탕 신부님; 독자의 이해를 돕기 위한 저자의 덧붙임)은 자진하여 포졸들에게 가셨고 또 신자들은 신부님들을 한사코 만류하지 않았으며… 포졸들은 신부님들을 보자 관례가 아님에도 부드럽게 대하였고 예의 바르게 처신하였습니다. 관장들도 많은 동정을 베풀었습니다.…

(신자들은; 독자의 이해를 돕기 위한 저자의 덧붙임) 또다시 전진하기 시작하였습니다. 신자들은 점차 열성을 내고 그 수도 날로 늘어나고 있습니다. 배교자들이 참회하고 하느님께로 돌아오고 있습니다. 외교인들에게 설교한 사람은 없지만 많은 사람이 그들의 오류를 버리고 가톨릭을 받아들이고 있습니다. 천주교 신자가 되려는 외교인들이 많지만 박해가 무서워 그들에게 종교를 전하려는 엄두를 감히 내지 못합니다.

거의 모든 백성이 그리스도를 찬양하고 그 종교가 참된 종교임을 고백하면서 박해가 없었더라면 자신들도 신자가 되었을 것이라고 합니다. 따라서 박해가 무서워서 감히 귀의하지 못하고 있을 따름입니다. 포졸들은 서로 이렇게 수군거립니다.

'만일 박해가 없다면 누구라도 송아지 새끼가 아닌 이상 천주교 신자가 되기를 마다하지는 않을 거야.'

'천주교는 참으로 훌륭한 종교이기는 한데, 우리가 만일 신자가 되면 우리 마음대로 행동해서는 안 된다는군. 온갖 모욕을 참아내고 언제 어디서나 겸손해야 한다네. 자기 자신과 사물을 경시하며 모욕을 받더라도 보복해서는 안 된다네.'…

…일반적으로 외교인들은 천주교 신자들이 정직하다고 알고 있고 신자들의 비참을 동정합니다. 그리고 박해 때는 신자들에게 여러 가지 은혜를 베풀어 주었습니다. 외교인들은 어떤 좋은 것이나 놀라운 것을 발견하면 '필시 천주교 신자의 소행일 것이다'라고 말합니다. 외교인들끼리도 어떤 것을 올바로 행하는 사람을 보면 '자네도 천주교 신자인가? 그래서 바르게 행동하려고 하나?'라고 농담을 합니다.…"

(김대건 안드레아 부제의 열한 번째 편지, 1845년 4월 6일, 서울에서)[50]

---

50) 김대건 신부의 편지 모음, '이 빈들에 당신의 영광이', 정진석 옮김, 바오로딸, 2023년, 135-141쪽.

김대건 부제가 편지 내용을 통해서 전해주는 우리 신앙의 선조들은 부활하신 예수님을 직접 목격하지도 못했고 체험하지도 못하였지만, 예수님을 믿고 '착하게, 바르게, 정직하게, 진실하게' 살았던 분들이었다.

예수님께서는 '보지 않고도 믿는 이들은 행복하다.' 하신다. 예수님께서 토마스에게 "너는 나를 보고서야 믿느냐? 보지 않고도 믿는 사람은 행복하다."(요한 20,29) 하신다. 예수님께서는 당신의 부활을 보지 않고도 당신의 부활을 믿는 사람은 행복하다 하신다.

우리 신앙의 선조들은 예수님을 보지 않고도 온 마음을 다해 믿었던 참으로 행복한 분들이었다. 우리 신앙의 선조들은 하느님을 본 적도 없고 만난 적도 없었을 뿐만 아니라 토마스 사도와는 달리 부활하신 예수님을 직접 보지도 못하였고, 예수님을 알지도 못했고, 예수님의 말씀에 대해서 제대로 듣지도 못했었지만, 예수님을 굳게 믿고 하나뿐인 자신의 목숨까지도 내어놓으면서 신앙을 증거하였다.

또한, 우리 신앙의 선조들은 박해의 어려움 중에서도 '착하게, 바르게, 정직하고 진실하게' 살았는데, 우리 신앙의 선조들의 좋은 모범 덕분에 무시무시한 박해 중에도 믿음을 가지지 않았던 많은 사람들이 천주교 신앙을 잘 알게 되고 받아들이려 했다고 김대건 부제는 잘 전해주고 있다.

신앙을 갖기 위해서, 믿음을 갖기 위해서 누군가가 알려주고 가르쳐 주기도 해야 하지만, 잘 보여주기도 해야 하겠다. 우리 신앙의 순교 선조들처럼 생활 안에서 좋은 모범을 자주 보여주어야 우리의 모습을 보고 누군가가 믿음을 가지려고 성당에 다니려고 할 것이다. '나도 천주교 신자가 되면, 성당에 다니면, 저 사람들처럼 착하게, 바르게, 정직하고 진실하게 잘 살 수 있을까?' 생각할 수 있게, 신앙인들이 먼저 잘 살아야 할 것이다. 우리 신앙인들이 동네에서, 직장에서, 가족들 안에서 좋은 모습을 자주 보여주어야 우리 신앙인들의 모습을 보고 누군가가 천주교 신자가 되고 싶어 할 것이다.

우리가 아무것도 안하고 있는데, 누가 하느님을 믿으러 용기를 내서 성당에 나올 수 있겠는가? 그것은 지나친 요행이고 잘못된 생각이다. 우리 신앙인들이 사람들에게 하느님을 알려주고, 보여주고, 가르쳐 주고, 전해주어야 사람들이 천주교 신앙을 보다 쉽게 접근할 수 있을 것이다.

예수님의 '보지 않고도 믿는 사람은 행복하다.'(요한 20,29)는 말씀처럼, 사람들이 하느님을 잘 알 수는 없지만, 우리들의 좋은 모습 착한 모습들을 보고서라도 하느님을 믿을 수 있도록 우리 신앙인들이 생활 안에서 좋은 역할을 해 주어야 한다. 우리 신앙인들이 열심히 잘 사는 모습을 주변 사람들이 많이 보고 성당에 발걸음을 옮기는 일들이 많아지기를 희망한다.

오래 사는 것과 영원히 사는 것

나이 먹으면서 늘어나는 욕심들이 있다면 '식탐, 미탐, 재탐, 명탐'이 있다고 한다. '식탐'(밥食)은 맛있는 것만 골라서 먹는데, 맛 따라 전국을 찾아다니는 것이다. '미탐'(아름다울美)은 분장술을 말하는데, 성형과 분장과 명품 패션으로 껍데기를 꾸미는 것이다. '재탐'(재물財)은 끝없는 집념을 의미하는데, 돈 모으는 일에 끝까지 집념을 불태우는 것이다. '명탐'(목숨命)은 마지막까지 오래 살아 보겠다고 온갖 건강식과 보약을 끼고 사는 것이다. 그런데 이러한 욕심들을 다 채운다고 얼마나 더 오래 살 수 있을까 의문이다.

'오래 사는 것'과 '영원히 사는 것'은 다르다. '오래 사는 것'은 이 세상의 도움을 받아야 가능하다. 오래 살기 위해서는 뛰어난 의술이 동반되어야 하고, 좋은 음식들도 잘 섭취해야 가능할 수 있다. '영원히 사는 것'은 하느님의 도움을 받아야 가능한 일이다. 하느님을 믿고 잘 따라야 하느님 나라에서 영원한 안식을 누릴 수 있는 일이다.

우리 신앙의 순교 선조들은 '오래 사는 길'을 선택하지 않았고, '영원히 사는 길'을 선택하였다. 우리 신앙의 순교 선조들에게 '영원히 사는 길'이란 '순교의 길'이었다. 그들은 죽음의 길, 십자가의 죽음의 길을 통해서 영원히 사는 길을 걸어갔다.

사제품을 앞두고 고국 땅에 잠시 입국하여 선교사들의 입국로를 알아보고 있었던 김대건 부제는 자신이 직접 보고 들은 내용들을 스승 신부들에게 편지로 보고하였다. 이 편지에서 6년 전에 기해박해로 순교의 길을 가신 '조선교구 제2대 교구장 앵베르 주교, 모방 신부, 샤스탕 신부'의 순교 소식도 전해주었다. 이분들이 어떻게 '영원히 사는 길'을 걸어가셨는지를 잘 보여주고 있다.

> "신부님들(앵베르 주교님, 모방 신부님, 샤스탕 신부님; 독자의 이해를 돕기 위한 저자의 덧붙임)은 모두 신자들을 위해 계셨고, 또 신자들은 전부는 아니지만 거의 모두가 신부님들을 위해서 있었습니다. 신부님들은 신자들의 영혼과 육신의 구원을 열성적으로 돌보았습니다. 또 신자들은 신부님들을 보호하려고 힘껏 애썼습니다. 신자들은 가능한 한 신부님들을 숨겨드리려 했고 신부님들을 위해서 목숨을 내놓을 각오까지 하였습니다.…

…그리스도는 최후의 만찬을 끝내고 떠나가셨고, 신부님들은 최후의 만찬으로 미사성제를 봉헌하고 떠나갔습니다. 그리스도는 당신 양들을 위하여 자기 자신을 죽음에 내맡기셨습니다. 신부님들 역시 자기 양들을 위하여 최고의 형벌에 자신을 내맡겼습니다.…

신부님들은 죽음의 길로 떠날 준비를 하였습니다. 신자들이 몰려와 목자들을 바라보면서 자기들을 고아로 남겨놓고 죽음의 길로 가지 말라고 슬픔에 젖어 간청하였습니다. 신부님들은 어머니와 같은 애정으로 성경 말씀을 들려주면서 그들을 위로하였고, 자기들은 웃어른의 명령으로 죽음의 길로 간다고 타일렀습니다. 신자들은 신부님들을 만류할 수 없음을 알고 자기들도 따라갈 수 있게 해 달라고 눈물로 애원하였으나 신부님들은 허락하지 않았습니다.

마침내 신부님들은 미사성제를 봉헌한 다음 길을 떠나기 전 양들에게 마지막 작별인사를 하였습니다. 신자들은 더 이상 목자들을 뵐 수 없게 되었음에 통곡하였습니다.…

…그들(신부님들; 독자의 이해를 돕기 위한 저자의 덧붙임)은 하느님을 저버리라는 경고를 받았지만 더욱 큰소리로 하느님을 증언하였고, 신자들을 신고하라는 강요를 받았으나 이를 무시하였습니다. 그 때문에 또다시 참을 수 없는 가혹한 고문을 당하였습니다.

그들은 모든 형벌을 극복하고 사형을 선고받아 1839년 9월 21일 거룩한 피를 흘려 순교함으로써 하늘나라로 개선하였습니다. 거기서 그들은 영원히 다스릴 것입니다.…"

(김대건 안드레아 부제의 열한 번째 편지, 1845년 4월 6일, 서울에서)[51]

김대건 부제는 우리 신앙의 선조들이 특히 순교의 길을 걸어가신 사제들이 "거룩한 피를 흘려 순교함으로써 하늘나라로 개선하였습니다. 거기서 그들은 영원히 다스릴 것입니다."라고 하신 것처럼, '영원히 살 수 있는 하늘나라로 개선하였다'고, 그래서 '영원히 다스리게 되었다'고 전해주고 있다. 이렇게 우리 신앙의 순교 선조들은 영원히 사는 길을 걸어갔다. 우리 신앙의 선조들에게 영원히 사는 길은 '순교의 길, 죽음의 길, 십자가의 죽음의 길'이었다.

지금 우리 신앙인들이 '영원히 살기 위해서'는 어떻게 해야 할까? 오늘의 우리 신앙인들이 영원히 살기 위해서는 '성체성혈을 잘 먹는 길'이다. 예수님의 몸과 피를 잘 먹고 잘 마시는 길이다. 우리는 우리 신앙의 순교 선조들처럼 '순교의 길'을 갈 수는 없다. 그러나 지금 우리 신앙인들에게 영원히 사는 길은 성체성혈을 잘 먹는 길 외에는 다른 길이 없다.

십자가의 죽음의 길을 앞두신 예수님께서는 제자들과 마지막 만찬인 최후의 만찬을 하시면서 성체성사를 세워주시고 당

---

51) 김대건 신부의 편지 모음, '이 빈들에 당신의 영광이', 정진석 옮김, 바오로딸, 2023년, 135-139쪽.

신 자신을 '영원한 생명의 양식'으로 내어 주셔서 당신을 먹도록 섭리하셨다.

"제자들이 떠나 도성 안으로 가서 보니, 예수님께서 일러 주신 그대로였다. 그리하여 그들은 파스카 음식을 차렸다.… 그들이 음식을 먹고 있을 때에 예수님께서 빵을 들고 찬미를 드리신 다음, 그것을 떼어 제자들에게 주시며 말씀하셨다. '받아라. 이는 내 몸이다'. 또 잔을 들어 감사를 드리신 다음 제자들에게 주시니 모두 그것을 마셨다.… '이는 많은 사람을 위하여 흘리는 내 계약의 피다.'"(마르 14,16.22-24)

예수님의 몸과 피는 우리 신앙인들이 영원히 살기 위한 '생명의 음식, 영원한 생명의 음식'이 되었다. 우리 신앙인들이 영원히 살기 위해서는 '예수님을 잘 먹는 일'이다. 예수님을 잘 먹을 때, 우리 신앙인들은 오래 사는 것보다 더 오래 영원히 살 수 있다. 우리 신앙인들의 영적인 '건강식품'은 '예수님'이다. 예수님의 살과 피를 잘 먹는 일이 신앙생활을 잘하는 '첫 번째 방법'이다. '예수님을 잘 먹으면 죽지 않는다.', '예수님을 잘 먹으면 영원히 살 것이다.'라고 말 할 수 있다.

우리 신앙의 선조들은 '오래 사는 길'보다 '영원히 사는 길'을 '순교'로서 잘 보여주었다. 오늘의 우리 신앙인들도 오래 사는 길도 중요하지만, 영원히 사는 길을 소홀히 하지 말아야 한다. 하느님을 믿는 신앙인들이 '오래도 살고 영원히도 살 수 있기 위해서'는 미사 중에 '성체'(聖體)를 잘 먹는 신앙생활을 하면서 영육간에도 건강한 신앙생활이 되어야 한다.

하느님은 인생의 동반자

인간이 모든 것을 다 가질 수 있고, 다 섭렵할 수 있고, 다 해결할 수 있을 것 같은데, 폭우 폭염 폭설과 같은 대자연의 현상들 앞에서, 아무것도 아님을 알게 되는 미약한 존재이다. 로봇, 스마트폰, 위대한 과학의 시대가 펼쳐지는 듯하여, 세상 모든 것을 다 갖고 다 지배할 수 있을 것 같지만, 인간은 대자연 앞에서는 그저 작은 미물에 불과하다.

2015년 '메르스', 2019년 말에 시작된 '코로나 19' 앞에서 우리 인류는 속수무책이었다. 아무 것도 할 수 없는 현대의 과학, 그저 하늘만 쳐다보아야 하는 우리들이었다. 하느님께서 우리의 인생이라는 배에 함께 계시지 않는다면, 우리는 너무도 힘들고 어려울 것 같다. 그러나 하느님께서 우리와 함께해 주신다면, 한결 가볍고 편안할 것이다.

김대건 신부는 언제나 하느님과 성모님께 크게 의지하였고, 하느님께서는 김대건 신부의 짧은 생애 중에도 늘 함께해 주셨다. 부제품(1844.12.15.)을 받은 김대건 부제는 9년 만에 고국에 돌아와, 조선에 선교사 영입을 위한 입국로를 개척하기 위해 노력하였다.

김대건 부제는 1845년 4월 30일 작은 목선(훗날 '라파엘호'라 명명)을 구해 제물포항을 떠나 중국으로 향하였는데, 거센 폭풍우를 만나 죽음을 넘나드는 무서운 상황을 겪게 되었다. 그러나 김대건 부제는 '하느님과 성모님'께 크게 의지하며 어려운 상황을 이겨냈다.

> "…(제물포항을 떠나 중국으로 향하면서; 독자의 이해를 돕기 위한 저자의 덧붙임) 저는 모든 준비를 마치고 11명의 신자들과 함께 배에 올랐습니다. 이들 가운데 네 명만 사공이고 나머지는 모두 바다를 구경도 못한 사람들입니다.…
>
> …첫 날은 순풍을 만나 항해가 순조로웠으나 그 후 갑자기 비를 동반한 큰 폭풍우가 3일 동안 밤낮으로 계속되었습니다. 이 폭풍우로 말미암아 30척 이상의 강남(상해) 배가 유실되었다 합니다.
>
> 우리가 탄 배는 바다에 한번도 나가본 적이 없는 작은 배였는데 폭풍우가 점점 심해지자 파도 때문에 몹시 뒤흔들리고 무섭게 내던져져서 거의 침몰할 지경이었습니다.…

…그래서 저는 하느님 다음으로 우리의 유일한 희망이신 성모님의 기적 상본을 내보이면서 '겁내지 말라, 우리를 도와 주시는 성모님이 여기 계시다'는 말로 그들을 위로하고 격려하였습니다.…

…얼마 후 거센 물결에 키가 부러져 떠내려갔고 배는 폭풍과 파도에 까불리며 대양으로 떠밀려 갔습니다. 그래서 물결을 막으려고 돛들을 묶어서 배 뒤에 달아매어 물에 띄웠는데 그것마저 그만 줄이 끊어지면서 떠내려가고 말았습니다. 배 밑에 깔았던 나무토막들을 멍석에 싸 묶어 띄웠으나 그것 역시 파도에 떠내려갔습니다. 이제는 인간의 구원을 전혀 기대할 수 없는 처지가 되어 오직 하느님과 복되신 동정 마리아께 의탁하고 누워 잠을 청했습니다. 문득 잠에서 깨어나 보니 비도 그치고 풍파도 약했습니다. 하루가 지나면서 우리는 기운을 회복하기 시작했습니다.…

…지극히 영화로우신 우리 동정 성모님께 깊이 의탁하고, 배에 남아있던 나무를 있는 대로 다 거둬 돛대와 키를 만들었습니다.

대략 닷새 동안 바람을 거슬러 항해하였더니 우리는 강남성 해안에 도착하였고 멀리 산이 보였습니다.…

…우리는 인간의 구원을 바랄 수 없어 오로지 하느님의 도우심만 믿고 있었습니다. 그러던 중 마침 산둥 배 한 척이 나타났는데… 우리 배를 그 배에 달아매고 대략 8일 동안 줄곧 바

람을 거슬러 가다가 또 폭풍우를 만났으나 하느님의 도우심으로 무사할 수 있었습니다.…"

(김대건 안드레아 부제의 열여섯 번째 편지, 1845년 7월 23일, 상해에서)[52]

김대건 부제와 일행 신자들은 '하느님과 성모님'께 크게 의지하면서 거센 풍랑 속에서 그들의 마음은 평온해졌고, '하느님과 성모님의 도우심으로' 거센 풍랑을 잘 이겨내고 무사히 목적지까지 도착할 수 있었다.

예수님께서도 선교 여행 중에 제자들과 함께 배를 타시게 되었는데, 갑자기 거센 돌풍이 일어 배가 뒤집혀질 상황까지 이르게 되었다. 피곤하신 예수님께서는 주무시고 계셨는데, 제자들은 "스승님, 저희가 죽게 되었는데도 걱정되지 않으십니까?"(마르 4,38) 하였고, "그러자 예수님께서 깨어나시어 바람을 꾸짖으시고 호수더러, '잠잠해져라. 조용히 하여라!' 하시니 바람이 멎고 아주 고요해졌다."(마르 4,39) 제자들은 놀란 모습으로 "도대체 이분이 누구시기에 바람과 호수까지 복종하는가?"(마르 4,41) 한다.

---

[52] 김대건 신부의 편지 모음, '이 빈들에 당신의 영광이', 정진석 옮김, 바오로딸, 2023년, 155-159쪽.

예수님께서는 거친 파도에 크게 흔들리고 있던 제자들의 배를 든든하게 잡아주시고 거센 바람까지도 잔잔하게 다스려 주셨다. 제자들에게 예수님은 언제나 든든한 '희망'이고 '기둥'이고 '힘'이 되시고, 사람과 대자연까지 좌지우지하시는 '하느님'이시고, 이 세상의 영원한 인생길의 '동반자'이셨다. 제자들의 인생길에 예수님께서 함께 하여 주시니 제자들은 아무런 근심 걱정이 없었다.

예수님께서 제자들과 함께해 주신 것처럼, 하느님과 성모님께서 김대건 부제의 인생길에도 함께해 주신 것처럼 하느님께서 우리의 인생이라는 배에도 함께해 주신다면, 우리의 인생길은 한결 가볍고 편안할 것이다. 우리가 하느님께 더 의지하고, 하느님을 삶의 중심으로 모시는 생활을 더 잘 하게 된다면, 우리의 인생길은 그렇게 힘겹거나 힘들지 않을 것이다. 우리가 하느님께 자주 기도하는 신앙생활을 한다면, 우리의 삶이 그렇게 조바심이 생기거나 서두르지 않아도 될 것이다.

우리들의 세상이 한때 '코로나 19'로 힘겹고, 어렵고, 어수선하고 복잡했었다. 아주 거친 바람이 불고 우리들의 일상이 잔잔하지 않았다. 사랑이신 하느님께서 우리들의 인생길에 더 깊이 관여하셔서, 거친 바람이 불고 있는 우리나라와 전 세계를 늘 언제나 잔잔하게 진정시켜 주셨으면 좋겠다.

우리는 특히 우리들의 인생길에도 사랑이신 하느님을 자주 '초대'해야 하겠다. 기회 있을 때마다 하느님께서 '부족한 우리들을 위해서 도움을 주십사'고 자주 기도해야 하겠다. 우리들의 인생길에 하느님께서 '늘 함께해 주시기를' 바라면서 하느님을 자주 초대해야 하겠다. 우리들의 삶의 가장 중요한 인생의 동반자가 '하느님'이 되기를 희망해야 하겠다. 사랑이신 하느님을 자주 초대하고, 하느님께 크게 의지하고, 하느님과 함께하는 삶을 살아야 하겠다.

첫 미사

대한민국 사람으로서 '제주도'를 싫어하는 사람은 아무도 없을 것이다. 천혜의 아름다운 자연경관을 자랑하는 제주도는 언어, 문화, 생활 양식 등이 육지와 닮은 듯 다른 곳이다. 제주도는 다양한 화산과 해안 지형, 희귀한 동식물을 만날 수 있어 '자연' 그 자체가 박물관이다. 어디를 가도 좋은 추억을 만들 수 있는 곳이다.

한국 천주교회의 최초의 사제이신 김대건 신부도 그 옛날에 제주도에 방문하신 적이 있었다. 제주도에 김대건 신부와 관련된 성지가 있는데, 제주도 차귀도 근처의 '용수성지'가 그곳이다. 천주교 신자로서 제주도에 가면 한 번 정도는 들러야 할 곳이다. 그 옛날 김대건 신부가 제주도에 왜 가셨고, 제주도 어디에서 무엇을 하셨는지 알아보자.

1836년 (1월에 조선에 입국한) 모방 신부는 3명의 충청도 출신 소년들(최양업 토마스, 최방제 프란치스코 하비에르, 김대건 안드레아)을 신학생으로 선발하였고, 그해 12월 3명의 신학생들은 서울을 출발하여 중국 대륙을 횡단하고 1837년 6월 7일에 마카오에 도착하였다.

시간이 흘러, 1844년 12월 15일 김대건은 페레올 주교로부터 부제품을 받고, 이듬해 1월 조선에 주교와 신부들을 영입하기 위한 사전 답사 목적으로, 걸어서 홀로 조선에 입국(서울까지)하였지만, 어머니(고 우르술라, 아버지 김제준 이냐시오는 1839년 9월에 순교)도 만나보지 못하였다. 김대건 부제는 다시 1845년 4월 30일에 천주교 신자 11명과 함께 작은 배(라파엘호)를 타고 제물포항(현 인천항)을 떠나 중국 상해로 돌아갔다.

그 후, 김대건 부제는 1845년 8월 17일(일) 상해 금가항(金家巷) 성당에서 청국인 신부 1명 서양인 신부 4명 그리고 조선 선원들을 비롯하여 교우들이 참석한 가운데 페레올 주교로부터 사제품을 받았다. 서품 후 일주일 뒤인 8월 24일(일) 김대건 신부는 상해에서 3-40리 떨어진 횡당신학교 성당에서 다블뤼 신부의 보좌를 받으며 첫 미사를 봉헌하였다.

8월 31일 조선 교회를 위해 페레올 주교, 다블뤼 신부, 김대건 신부, 교우 및 선원 등 14명이 승선한 '라파엘호'는 조선을 향해 상해항을 출항하였다. 페레올 주교는 '여행자들의 수호자인 대천사 라파엘'의 이름을 따서 '라파엘호'라 이름을 붙여주었다. 이 '라파엘호'는 김대건 신부 일행이 제물포항(인천항)에서 출발하여 상해에 도착하여, 다시 조선의 제주도를 거쳐 충청도 강경 포구에 도착할 때까지 5개월 23일간의 항해 동안 이 배와 생사를 함께 했다.

김대건 신부 일행은 출항한 지 3일 만에 서해 바다에서 풍랑으로 표류하다가 9월 28일 제주 차귀도에 표착하였다. 여기서 2-3일 동안 배를 수리하고 음식 등을 준비하여 10월 1일 김대건 신부 일행은 이곳을 떠났다. 그후 1845년 10월 12일 김대건 신부 일행은 금강 하류의 황산리(강경 황산포)에 도착하였다. 비로소 김대건 신부는 사제로서 조선 땅에(육지에) 첫발을 디디게 되었다. 페레올 주교와 다블뤼 신부와 함께 고국에 돌아온 김대건 신부는 10년 만에 홀로 남아 계신 어머니와 교우들을 만나는 감격을 누렸고, 함께 미사를 봉헌하였다.

그런데, 김대건 신부 일행은 제주에서 무엇을 하였을까? '미사'를 봉헌하였다. 천주교회의 사제들에게 여러 의무들이 있다면, 그중에 하나가 '매일 미사 봉헌'이다. 더군다나 김대건 신부와 함께했던 분들이 조선교구 3대 교구장 페레올 주교와 훗날 5대 교구장이 되실 다블뤼 신부도 함께 했었으니, 그들이 제일 먼저 했던 일은 '미사 봉헌'이었을 것이다. 분명 김대건 신부의 일행은 제주도에서 풍랑으로 부서진 배를 고치고 음식물을 구하고 그리고 '미사'를 드렸다.

제주도 용수성지에 가면, 제주도의 구멍 뚫린 거친 바위틈 사이에서 김대건 신부는 페레올 주교와 다블뤼 신부와 함께 한국에서 첫 미사를 드리는 모형도가 있다. 지난 2021년 3월 13일 제주교구장 문창우(비오) 주교가 차귀도에서 김대건 신부의 첫 미사 봉헌을 재현하는 미사를 드리기도 했었다.

한국 천주교회에서 사제품을 받은 새 사제의 첫 미사 장소는 대부분 자기의 고향 본당(출신 본당)에서 봉헌하게 된다. 김대건 신부는 1845년 8월 17일 중국 상해 금가항(金家巷) 성당에서 페레올 주교로부터 사제로 서품되었고, 일주일 뒤인 1845년 8월 24일 중국 상해 송강구(松江區) 횡당(橫塘) 신학교 성당에서 첫 미사를 봉헌하였다. 김대건 신부는 유학 중이었고, 또한 한국 천주교회는 당시에 박해를 받던 상황이었기에 어쩔 수 없었다.

또한, 김대건 신부가 한국 땅에서 '첫 미사를 봉헌한 장소'는 김대건 신부가 태어난 충남 당진 합덕의 솔뫼성지도 아니요, 그의 한반도 도착 기념 성지인 나바위 성지도 아니요, 충청도 강경 어느 교우의 집도 아니요, 그의 순교 장소인 새남터 성지도 아니요, 바로 1845년 9월 28일 제주도 서쪽 차귀도의 구멍 뚫린 바위틈 사이였다.

김대건 신부와 제주도 차귀도(용수성지)를 연결 지어 생각해 보면, 우리 천주교 신앙인들에게 제일 중요한 것은 바로 '미사 참례'라는 사실을 기억하게 한다. 사제는 여행 중에 어디를 가나 제일 먼저 챙겨야 할 것은 '무엇을 먹을까, 어디에서 잘까, 어디를 구경할까?'를 생각할 게 아니라, '미사를 언제 어디에서 드릴까?'를 생각한다. 그래서 사제와 함께 떠나는 성지순례나 여행이라면 반드시 미사를 드린다. 미사를 드리는 일은 사제가 가장 먼저 신경 써야 할 일이다. 미사는 예수님의 수난과 죽음과 부활을 기념하는 일이기 때문이다.

부활하신 예수님께서 제자들과 처음 만나자마자 하신 행동은 "평화가 너희와 함께!"(루카 24,36) "여기에 먹을 것이 좀 있느냐?"(루카 24,41) 하시면서, 제자들과 음식을 나누시고 그리고 당신에 관한 율법과 예언서와 시편에 기록된 모든 것이 이루어져야 한다며 "성경을 깨닫게 해 주셨다."(루카 24,45)

십자가의 죽음을 앞두신 예수님께서 제자들과 마지막으로 식사를 하시면서 성체성사를 세우셨고, 부활하신 예수님께서 엠마오로 가는 두 제자들에게 나타나셔서 성경 말씀을 해설해 주시고 빵을 나누어 주셨다. 성체성사를 생각하게 해 주는 예수님의 행동이었다. 그리고 부활하신 예수님께서 제자들에게 처음으로 나타나셔서 행하신 것도 성체성사의 예표가 되는 '성찬의 전례와 말씀의 전례'를 떠오르게 하시는 '미사'를 행하셨다는 것이다. 부활하신 예수님께서는 '말씀을 듣고, 음식을 나누는 일'이 우리 신앙인들에게 매우 중요하다는 것을 보여주셨다.

우리의 김대건 신부도 긴박했던 조선 입국 여정 중에서 '미사'를 중요시 여겼던 것처럼, 우리 신앙인들도 어떤 상황 속에서도 천주교 신자들의 핵심은 '미사 참례'라는 것을 잊지 말아야 한다. 미사 참례를 하지 않고 신앙인이라 말할 수 없다. 미사 참례하지 않는 신앙인은 올바른 신앙인이라 말할 수 없다. 우리 천주교 신자들에게 제일 중요한게 무엇이냐고 묻는다면 '미사 참례'다.

본당 신부가 좋아하는 사람은 어떤 사람일까? 본당 신부는 시끄러운 사람보다 말없이 봉사하는 사람을 좋아한다. 본당 신부는 분열을 일으키는 사람보다 친절하고 따뜻한 사람을 좋아한다. 본당 신부는 미사 참례를 잘 안 하는 신자보다 미사 참례를 잘하는 신자들을 아주 좋아한다.

밀알 하나와 같은 삶

 폴란드 남쪽에 소재한 소도시 크라쿠프(Krakow)에서 서쪽으로 약 50km 지점에 있는 '아우슈비츠'는 제2차 세계대전을 겪으면서 유대인 학살의 대명사가 되었다. 1941년 7월말 폴란드의 '아우슈비츠 강제 수용소'에서 포로 하나가 탈출하였다. 24시간 안에 잡히지 않을 경우, 다른 10명이 대신 죽음을 맞이해야 했다. 그들 중에 한 명인 프란치세크 가조우니체크(+1995년)는 "제발, 절 살려주세요. 내겐 아내가 있어요. 불쌍한 자식도 있구요, 제발."라며 빌었다.
 그때 콜베 신부가 "저 사람 대신 제가 죽게 해주십시오." 하고 나섰다. "너는 누구지?" "16670번, 막시밀리안 콜베, 가톨릭 신부입니다. 결혼하지 않았기에 아이도 없습니다. 부디 저 사람과 바꿔주십시오." 콜베 신부는 아사(餓死) 감방을 자원하였고,

결국 감방에서 운명하였다.(+1941.8.14.) 콜베 신부는 나치 희생자 가운데에서 최초로 1982년 시성되었다. 한 사제가 한 남자와 한 가족을 살렸다. 성 막시밀리안 콜베 신부(1894-1941.8.14.)는 죽음의 그림자 아래에서 '살신성인의 삶, 썩는 밀알의 삶'을 잘 보여주었다.

김대건 신부도 박해와 죽음의 그늘이 짙게 드리워진 감옥 생활 안에서도 의연한 모습을 잃지 않았다. 김대건 신부는 선교사 영입 방도를 개척하는 중, 1846년(헌종 12년) 6월 5일 백령도 순위도 부근에서 관헌들에게 체포되었다. 그리고 서울로 압송된 후, 스승 신부들에게 보낸 열아홉 번째 편지에서 '죽음'을 앞두신 당신의 심정을 잘 보여주고 있다.

"…돌아오는 길에 저는 네 명의 신자와 함께 체포되어 다 같이 결박당한 몸으로 수도 서울로 압송되었습니다. 서울로 오는 길에 들른 여러 읍내에서는 밤마다 우리를 구경하려고 사람들이 모여들었습니다.

저는 마치 외국인처럼 체포되었습니다.…

…지금은 포졸들이 신자들을 잡으려고 사방에 파견되었다는데 누구보다도 공경하올 주교님의 복사인 이 토마스를 체포하려 한답니다. 주교님과 신부님도 체포될까 염려됩니다. 저는 편지 때문에 무수히 많은 심문을 당하였는데 이로 미루어 보아

이번에도 큰 박해가 일어날 듯합니다. 저는 함께 갇혀있는 신자들에게 고해성사로 용기를 북돋아 주고 예비신자 두 사람에게는 세례성사를 주었습니다. 제가 있는 감옥에는 열 명이 함께 갇혀있고 다른 감옥에는 7~8명 정도의 신자들이 갇혀있는 것 같습니다.…

…이만 붓을 놓으며 공경하올 여러 신부님께 마지막 하직 인사를 드립니다.

지극히 고귀하신 베르뇌 신부님, 안녕히 계십시오.
지극히 공경하올 메스트르 신부님, 안녕히 계십시오.
지극히 공경하올 리브와 신부님, 안녕히 계십시오.
지극히 공경하올 르그레즈와 신부님, 안녕히 계십시오.

머지않아 천당에서, 영원하신 성부 대전에서 만나뵙기를 바랍니다. 저를 대신하여 모든 공경하올 신부님들께도 인사드려 주시기를 청합니다.

지극히 사랑하는 나의 형제 토마스(최양업; 독자의 이해를 돕기 위한 저자의 덧붙임), 잘 있게. 이후 천당에서 다시 만나세. 그리고 내 어머니 우르술라를 특별히 돌보아주기를 그대에게 부탁하네.

그리스도의 이름을 위하여 결박당한 저는 그리스도의 권능을 굳게 믿고 있습니다. 하느님께서 혹독한 모든 형별을 끝까지 용감하게 이겨내도록 도와주시기를 바랍니다.

하느님, 저희를 불쌍히 여기소서. 저희를 불쌍히 여기소서.
저희의 환난을 굽어보소서. 주께서 저희의 죄악을 살피신다면 주님, 누가 감히 당할 수 있으리까!!

지극히 공경하올 신부님들, 안녕히 계십시오.…"

(김대건 안드레아 신부의 열아홉 번째 편지, 1846년 음력 6월 8일, 감옥에서)[53]

김대건 신부는 기도할 줄 알았기에 희생할 줄도 알았다. 늘 언제나 한국 천주교회를 위해서 '기도'하였고, 늘 언제나 한국 천주교회를 위해서 '희생의 삶'을 살려고 준비하였고, 결국에는 자신의 목숨까지도 '희생 제물'로 내어놓는 '죽음의 길'을 걸어갔다. 김대건 신부는 기도하면서 '밀알 하나와 같은 희생의 삶'을 살았다.

예수님께서는 보잘것없는 밀알 하나가 떨어져 죽었는데, 나중에 많은 열매를 맺게 되었다 하신다.

"밀알 하나가 땅에 떨어져 죽지 않으면 한 알 그대로 남아 있고, 죽으면 많은 열매를 맺는다. 자기 목숨을 사랑하는 사람은 목숨을 잃을 것이고, 이 세상에서 자기 목숨을 미워하는 사람은 영원한 생명에 이르도록 목숨을 간직할 것이다."

(요한 12,24-25)

---

[53] 김대건 신부의 편지 모음, '이 빈들에 당신의 영광이', 정진석 옮김, 바오로딸, 2023년, 178-180쪽.

보잘것없어 보이는 밀알 하나가 땅에 떨어져 죽어야 많은 열매를 맺을 수 있다는 것이다. 보잘것없는 '밀알 하나와 같은 한 사람의 작은 희생'이 많은 이들을 살리게 된다는 의미다.

김대건 신부는 '밀알 하나와 같은 희생의 삶'을 살았다. 김대건 신부는 당시에 사람들 눈에 잘 띄지 않는 '평범하고 보잘것없는 삶'을 살다가, 아무도 알아주지 않는 '의미없어 보이는 비참한 죽음'을 당하였다. 그러나 하느님께서는 김대건 신부의 죽음을 이 세상 그 어느 누구의 죽음보다도 가장 값진 죽음으로, 가장 큰 희생의 죽음으로, 가장 빛나는 멋진 죽음으로 이끌어 주셨다. 김대건 신부의 죽음은 비록 보잘것없는 '밀알 하나와 같은 작은 죽음'이었지만, 한국 천주교회를 위한 '희생의 죽음'이었고 많은 이들을 구원하는 '위대한 죽음'이 되었다.

우리 신앙인들도 '밀알 하나와 같은 삶'을 살아야 한다. '밀알 하나와 같은 삶'을 산다는 것은 '희생과 기도의 삶'을 사는 것이다. 우리 신앙인들은 사랑하는 사람을 위해서, 사랑하기 위해서, 적어도 작은 희생과 기도의 삶을 살아야 한다. 희생이 없는 사랑, 기도하지 않는 사랑은 진실하지 않은 사랑, 의미없는 사랑이다.

사랑하는 가족들을 위해 기도하고 희생할 줄 아는 사람은 가족들을 진실로 사랑하는 사람이다. 그러나 가족들을 위해 기도

하지 않고 희생하지 않는 사람은 가족들을 진실로 사랑하지 않는 사람이다. 본당 공동체를 위해 기도하고 희생할 줄 아는 사람은 본당 공동체를 사랑하는 사람이다. 그러나 본당 공동체를 위해 기도하지 않고 희생하지 않는 사람은 본당 공동체를 사랑하지 않는 사람이다. 우리나라와 전 세계를 위해 기도하고 희생하는 사람은 우리나라를 사랑하는 사람이고 전 인류를 사랑하는 사람이다. 그러나 우리나라와 전 세계를 위해 기도하지 않고 희생하지 않는 사람은 우리나라를 사랑하지 않는 사람이고 전 인류를 사랑하지 않는 사람이다.

사랑하는 사람을 위해서 기도하고 희생할 줄 아는 사람은 진실로 사랑하는 사람이고 따뜻한 사람이다. 우리가 기도하고 희생할 줄 안다면 우리는 따뜻한 사람이 될 수 있다. 사랑하는 사람들을 위해서 기도하고 희생의 삶을 살아야 한다. 사랑하기 위해서 기도하고 작은 희생의 삶을 살아야 한다.

고향(故鄕)에서 환영을 받지 못하다

제1차 세계대전(1914-18년)이 한창일 때, 1917년 5월 13일 포르투갈의 파티마의 들판에서 양들에게 풀을 먹이던 세 명의 어린 소년 소녀들에게 성모님께서 발현하셨다. '파티마의 성모 기적'이다. 여섯 차례에 걸쳐서 성모님이 발현하신 기적으로 성모님은 어린 목동들에게 말씀하셨다. 속죄와 회개를 위해 '로사리오 기도'를 자주 바칠 것과, '성직자들을 위해 기도'할 것을 당부하시고, '구원을 비는 기도'를 직접 가르쳐 주셨다.(지금 묵주기도 때 함께 바치는 구원의 기도로서, '예수님, 저희 죄를 용서하시며 저희를 지옥 불에서 구하시고 연옥영혼을 돌보시며 가장 버림받은 영혼을 돌보소서.')

성모님이 발현하신 2년 후와 3년 후에 3명의 소년 소녀들 중에 프란치스코와 히야친따가 세상을 떠났고, 유일한 생존자인 루치아는 '수녀'가 되었다. 루치아 수녀는 2005년 97세로 선종하였다. 그런데, 루치아 수녀는 자신의 회고록에서 성모님의 발현을 체험하면서 가장 고통스러웠던 일은 뜻밖에도 가장 가까운 가족들의 멸시와 박해였다고 한다. 루치아가 성모님을 만났다는 얘기를 하자, 언니들은 그녀를 캄캄한 방에 가뒀으며, 심지어 엄마는 빗자루로 루치아를 때리면서 거짓말을 고백하라고 다그쳤다. 누구보다 성모님을 공경하는 일에 열심이었던 가족들이 실제로 자신의 딸 앞에 성모님이 발현했음에도 불구하고 합심해서 구박하는 '박해자'가 되고 있었다.

김대건 신부는 어린 나이(15세)에 외국 유학길을 떠나, 9년이라는 짧지 않은 시간 동안 낯선 외국생활을 통해서 외국어를 익히고 외국 문화를 접하면서, 드디어 사제가 되어 오로지 하느님과 한국 천주교회를 위해서 품은 뜻을 반드시 이루겠다는 생각뿐이었다. 그리고 한국 천주교회의 최초의 사제가 된 후, 곧바로 그리운 땅, 어머니의 땅, 마음의 고향, 조국(祖國)에 돌아왔지만, 조국은 김대건 신부를 반기지 않았다. 같은 민족은 김대건 신부를 오히려 외국인처럼 박해하였다. 김대건 신부의 편지를 통해서 그 심정을 느껴보자.

> "…제 보따리에서 중국 물건이 나오자 포졸들은 저를 중국인인 줄로 믿었습니다. 이튿날 관장은 저를 출두시킨 뒤 중국인이냐고 물었습니다. 그리하여 저는 '아니오. 나는 조선 사람이오' 하고 대답하였습니다.…

…우리는 서울에 도착하여 포도청에 수감되었습니다. 포도청 사람들은 저의 말투를 들어보고는 '분명히 조선 사람이다'라고 단정하였습니다. 이튿날 재판관들이 저를 출두시켜 놓고는 '당신은 도대체 어느 나라 사람이오?'라고 묻기에 '나는 조선 사람으로서 중국에 가서 공부하였소이다'라고 대답하였습니다. 그러자 중국어 통역을 불러다가 저와 이야기를 시켜보았습니다.

1839년 박해(기해박해; 독자의 이해를 돕기 위한 저자의 덧붙임) 때 배반자(김여상)가 조선 소년 세 명이 서양말을 배우러 마카오로 떠났음을 일러바친 적이 있습니다. 또 저와 함께 잡힌 신자 한 사람이 제가 이 나라 사람임을 실토하였으므로, 신분을 오랫동안 감출 수가 없었습니다. 그래서 재판관들에게 '나는 그 세 소년 중의 하나인 김대건 안드레아요'라고 자백하는 동시에 조국으로 돌아오기 위해 겪어야 했던 일들을 모두 이야기하였습니다. 이야기를 듣고 있던 재판관들과 구경꾼들이 '가엾은 젊은이로다. 어려서부터 엄청난 고생을 많이도 하였구나' 하며 혀를 찼습니다.…

…재판관들은 '당신의 종교도 좋소. 우리도 우리의 종교가 좋기 때문에 믿소'라고 대답하였습니다. 그래서 저는 즉시 '당신들의 의견이 그러하다면 우리를 편히 지내도록 조용히 내버려 두어야 하지 않소? 그런데 그러기는커녕 당신들은 우리를 박해하고 극악한 범죄인보다 더 가혹하게 다루고 있소. 당신들

은 우리 종교를 옳고 좋은 종교라고 인정하면서도 마치 극악한 종교처럼 박해하고 있소. 이것은 자가당착이고 모순이오'라고 반박하였습니다. 이 말을 들은 그들은 대답 대신 그저 바보스럽게 웃기만 할 뿐이었습니다.…"

(김대건 안드레아 신부의 스무 번째 편지, 1846년 8월 26일, 감옥에서)[54]

김대건 신부는 그렇게 그립고 그리워했던 고향에 돌아왔지만, 같은 민족으로부터 환영을 받지 못하였다. 같은 언어, 같은 모습을 가진 사람들로부터 외국인으로 취급받았고, 극악한 종교를 신봉하는 염오주의자(染汚主義者)로 오해를 받았다.

예수님께서도 당신의 고향에서 환영받지 못하셨다. 예수님께서는 공생활을 시작하시면서 제일 먼저 고향 나자렛 사람들을 찾아가시고 회당에서 가르치기 시작하셨는데, 많은 사람들이 예수님의 말씀을 듣고는 매우 놀라서 이렇게 말하였다.

" '저 사람은 목수로서 마리아의 아들이며, 야고보, 요세, 유다, 시몬과 형제간이 아닌가? 그의 누이들도 우리와 함께 여기에 살고 있지 않는가?' 그러면서 그들은 그분을 못마땅하게 여겼다."(마르 6,3)

---

54) 김대건 신부의 편지 모음, '이 빈들에 당신의 영광이', 정진석 옮김, 바오로딸, 2023년, 187-191쪽.

'어, 이분이 메시아이신가? 저 사람은 요셉의 아들이 아닌가? 우리 동네에서 목수 일을 하던 그 사람의 아들이 아닌가?'라며 예수님의 고향 사람들은 예수님의 '주변적인 것들, 외적인 것들' 때문에 예수님의 '본래의 모습'을 알아보지 못하고 있었다. 예수님의 고향 사람들은 예수님에 대해서 '잘못된 편견들'과 '불완전 인간적인 잣대'들 때문에 예수님을 메시아로 받아들이지 못하고 있었다. 예수님과 가장 가까이에 있었던 예수님의 친척들과 고향 사람들은 예수님을 사랑하지 못하고 예수님을 따뜻하게 받아들이지 못하고, 예수님을 '미쳤다!'고 하면서 예수님을 부정적으로 단정 짓고 있었다. 예수님은 당신의 안타까운 심정을 토로하신다. "예언자는 어디에서나 존경받지만 고향과 친척과 집안에서만은 존경받지 못한다."(마르 6,4)

예수님도 김대건 신부도 당신의 고향에서, 고국에서, 가장 가까운 사람들로부터 환영받지 못하고 사랑받지 못하셨는데, 우리들도 가장 가까운 사람들로부터 사랑받지 못한다면, 너무도 가슴 아프고 괴롭고 힘들 수 있다. 그래서, 우리가 가장 먼저 사랑해야 할 사람, 사랑의 1차적인 대상은 나와 가장 가까운 사람들, 내가 잘 아는 가족들, 친구들이라는 사실이다. 내 눈앞에 내 옆에 있는 가장 가까운 사람들이 내가 가장 먼저 사랑해야 될 사람들이고, 내가 가장 소중히 여겨야 할 사람들이다. 나와 가장 가까운 사람들은 우리가 가장 먼저 사랑해야 될 '사랑의 첫 번째 대상'이고, 우리가 가장 먼저 지켜줘야 될 '가장 소중한 사람들'이라는 것을 잊지 말아야 한다.

나와 가장 가까운 사람들부터 사랑할 수 있어야 한다. 나와 가장 가까운 사람들부터 사랑하지 못하는 사람이 나와 멀리 떨어져 있는 사람을, 내가 잘 모르는 사람을 어떻게 사랑할 수 있겠는가? 나와 가장 가까운 사람들이 '나'를 먼저 사랑해 줄 사람들이 될 수 있고, 부족한 게 많은 '나'를 먼저 품어줄 사람들이 될 수 있고, 힘들어 하는 '나'를 먼저 위로해 줄 사람들이 될 수 있다.

'사랑'은 멀리에 있지 않다. '사랑'은 내 옆에 있다. 내가 누구보다도 잘 알고 있는 나와 가까운 사람들을 쉽게 생각하지 말고 소중히 여겨야 한다. 가까운 사람이라고 아무렇게나 함부로 해도 된다고 생각하지 말아야 한다. 내 옆에 있는 '따뜻한 사랑'을 느껴보자. 내 옆에 있는 '좋은 사람'을 알아보자.

'당신이 천주교인이오?'

'아라비안나이트'의 '신드바드의 모험'으로 유명한 나라 '오만'(Oman). '오만'은 멸종되어 가는 푸른 바다거북의 산란지로 전 세계에서 유명하다. 바다거북은 그 고기와 알의 맛이 일품이어서 사람들이 함부로 잡으면서 지금은 거의 멸종에 이르렀다고 한다. 바다거북은 모래를 헤치고 구덩이를 만들어 100개 정도의 알을 집중적으로 낳는다. 그리고 알에서 깨어난 거북의 새끼들은 바다로 나가 30년 가까이 살다가 보통 150-300kg으로 성장한 후에 자신이 태어난 '고향의 바닷가'를 찾아와 알을 낳고 다시 바다로 돌아간다고 한다.

과연 무엇이 그들을 30년 만에 돌아오게 하는 것일까? 이 회귀(回歸) 본능을 무엇으로 설명할 수 있을까? 하늘과 땅이 갈라지고, 밤하늘의 별과 달이 생겨나고, 뭍과 물이 갈라진 이후 거북은 끊임없이 '고향의 바닷가'로 돌아와 알을 낳고 살았다. '무엇'이 이들을 그렇게 하도록 이끌고 있는가?[55]

우리는 누구이며 어디에서 왔는가? 거북이 30여년 바다를 떠돌다가 정확히 자기가 태어난 고향을 찾아오듯이, 우리의 인생, 그 바다와 같은 인생의 마지막은 어디인가? 그리고 나는 어디로 돌아가는가? 우리가 다시 돌아가야 할 곳은 바로 '하느님 나라'이다.

1846년 6월 어느 날 김대건 신부는 몇몇 신자들과 함께 황해도 순위도 인근에서 선교사들을 입국시키기 위한 탐색을 하던 중에 관원들에게 체포되었다. 관가로 끌려온 그에게 관장이 처음으로 이렇게 물었다. "당신이 천주교인이오?" 김대건 신부는 이 질문에 "그렇소. 나는 천주교인이오… 나는 천주교가 참된 종교이므로 믿는 거요. 우리 종교는 하느님을 공경하라고 가르치고 또 나를 영원한 행복으로 인도해 주오. 나는 배교하기를 거부하오."라고 하였다. 관장의 "당신이 천주교인이오?"라는 질문은 '2021년 김대건 신부님 탄생 200주년'을 기념하는 주제어가 되었다.

---

55) 최인호, 누가 천재를 죽였는가, 여백, 2017년, 106-113쪽 참조.

"(관헌들이 한밤중에 와서; 독자의 이해를 돕기 위한 저자의 덧붙임)…미친 듯이 저에게 덤벼들었습니다. 그들은 제 머리카락을 한 움큼 잡아 뽑고 포승으로 결박하여 발길질과 주먹질과 몽둥이질을 하였습니다.…

포졸들이 제 옷을 벗기고 저를 묶고, 마구 때리며 온갖 능욕을 퍼부으면서 관가로 끌고 갔는데 많은 사람들이 모여 있었습니다. 관장이 '당신이 천주교인이오?' 하고 물었습니다. 저는 '그렇소, 나는 천주교인이오'라고 대답하였습니다.

그가 '어찌하여 임금님의 명령을 거역하고 천주교를 믿는 거요? 그 교를 버리시오'라고 심문하기에 '나는 천주교가 참된 종교이므로 믿는 거요. 우리 종교는 하느님을 공경하라고 가르치고 또 나를 영원한 행복으로 인도해 주오. 나는 배교하기를 거부하오' 하고 대답하였습니다.…

…밤이 이슥토록 그들에게(구경꾼들; 독자의 이해를 돕기 위한 저자의 덧붙임) 천주교 교리를 설명하였더니 그들은 관심 있게 듣고 임금님이 금하지만 않으면 자기들도 믿겠다고 말하였습니다.…

(다시 서울로 압송된 김대건 신부는 계속해서 박해를 받았다.; 독자의 이해를 돕기 위한 저자의 덧붙임)…임금님의 명령에 따라 배교를 종용하였습니다. 저는 '임금님 위에 하느님이 계시는데 그분이 우리에게 당신을 공경하라고 명하시오. 그러니 하느님을 배반하는 것은 임금님의 명령이라도 정당화시킬 수 없는 큰 죄악이

오'라고 대답하였습니다. 그들이 다시 신자들을 대라고 독촉하였습니다. 저는 그들에게 애덕의 의무와 이웃을 사랑하라는 하느님의 계명을 설명하였습니다.…

…우리가 사형장에 끌려갈 날짜는 알 수 없습니다. 주님의 자비에 온전히 의탁하고 주님께서 마지막 순간까지 주님의 거룩한 이름을 증거하도록 용맹을 주시기만 바라고 있습니다.…

…저의 어머니 우르술라를 주교님께 부탁드립니다. 어머니는 10년 동안 떨어져 있던 아들을 불과 며칠 만나보았을 뿐인데 또다시 갑작스럽게 잃고 말았습니다.…

…이다음 천국에서 다시 만나뵙겠습니다.…"

(김대건 안드레아 신부의 스무 번째 편지, 1846년 8월 26일, 감옥에서)[56]

지극히 당연한 이야기이지만, 김대건 신부는 하느님의 존재를 굳게 믿고 있었고, 이 세상의 삶을 마친 후에는 모든 것이 끝나는 것이 아니라 하느님이 계시는 하느님 나라에 올라가게 된다는 굳은 믿음을 가지고 있었다. 그래서 김대건 신부는 "이 다음에 천당에서 다시 만나 뵙겠습니다."라고 하였다. 김대건 신부는 예수님을 따르면서 하느님 나라를 꿈꾸며 하느님 나라의 시민이 되기 위해 열심히 생활하다가 순교의 칼날을 받고 하느

---

56) 김대건 신부의 편지 모음, '이 빈들에 당신의 영광이', 정진석 옮김, 바오로딸, 2023년, 185-195쪽.

님 나라에 올라갔다. 김대건 신부는 순교의 칼날을 받으면서 하느님 나라의 시민이 된 것이다.

십자가의 죽음을 이기시고 부활하신 예수님께서는 하느님 나라로, 본 고향으로, 본래의 자리로 돌아가셨다.

"마침내, 열한 제자가 식탁에 앉아 있을 때에 예수님께서 나타나셨다. … 예수님께서는 이어서 그들에게 이르셨다. '너희는 온 세상에 가서 모든 피조물에게 복음을 선포하여라. 믿고 세례를 받는 이는 구원을 받고 믿지 않는 자는 단죄를 받을 것이다.' … 주 예수님께서는 제자들에게 말씀하신 다음 승천하시어 하느님 오른쪽에 앉으셨다."(마르 16,14-16.19)

우리 신앙인들도 이 세상의 삶을 마친 후, 훗날 예수님이 돌아가신 하느님이 계시는 하느님 나라에 올라간다는 믿음을 가진 사람들이다. 하느님을 믿는 신앙인들은 '하느님의 사람들, 미래의 하느님 나라의 시민들'이다. 더 정확히 말하면 하느님 나라의 '예비' 시민들이다. 그러나 우리 신앙인들이 세례받았다는 것만 갖고 다 하느님 나라에 들어갈 수 있다고 확신할 수 있는 것이 아니다. 세례성사가 하느님 나라 여행길의 보증된 티켓이 아니다.

우리 신앙의 순교 선조들이 하느님 나라에 가기 위해 어떻게 하였는가? 순교하였다. 우리 신앙의 선조들은 입버릇처럼 하느님 나라에 가기 위해서는 '순교해야 한다.'고 믿었고 실재로 그 길을 걸어가신 분들이었다. 그러나, 우리는 지금 순교할 수도 없고 순교할 때도 아니다. 그러면, 어떻게 해야 하는가? '잘 살아야' 하겠다. 세례 받고 마지막에 하느님 나라에 갈 때까지 '잘 살아야' 하느님 나라에 들어갈 수 있다.

그럼, 하느님 나라에 가기 위해서 '잘 살아야 하는 방법, 잘 사는 방법'은 무엇인가? 한마디로 요약하기에는 많은 아쉬움이 있겠지만, 간략하게 제시해 본다면, '착하게, 바르게, 정직하게, 진실하게' 잘 사는 것이라고 말할 수 있다. 김대건 신부와 우리 신앙의 선조들은 '착하게, 바르게, 정직하게, 진실하게' 잘 살면서 하느님을 증거하고 순교의 삶을 통해 하느님 나라에 올라가셨다. 우리 신앙인들도 '착하게, 바르게, 정직하게, 진실하게' 잘 살면서 하느님을 증거하다가, 훗날 하느님 나라에 올라갈 수 있어야 하겠다. 다른 사람들에게 '도움'이 되고 '모범'이 되는 삶을 살면서 훗날 하느님 나라에 갈 수 있어야 한다.

또한, 하느님 나라에 가기 위해서 하나 더 필요한 것이 있다면, '사랑의 발을 넓히는 삶'을 살아야 한다. 사랑의 발을 넓히는 삶이란, 좁은 사랑이 아니라 넓은 사랑을 실천하는 의미이다. 예수님께서 부활하신 후에 하느님 나라로 올라가신 이유는 더 많은 땅과 더 많은 사람들을 사랑하기 위해서 하느님 나라로 올라가신 것이다. 이스라엘 땅과 이스라엘 백성들에게 제한되지 않으시고, 더 많은 사람들을 사랑하시기 위해서 하느님 나라로 올라가신 것이다. 우리 신앙인들도 예수님처럼 사랑의 범위를, 사랑의 영역을, 사랑의 발걸음을, '사랑의 발'을 더 넓힐 때 하느님 나라 여행길을 잘 출발할 수 있다.

넓은 사랑은 나와 무관한 사람도 사랑하고, 내가 잘 모르는 사람도 사랑하는 것이다. 진정한 사랑은 좁은 사랑이 아니라 넓은 사랑이어야 한다. 진실한 사랑은 골라서 하는 사랑이 아니라 골고루 사랑하는 것이다.

우리 신앙인들이 사랑의 모습을 조금만 더 넓히면 좋겠다. 신앙인들의 발을 조금만 더 넓혔으면 좋겠다. 신앙인들의 사랑의 발걸음을 조금은 더 넓게 옮겨도 괜찮겠다. 누군가 우리 신앙인들에게 "당신이 천주교인이오?" 하고 묻는다면, 우리 신앙인들의 답은 '그렇소. 나는 넓은 사랑을 실천하는 천주교인이오.'라고 대답할 수 있어야 하겠다.

'사랑을 친구(親口)하노라'

　한국 천주교회의 큰 어른이었던 김수환(스테파노) 추기경께서 2009년 2월 16일 이 세상에서의 마지막 날을 마감하실 때 우리에게 남겨 주신 말씀은 "고맙습니다, 서로 사랑하세요."였다. 그로부터 10여 년 뒤인 2021년 4월 27일에 또 한 분의 큰 어른이었던 정진석(니콜라오) 추기경께서도 이생을 마무리하시면서 우리에게 "항상 행복하세요. 행복이 하느님의 뜻입니다."라는 말씀을 남겨 주셨다.

　한국 천주교회의 최초의 사제이신 김대건(안드레아) 신부는 우리에게 어떤 말씀을 남겨 주었을까? 한마디로, '사랑'이었다. 김대건 신부는 "사랑을 친구(親口)하노라!"라는 말씀을 남겨 주면서, 박해 중에 있던 신자들을 마지막 생을 다할 때까지 사랑하였다. 1846년 9월 16일에 서울 새남터에서 군문효수형으로 순교하신 김대건 신부는 1846년 8월말에 옥중에서 당신의 마지막 편지인 스물한 번째 편지를 쓰면서 우리에게 '사랑'을 강조하였다.

    "교우들 보아라.

    우리 벗아, 생각하고 생각할지어다.
    천주 무시지시無始之時로부터 천지 만물을 배설配設하시고, 그중에 우리 사람을 당신 모상과 같이 내어 세상에 두신 위자 慰藉와 그 뜻을 생각할지어다.
    온갖 세상일을 가만히 생각하면 가련하고 슬픈 일이 많다. 이 같은 험하고 가련한 세상에 한 번 나서 우리를 내신 임자를 알지 못하면 난 보람이 없고,… 비록 주은主恩으로 세상에 나고 영세 입교하여 주의 제자 되나… 주의 은혜만 입고 주께 득죄得罪하면 아니 남만 못 하리.…
    …이제 우리 조선에 성교 들어온 지 5, 60년에 여러 번 군난窘難으로 교우들이 이제까지 이르고 또 오늘날 군난이 치성熾盛하여 여러 교우와 나까지 잡히고 아울러 너희들까지 환난患難을 당하니,…
    …부디 서로 우애友愛를 잊지 말고 돕고, 아울러 주 우리를 불쌍히 여기사 환난을 걷기까지 기다리라. 혹 무슨 일이 있을지라도 부디 삼가고 극진히 조심하여 위주광영僞主光榮하고 조심을 배로 더하고 더하여라.…

…우리는 미구에 전장에 나아갈 터이니 부디 착실히 닦아 천국에 가 만나자. 사랑하는 마음 잊지 못하는 신자들에게 너의 이런 난시難時를 당하여 부디 마음을 허실히 먹지 말고 주야로 주우를 빌어 삼구三仇를 대적하고 군난을 참아 받아 위주 광영하고 너희들[汝等]의 영혼 대사를 경영하라.…

…너희 몸은 여럿이나 마음으로는 한 사람이 되어 사랑을 잊지 말고 서로 참아 돌보고 불쌍히 여기며 주의 자비하신 때를 기다리라.

할 말이 무수하되 거처가 타당치 못하여 못 한다. 모든 신자들은 천국에서 만나 영원히 누리기를 간절히 바란다.

내 입으로 너희 입에 대어 사랑을 친구親口하노라.…

…이런 군난도 역시 천주의 허락하신 바니 너희 감수 인내하여 주님을 위한고[僞主] 오직 주께 슬피 빌어 빨리 평안함을 주시기를 기다리라.

내 죽는 것이 너희 육정과 영혼 대사에 어찌 거리낌이 없으랴. 그러나 천주 오래지 아니하여 너희에게 내게 비겨 더 착실한 목자를 상 주실 것이니 부디 설워 말고 큰 사랑을 이뤄 한몸같이 주를 섬기다가 사후에 한가지로 영원히 천주 대전에서 만나 길이 누리기를 천만 천만 바란다.

잘 있거라.

김 신부 사정 정표情表"

(김대건 안드레아 신부의 스물한 번째 편지, 1846년 8월 말, 옥중에서)[57]

---

57) 김대건 신부의 편지 모음, '이 빈들에 당신의 영광이', 정진석 옮김, 바오로딸, 2023년, 197-201쪽.

26살의 청년이 쓴 편지라고 하기에는 너무도 위엄이 있는 내용이다. 20대의 젊은 사제가 쓴 편지라고 하기에는 너무도 무게가 있는 글이다. 김대건 신부는 당당하게 그리고 위엄있게 '서로서로 사랑하라' 하였다. "마음으로 한 사람이 되어 사랑을 잊지 말라."하며, "내 입으로 너희 입에 대어 사랑을 친구(親口)하노라.… 부디 서러워 말고, 큰 사랑을 이루어, 한 몸같이 주님을 섬기다가, 사후에 한 가지로 영원히 천주 대전에 만나 길이 누리기를 바란다." 하였다.

우리 신앙의 선조들의 가장 큰 모범이신 김대건 신부는 시작도 끝도 언제나 '사랑'이었다. 김대건 신부는 마지막까지 흔들리지 않았다. 박해를 받고 있었던 신자들을 위해서 당신의 지극한 사랑을 잘 보여주었다. 신자들이 예수님의 말씀처럼 '서로 사랑'하고 '한 몸을 이루기를' 바라고 있었다.

예수님께서는 우리가 서로 사랑하기를 바라신다. 한쪽에서 일방적으로 '나'만 사랑하는 것이 아니라, '서로서로' 사랑하는 것이다. '나'도 사랑하고 '너'도 사랑하고 '서로' 사랑하는 것이다.

> "내가 내 아버지의 계명을 지켜 그분의 사랑 안에 머무르는 것처럼, 너희도 내 계명을 지키면 내 사랑 안에 머무를 것이다.… 이것이 나의 계명이다. 내가 너희를 사랑한 것처럼 너희도 서로 사랑하여라.… 내가 너희에게 명령하는 것은 이것이다. 서로 사랑하여라."(요한 15,10.12.17)

우리가 믿는 하느님은 사랑의 하느님이시다. 사랑의 하느님의 '명령과 계명'은 곧 '사랑'이다. 예수님께서는 '하느님을 사랑하고 이웃을 사랑하라' 하셨다. 그래서 우리 신앙인들은 사랑을 실천하는 전문가이어야 한다. 성당에 다니는 사람들은 누구보다 사랑을 잘 실천하는 사람들이어야 한다. 우리 신앙인들은 사랑을 실천하는 일을 누구보다도 더 쉽게 실천할 줄 아는 사람들이 되어야 한다.

성당에 다니지 않는 사람들이 성당을 바라보며 무슨 생각을 할까? 성당 밖에 있는 사람들이 주일이고 평일이고 성당에 들랑날랑하는 신자들을 보면서 무슨 생각을 할까? '어리석은 사람들, 불쌍한 사람들, 한심한 사람들'이라고 생각하지 않기를 바란다. 성당에 다니는 신자들을 보고 '참 괜찮은 사람들, 참 멋있는 사람들, 참 좋은 사람들이구나.' 생각하고 우리들을 부러워하는 마음이 있기를 바란다.

김대건 신부는 죽음을 앞두시고 무시무시한 박해 중에 두려움에 떨고 있던 교우들에게 '서로서로 사랑하는 삶'을 살도록 노력하라 하였다. 우리 신앙인들은 다른 사람들과는 달리 '사랑'을 잘 아는 사람들이고, '사랑'을 잘 실천할 줄 아는 사람들이다. 사람들 사이에서 '사랑의 모습'을 잘 보여주고 '따뜻한 마음'을 많이 보여주기를 희망한다.

지금 나는 사랑하는 삶을 살고 있는가? 나는 누군가를 사랑하고 있는가? 누군가를 사랑하는 데 힘겨워하고 있는가, 어려워하고 있는가? 누군가를 사랑하지 않으려고 쉬운 길 짧은 길 놔두고, 괜히 멀리 돌아서 가고 있는가? 우리의 인생길을 멀리 돌아서 가지 말고, 지금 즉시 곧장 사랑하면서 살았으면 좋겠다.

'영원한 생명이 내게 시작되려고 합니다'

유명한 동화작가 셸 실버스타인의 '아낌없이 주는 나무'는 모두가 잘 아는 이야기이다. 한 소년과 나무가 있었다. 어린 소년은 나무에서 그네를 타고 나무 위를 오르면서 함께 놀았다. 나무는 행복했다. 소년이 자라서 청년이 되었을 때 여인과 둘이서 나무 그늘로 찾아와 사랑을 하였다. 두 사람이 결혼을 하여 집을 짓게 되었을 때, 나무는 자신의 가지를 베어 집을 만들어 주었다. 나무는 행복했다.

중년이 된 소년은 멀리 배를 타고 바다로 나가고 싶어 했다. 나무는 아낌없이 자신의 모든 것을 내어주고 배를 만들도록 하였다. 소년은 배를 타고 멀리 떠났으며 나무는 이제 그루터기만 남게 되었다. 먼 훗날 노인이 된 소년은 다시 돌아왔다. 노인은 나무 그루터기에 앉아서 노후를 보냈다. 나무는 참 행복했다.

이와 같이 자신의 소중한 것까지 아낌없이 내어주는 나무처럼 다 내어 줄 수 있을 때 비로소 우리는 진정으로 사랑한다고 말할 수 있다.

김대건 신부는 '아낌없이 주는 나무'처럼 자신의 하나뿐인 목숨까지 하느님과 한국 천주교회를 위해 사랑으로 내어주었다. 참사랑이 무엇인지 우리들 앞에서 잘 보여준 모범이 되었다.

김대건 신부가 어떻게 순교하였는지 '순교 장면'이 궁금하다. 김대건 신부의 순교 당시에 군중들 틈에서 조용히 묵묵히 눈물을 흘리면서 지켜보았던 신자들의 '증언들'을 모아 '김대건 신부님의 순교 모습'을 정리하였다.[58]

"김대건 신부님은 새남터 형장으로 가실 때 보라색 저고리를 입고 들것을 타고 머리를 풀고 결박을 당해 가셨는데, 안색이 태연하게 가시는 것을 보았습니다."(변 아나타시아, 박 글라라 증언)

"당고개에 이르러 한참 지체할 때 신부께서 들것에 앉아 있는데, 땀이 흐르고 상투가 풀어지자 운반하던 사람이 다시 상투를 틀어주던 것을 직접 보았습니다. 형장에 이르러 군문 효수형의 법식대로 하다가 군사들이 결박한 팔에 주장을 꿰어 들고 팔방을 돌릴 때는 즐거운 빛을 나타냈습니다."(박순집 베드로 증언)

---

58) 성 김대건 신부 순교 150주년 기념 전기 자료집 제3집, 성 김대건 신부의 체포와 순교, 한국교회사 연구소, 1997년, 208-239쪽 참조.

"나는 이제 마지막 시간을 맞이하였으니 여러분은 내 말을 똑똑히 들으십시오. 내가 외국인들과 교섭을 한 것은 내 종교를 위해서였고, 내 천주를 위해서였습니다. 나는 천주를 위하여 죽는 것입니다. 영원한 생명이 내게 시작되려고 합니다. 여러분이 죽은 뒤에 행복하기를 원하면 천주교를 믿으십시오. 천주께서는 당신을 무시한 자들에게는 영원한 벌을 주시는 까닭입니다."(페레올 주교)

"(김대건 신부님은) 군사에게 '내가 천당에 올라가서 이렇게 볼 것이니, 너희도 천주교를 봉행하여 내 뒤를 따라오라.'고 하신 뒤 참수형으로 순교하셨습니다."(최의정 증언)

"옷을 반쯤 벗기었다. 관례에 따라 그의 양쪽 귀를 화살로 뚫고 화살을 그대로 매달아 두고 얼굴에 물을 뿌리고 그 위에다 회를 한줌 뿌렸다. 그런 다음 두 사람이 그의 겨드랑이에 몽둥이들을 꿰고 그를 어깨에 맨 채 그 원 둘레로 빨리 세 번을 돌았다. 그런 다음 그의 무릎을 꿇리고 머리채를 새끼로 매어 말뚝 대신 꽂아 놓은 창 자루에 뚫린 구멍에 꿰어 반대쪽에서 그 끝을 잡아당겨 머리를 쳐들게 하였다. 이런 준비를 하는 동안 그는 조금도 냉정을 잃지 않았다.… 머리가 여덟 번째 칼을 맞고야 떨어졌다."(페레올 주교)

"하루는 비가 붓듯이 오며 뇌성이 요란하자 동리의 교우들이 이상히 여기고 신부께서 순교하셨는가 하고 짐작하였는데,

교우가 전하기를 '김 신부께서 뇌성 치던 날에 참수형으로 순교하셨다.'는 소문이 퍼졌다 했습니다."(임 루치아, 오 바실리오 증언)

"외교인 말이 새남터에서 죽일 때에 상서로운 기운이 기묘하게 공중에 나타났다고 했습니다."(김 가타리나 증언)[59]

"신부님의 시체를 박 바오로와 다른 교우들이 찾으려 할 때 말을 들은즉 '신부님의 손에 강아지에게 물린 흔적이 있다.' 하므로 그 상처를 보고 의심없이 찾아 장사지냈다는 말을 들었습니다."(김 마리아 증언)

"그의 죽음 이후 교회 장상들은 그의 죽음을 매우 슬퍼하였다. 페레올 주교는 '그의 열렬한 신앙심, 솔직하고 진실한 신심, 놀랄만큼 유창한 말씨는 대번에 신자들의 존경과 사랑을 그에게 얻어 주는 것이었습니다. 성직을 수행하는 데 있어서 그는 우리가 바라던 것보다 더 나았고, 몇 해 동안만 실천을 하였더라면 지극히 유능한 신부가 되었을 것입니다.… 그에게는 어떤 일이라도 맡길 수가 있었으니 그의 성격과 태도와 지식은 그 성공을 확실히 하여 주는 것이었습니다. 조선 포교지가 지금 처해 있는 처지로 보아서 그를 잃는 것은 엄청나고 거의 회복할 수 없는 불행이 되는 것입니다.'고 하였다."

---

[59] '수원교회사연구소, 〈기해 병오 순교자 시복재판록〉 1, 천주교 수원교구, 2011, 93쪽'.

1857년 9월 23일 가경자로 선포된 후 김대건 신부의 순교에 관한 신앙 보호관의 진술에서 "그는 조국 전체의 그리스도교의 영광을, 조선 전체의 영적 해방을, 조선 전체의 초자연적 부활을 원했습니다. 조선 전체를 그리스도와 교회에 봉헌하기를 진심으로 원하고 전심전력으로 준비하였습니다. 이 일을 성취하기 위하여, 그리스도와 교회의 나라를 조선 전체에 확장하기 위하여 이 모든 것을 자원하여 기쁘게 참아 받았고, 그 밖에도 많은 것을 행하고 감수하기를 마다하지 않았습니다. 그것을 재인식하고 선포하여야 합니다. 김 안드레아의 영광은 특히 여기에 있습니다. 그는 원의와 서원으로써 뿐만 아니라 실제와 사실로 순교에 이르기까지 그리스도의 참되고 착한 제자로서 하느님과 교회의 왕국을 조선 전체에 확장하기 위하여 날마다 자기의 십자가를 자원해서 기쁜 마음으로 짊어졌습니다. 우선 이것을 말해야 합니다. 모든 이가 신자들 중에서 빛나는 복자 안드레아의 진정한 최상의 영광의 칭호를 인식해야 합니다."고 하였다.

　김대건 신부는 무엇을 위해 젊은 날에 자신의 하나뿐인 목숨을 내어놓아야 했을까? 김대건 신부는 무엇 때문에 죽어야 했을까? 왜 죽어야 했을까? 김대건 신부의 죽음은 우리에게 무엇을 의미하는지?

김대건 신부는 '사랑 때문에, 사랑하기 위해서, 사랑을 위하여' 죽음의 길을 걸어갔다. 김대건 신부는 당시 우리 신앙의 선조들에게, 또 하느님을 모르는 당시의 백성들에게, '하느님을 사랑하는 것은 이런 것이다.'를 온몸으로 보여주었다. '진정한 사랑은 사랑하는 이들을 위하여 자신의 목숨을 내어놓는 것이다.', '천주교 신자들이 믿는 하느님은 사랑의 하느님이시다.'라는 것을 보여주었다.

　　시간과 공간을 초월하시면서 우리 인류를 끊임없이 사랑하시는 하느님은 '사랑하는 아들, 내 마음에 드는 아들'(마태 3,17)이신 예수님까지 우리에게 보내어 십자가에 못 박혀 죽게 하신 '사랑의 하느님'이시다. 그래서 사랑의 하느님을 믿는 우리 신앙인들에게 '사랑'은 매우 중요하다. 우리 신앙인들이 성당에 다니는 이유는 사랑의 방법을 배우기 위해서이다. 우리 신앙인들이 신앙생활을 하는 이유는 사랑하면서 살기 위해서이다. 우리 신앙인들이 훗날 꼭 가고 싶은 나라는 사랑의 하느님이 계시는 '하느님 나라'에 가는 것이다.

　　'아낌없이 내어주는 사랑'은 아니더라도, 우리가 지금 누군가를 사랑하고 따뜻한 마음을 가지고 있다면, 사랑이신 하느님과 아주 좋은 관계를 맺고 있다는 증거다. 그러나 우리가 지금 누군가를 사랑하지 못하고 있다면, 사랑이신 하느님과 멀어져 있는 것이다.

우리들의 가정이 '사랑'이 있는 가정이라면 행복한 가정일 수 있고, 우리들이 '사랑'을 알아가는 신앙생활이라면 의미있는 신앙생활 행복한 신앙생활일 수 있고, 우리들이 '사랑'과 함께하는 일상생활이라면 신나는 일상생활 따뜻한 일상생활 즐거운 일상생활일 수 있다.

우리 신앙인들이 제일 먼저 해야 할 일은 '사랑'이고, 언제나 해야 할 일은 '사랑'이고, 매일매일 해야 할 일도 '사랑'이고, 끝까지 해야 할 일도 '사랑'이어야 한다. 누군가를 '사랑'하기 위해서 고민하고 생각하고 기도하는 생활이 되었으면 좋겠다.

순교자 집안
(아버지 김제준 이냐시오, +1839년, 성인)

눈 뜨면 일어나기 싫고, 일어나면 출근하기 싫고, 출근하면 업무 보기 싫고, 하지만 그 모든 것을 극복하게 만드는 영약은 '가족'이라는 이름의 애물단지가 있기 때문이다. 가정(家庭)이란, '사랑스런 가족들'이 함께 모여 사는 공동체를 말한다. 가정은 우리의 생로병사가 이루어지는 공동체이고, 참된 인간이 되는 인격 교육을 부모로부터 처음 받게 되는 장소로서, 우리 각자의 인격이 처음으로 형성되는 장소가 된다. 그래서 우리는 어렸을 때의 가정에서의 자녀 교육은 매우 중요하다고 한다.

가정은 지금의 '나'라는 존재를 가능하게 해 준 곳이다. 가정은 '나'라는 존재의 뿌리이고, 근본이고, 얼굴이고, 거울이다. 그래서 지금의 '나'라는 존재가 '괜찮은 사람'이라면, 나의 어린 시절의 가정이 '괜찮았던 가정'이었을 것이지만, 지금의 '나'라는 존재가 '조금 피곤하고 골치 아픈 사람'이라면, 나의 어린 시절의 가정이 '그렇게 편치 않았던 가정'이라고 말할 수도 있겠다.

김대건 신부의 가정은 편안했을까? 김대건 신부의 집안은 편안하지 않았다. '집안'이란 가족이나 일가친척을 구성원으로 하는 공동체를 말하는데, 세상에 이런 집안, 이런 천주교 집안이 어디에 또 있을까 싶다. '하느님 때문에, 하느님을 믿으면서' 세상의 모든 부귀영화를 잃어버린 집안이 되었다. 관직에서 쫓겨나고, 가지고 있는 재산들을 모두 빼앗기고, 가족들 대부분이 숨어 살게 되고, 가족들이 대부분 장수를 누리지 못하고 요절하였다.

김대건 신부의 집안은 하느님께 대한 믿음 때문에 세상의 모든 것들을 다 잃어버리고 포기한 집안이었다. 집안 자체가 하나씩 하나씩 풍비박산 나고 있었는데도 불구하고 4대에 걸쳐서 신앙을 포기하지 않았던 집안이었다. 김대건 신부의 집안이 신앙을 받아들인 것은 '할아버지들' 때였다. 한국 천주교회가 시작되던 해인 1784년경 여사울의 내포의 사도 이존창(루도비꼬, 1759-1801년)에 의해 할아버지들이 천주교에 입교하게 되었다.

김대건 신부의 큰할아버지 김종현(1764-1806년), 할아버지 김택현(1766-1830년), 작은할아버지 김한현(1768-1816년)이 먼저 천주교의 신앙을 받아들였다. 그 후 1788년에 김대건 신부의 가장 큰 어른이 되는 증조부 김진후(1739-1814년)가 천주교에 입교하면서, 전 가족이 천주교 신앙을 받아들이게 되었다. 김진후는 김종현, 김택현, 김한현, 김희현 4형제를 두었고, 둘째 김택현은 김제봉, 김제린, 김제철 3형제를 두었는데, 둘째 아들 제린이 김대건 신부의 부친 '김제준(이냐시오)'이 된다. 한국 천주교회의 최초의 사제 성 김대건(안드레아) 신부의 아버지이며 복자 김진후(비오)의 손자인 성 김제준(이냐시오, 1796-1839년)에 대해서 알아보자.

김제준(이냐시오, 1796-1839년)은 충청도 솔뫼에서 태어나 생활했고, 고 우르술라와 결혼하여 2남 1녀를 두었는데 맏아들이 김대건(안드레아)이다.

1827년 정해박해(丁亥迫害) 때 김제준은 신앙생활을 이어가기 위해서 아버지 김택현과 가족들과 함께 충청도 솔뫼를 떠나 서울의 청파를 거쳐 용인 땅 골배마실에 정착하였다. 그때 김대건의 나이 7세였는데, 아버지 김제준은 아들 김대건이 여기에서 그의 나이와 신분에 적합한 한문 공부를 할 수 있도록 도와주었다.

김제준은 1836년 초에 모방(Maubant) 신부가 입국하자 곧 서울의 정하상(바오로) 집에 거처하던 모방 신부를 방문하고 그로부터 세례를 받았다. 모방 신부는 서울에서 부활절(4월 5일)을 지내고 경기도와 충청도 지방 공소순방에 나섰는데, 그는 먼저 용인 지방의 골배마실에 이웃한 '은이' 공소에 들러 아주 열심하고 뛰어난 재능을 지녔고 총명했던 소년 김대건에게 세례를 주고 그를 신학생으로 선택하였다.

김제준(이냐시오)은 아들 김대건(안드레아)이 마카오로 유학을 떠나게 되었을 때에 온 가족이 당하게 될 무서운 형벌과 환난을 오로지 주님의 안배와 섭리에 맡기고 아들을 보냈다.

1839년 7월, 기해박해가 시작되면서, 그의 사위 곽씨의 인도를 받은 배교자 김순성이 포졸들을 이끌고 그의 집으로 몰려왔다. 증인들의 말에 의하면, 김제준(이냐시오)은 기운이 장사여서 대여섯 사람쯤은 쉽게 물리칠 수 있었으나 조금도 반항하지 않고 포승을 받았다고 한다.

포도청으로 붙잡혀간 김제준(이냐시오)은 사학을 신봉한다는 죄와 자기 아들 김대건(안드레아)이 국법을 거슬러 조선을 떠나 마카오에 가게 하였다는 죄, 즉 국사범이라는 중죄를 가해 혹독한 형벌을 당하였다. 그는 이러한 형벌을 견디지 못하여 결국 배교하였다.

그러자 옥에 있는 신자들이 그의 죄가 대단히 크다는 것과 배교한다 해도 석방될 수 없다고 이야기해 주며, "석방되는 것은 꿈에도 생각지 마십시오. 당신은 의심 없이 처형될 것입니다. 그러니 마음을 돌려 당신의 잘못을 고백하고 재판관 앞에 나가 배교하겠다고 한 말을 취소하고 순교자로 세상을 마치도록 하십시오." 하고 거듭 권고하였다고 한다.

그리하여 김제준(이냐시오)은 형조에 출두하여 배교한 것을 취소하니, 이어 세 차례나 혹형을 당하였지만 다시는 마음을 굽히지 아니하고 사형선고를 받았다. 그는 아들 김대건(안드레아) 신부의 장한 모습도 보지 못한 채 1839년 9월 26일 서소문 밖 형장에서 다른 8명의 교우와 함께 참수를 당하였으니, 그의 나이 43세였다. 1984년 5월 6일 한국 천주교회 창설 200주년을 기해 방한한 교황 요한 바오로 2세에 의해 시성되었다.

한 집안에 순교자 한명이 나오기도 힘든데, 김대건 신부의 집안은 순교자가 14명이나 되는 순교자 집안(순교확실 11명, 추정 3명)이 되었다. 순교가 확실한 분들은 11명으로, 김진후(증조부), 한현(작은 할아버지), 제준(아버지), 데레사(작은 할아버지의 딸), 손연욱(작은 할아버지의 딸의 남편), 제항(증조부 회현의 아들), 제교(종증조부 귀조의 손자), 김대건 신부, 진식 근식(숙부 제철의 아들들), 조씨(종조부 회현의 손자 며느리)가 있다. 순교한 것으로 추정되는 분들은 3명으로, 김택현(할아버지), 희현(막내 작은 할아버지), 선식(막내 작은 아버지 제철의 아들)이 있다.

김대건 신부의 집안은 '4대에 걸쳐 순교한 집안'이고, 가톨릭 종교의 '골수 중에 골수 집안'으로 성인(聖人)으로는 김대건 신부의 아버지 김제준(이냐시오)과 당고모 김데레사(1796-1840년) 그리고 김대건 신부가 있고, 복자(福者)로는 증조부 김진후(비오)와 작은 할아버지 김한현(종한, 안드레아)이 있다.

김대건 신부의 집안은 하느님을 믿는다는 이유 하나로 세상에서 가질 수 있는 모든 것을 잃어버린 집안, 재산도 명예도 가족들도 모두 잃어버린 집안이었다. 하느님을 믿은 것이 잘한 일이었겠지만, 잃어버린 것도 너무 많았던 집안이었다. 그러나 하나뿐인 목숨을 잃으면서까지 사랑이신 하느님을 믿었던 참으로 위대하신 분들이었다.

우리 교회는 김대건 신부의 가족들이 하느님께 대한 신앙을 지키기 위해 자신들의 목숨까지 내어놓았던 일들을 아주 잘한 일이라 기억하고 있다. 그래서 우리 교회는 김대건 신부와 그의 가족들이 하느님을 포기하지 않고 하느님을 위해서 살았던 삶을 '교회의 좋은 모델, 좋은 모범'으로 바라보고 있다. 예수님께서는 '사람들이 너를 잡아 박해를 하겠지만, 너희는 사람들 앞에서 나를 증언할 것이다. 나 때문에 모든 사람들에게 미움을 받겠지만, 끝까지 견뎌낸다면 구원을 받을 것이다.'(마태 10,17-10,22 참조)라고 말씀하셨다.

김대건 신부와 가족들은 예수님의 말씀을 잘 기억하면서, 하느님을 믿는다는 신앙 때문에 겪게 되는 여러 어려움들에 결코 굴복하지 않았고 타협하지 않았다. 그들은 하느님께 대한 믿음을 게을리하지 않았고, 하느님께 대한 믿음의 '끈'을 놓치지 않았다. 세상에서 바보가 되었을지언정 하늘에서는 의인이 된 분들이었다. 세상에서 꼴찌가 되었을지언정 하느님 나라에서는 첫째가 된 분들이었다.

신앙은 '두 길보기'가 아니라, '외길 보기, 한 길만 바라보기'여야 한다. 하느님께 대한 신앙은 하느님이냐 세상이냐를 놓고 고민하는 '양다리 걸치기'가 아니라, 하느님만을 바라보는 삶이어야 한다. 우리의 신앙생활도 김대건 신부와 가족들이 보여준 것처럼, 세상과 타협하지 말고, 자기 자신의 게으름과 이기심에도 타협하지 말고, 꾸준한 신앙생활 성실한 신앙생활을 해야 한다.

사회생활에서도 성실한 사람이 성공할 수 있듯이, 신앙생활에서도 성실한 사람이 하느님과 더 가까워질 수 있다. 꾸준하고 한결같고 흔들리지 않는 성실한 신앙생활의 모습을 '끝까지' 잘 이어가도록 해야 한다.

하느님 나라의 겨자씨를 심다
(어머니 고 우르술라, 1798-1864년)

 소설가 최인호(베드로, +2013년)씨는 자신의 어머니에 대해서 다음과 같이 아름답게 표현하였다. "어머니, 당신은 내가 이 지상에서 만났던 단 하나의 소중한 분입니다. 어머니, 당신은 죽지 않았습니다. 당신은 어머니의 이름으로 내 가슴에 영원히 살아 있고 이 지상에 영원히 머물러 있을 것입니다. 어머니, 제가 이 세상에 태어나 제일 먼저 배운 말이 '엄마'였고, 제일 먼저 배운 노래가 어머니가 불러주신 자장가이었듯, 언제나 제 가슴에 살아남아 시들지 않는 늘 푸른 나무가 되어 주세요. 그 나무 그늘에 앉아서 나는 늘 행복합니다. 그리운 어머니."⁶⁰⁾

---

60) 최인호, 천국에서 온 편지, 누보, 2010년, 224-227쪽 참조.

어머니와 자식의 관계는 탯줄로 이어져 있었기에 어떤 상황에서도 끊어질 수가 없다. 그래서 우리는 죽음의 마지막 순간에도 어머니 얘기를 하고, 또 아무리 사악한 범죄를 저질렀던 흉악범이라 해도 어머니 앞에서는 눈물을 흘리고 만다. 모두가 어머니 앞에서는 그만큼 순수해진다. 어머니는 우리 모두의 생명의 근원이시다.

김대건 신부는 아마도 자신의 어머니를 생각할 때마다 가슴이 미어지는 슬픔에 잠겼을 것이다. 김대건 신부의 '어머니 고 우르술라'(1798-1864년)는 순교자도 아니었고, 그래서 복자(福者)도 아니고 성인(聖人)도 아니어서, 우리에게 잘 알려져 있지 않다. 김대건 신부의 '어머니 고 우르술라'에 대해서 알아보자.

모방(Maubant) 신부는 1836년 은이 공소에서 골배마실에 사는 김대건을 신학생으로 선발하였다. 어머니 고 우르술라는 건강한 편도 아니었던 열다섯 살의 아들을 외국으로 보내야 했고, 1839년 기해박해 때는 남편(김제준 이냐시오)이 순교했다. 어머니는 어린 아들(김대건의 동생 김난식 프란치스코)을 데리고 신자들의 집을 돌면서 구걸하며 살게 되었다. 김대건은 1842년 말경 중국 변문에서 북경 사신 일행으로 오던 신자를 만나 기해박해 소식을 들었고, 모친의 근황도 알게 되었다.

"…저의 형제 토마스의 부모도 살해되었는데 부친은 곤장으로, 모친은 칼을 받아 두 분 다 순교의 화관을 받았다고 합니다. 저의 부모도 역시 많은 고난을 당하여 부친은 참수되었고 모친은 의탁할 곳 없는 비참한 몸으로 신자들 집을 떠돌아다니고 있다고 합니다.…"

(김대건 안드레아 신학생의 일곱 번째 편지, 1843년 2월 16일, 요동(백가점)에서)[61]

이후 김대건 부제는 9년 만에 고국에 입국하여 석 달간 있었지만, 사랑하는 어머니를 만날 수 없었고, 어머니도 아들이 국내에 있었다는 사실을 몰랐다. 김대건 부제는 1845년 8월 17일 중국 금가항 성당에서 사제로 서품되었고, 10월 12일 강경 부근 황산포에 도착했다. 김대건 신부는 서울 인근 용인 지방을 중심으로 교우들을 방문하고 성사를 집전하면서, 드디어 은이 공소에서 10년 만에 꿈에도 그리웠던 어머니를 만났다. 그러나 그것도 잠시뿐, 김대건 신부는 1846년 4월 12일 어머니 곁에서 부활절을 지내고, 다음날 서울로 올라왔다.

김대건 신부는 5월 14일 선교사 영입로를 개척하러 일곱 명의 사공을 거느리고 연평도 쪽으로 나갔으나, 6월 5일 체포되어, 6월 21일 서울로 압송되고, 40여 차례 심문을 받았다. 김대

---

[61] 김대건 신부의 편지 모음, '이 빈들에 당신의 영광이', 정진석 옮김, 바오로딸, 2023년, 86쪽.

건 신부는 감옥에서 편지로 아직 조선에 들어오지 못한 친구 최양업 부제에게 모친을 부탁하고, 주교님께 모친을 위로해 달라고 청했다.

"머지않아 천당에서, 영원하신 성부 대전에서 만나뵙기를 바랍니다. 저를 대신하여 모든 공경하올 신부님들께도 인사드려 주시기를 청합니다.

지극히 사랑하는 나의 형제 토마스, 잘 있게. 이후 천당에서 다시 만나세. 그리고 내 어머니 우르술라를 특별히 돌보아 주시기를 그대에게 부탁하네.

그리스도의 이름을 위하여 결박당한 저는 그리스도의 권능을 굳게 믿고 있습니다.…"

(김대건 안드레아 신부의 열아홉 번째 편지, 1846년 음력 6월 8일, 감옥에서)[62]

"저의 어머니 우르술라를 주교님께 부탁드립니다. 어머니는 10년 동안 떨어져 있던 아들을 불과 며칠 만나보았을 뿐인데 또다시 갑작스럽게 잃고 말았습니다. 슬픔에 잠긴 어머니를 잘 위로하여 주시기를 주교님께 간절히 바랍니다.…"

(김대건 안드레아 신부의 스무 번째 편지, 1846년 8월 26일, 감옥에서)[63]

---

62) 김대건 신부의 편지 모음, '이 빈들에 당신의 영광이', 정진석 옮김, 바오로딸, 2023년, 180쪽.
63) 김대건 신부의 편지 모음, '이 빈들에 당신의 영광이', 정진석 옮김, 바오로딸, 2023년, 195쪽.

김대건 신부는 1846년 9월 16일 새남터 형장 모래사장에 섰고, 군중들 틈 속에서 아마도 어머니 고 우르술라가 바라보는 가운데 군문효수형으로 순교하였다. 김대건 신부의 시신은 40일 만에 감시가 소홀해졌을 때 이민식(빈첸시오)과 여러 교우들에 의해서 경기도 안성 미리내에 안장되었고, 훗날 어머니 고 우르술라도 1864년 아들의 묘 옆에 묻혔다.

'어머니 고 우르술라'는 순교자도 아니고 그래서 복자(福者)도 아니고 성인(聖人)도 아니다. 더욱이 우리들에게 잘 알려져 있지 않았다. 그러나, 교회의 박해 100년 동안 유일하게 '사제의 어머니'로 생존했던 여인이었다. 아들을 위해, 한국 천주교회를 위해, 성모 마리아처럼 조용히 묵묵히 뒤에서 생활한 어머니였다. 아들을 타국으로 유학을 보내야 했고, 사제가 되어 돌아온 아들을 잠깐 한번 만나본 게 전부였고, 결국에는 아들의 죽음을 멀리서 지켜보아야 했던 '가슴 아픈 어머니'였다.

그러나, '어머니 고 우르술라'는 그 누구도 알아주지도 않았고 알아볼 수도 없는 지극히 작은 희생의 삶을 살면서 '김대건이라는 작은 희생의 씨앗'을 이 땅에 심어주었는데, 하느님의 도우심으로 훗날 한국 천주교회에 '김대건이라는 큰 나무'가 되게 하였다. '어머니 고 우르술라'의 희생의 삶이 우리 마음 안에 크게 오래 남아 있기를 희망한다.

예수님께서는 하느님 나라는 '겨자씨'와 같은 '작은 씨'와 같다고 하신다. 겨자씨는 아주 작다. 그러나 자라면, 커다란 나무가 되고 하늘의 새들이 와서 그 가지에 깃든다고 하신다.

"하느님의 나라를 무엇에 비길까? 무슨 비유로 그것을 나타낼까? 하느님의 나라는 겨자씨와 같다. 땅에 뿌릴 때에는 세상의 어떤 씨앗보다도 작다. 그러나 땅에 뿌려지면 자라나서 어떤 풀보다도 커지고 큰 가지들을 뻗어, 하늘의 새들이 그 그늘에 깃들일 수 있게 된다."(마르 4,30-32)

보잘것없는 좁쌀만한 '겨자씨'와 같은 '작은 씨'가 훗날에는 새들의 보금자리가 되고, 우리들의 그늘이 되어 주는 '큰 나무'가 된다는 것이다. '하느님 나라'는 '작게 시작된다', '작은 것에서부터 시작된다'는 말씀이다. '작은 것이 위대하다', 작은 것도 작은 사람들도 매우 소중하다는 것을 알려주신다.

예수님의 '겨자씨의 비유' 말씀처럼, '고 우르술라 어머니'와 같은 신앙의 선조들의 작은 희생의 씨앗은 지금의 우리 교회를 튼튼하게 세워주고 지켜주는 초석이 되었다. 우리들도 '겨자씨'와 같은 '작은 희생, 작은 봉사, 작은 사랑'이 우리들 안에서 큰 나무가 되고 큰 위로가 되고 큰 선물이 될 수 있겠다. 우리들의 작은 나눔이 우리들의 마음을 더 풍요롭게 할 수 있고 더 아름답게 할 수 있겠다. 우리들의 작은 사랑, 작은 나눔의 행동들, 작은 관심들이 우리들의 마음에 더욱더 따뜻하고 포근한 사랑을 전해주는 역할을 할 수 있겠다.

우리의 '작은 나눔, 작은 사랑, 작은 선행, 작은 봉사, 작은 기도'가 참으로 더 아름답고 더 위대하다는 것을 잊지 말아야 한다. 세상은 '큰 것이 좋은 것이여! 커다란 것과 높은 것이 최고여!' 한다면, 우리 신앙인들은 '작고 보잘것없어 보이는 것이 오히려 더 위대하고 더 감사할 수 있는 것이여!' 할 수 있으면 좋겠다. '작은 것이 위대하다'고 말할 수 있기를, '작은 것에 더 감사'할 수 있기를, '작은 것에도 고마워'할 수 있기를 기도하는 마음이다.

우리가 그동안 남들보다 조금은 더 커 보이려고 했다면, '고 우르술라 어머니'처럼 조금은 작아져도 좋겠다. 남들보다 목소리가 많이 컸었다면, 이제는 작은 소리를 내는 삶을 살아도 좋겠다. 남들보다 내 주장이 많았었다면, 이제는 다른 사람의 소리도 귀담아들어도 좋겠다. 남들보다 교만스러웠다면, 이제는 조금 더 겸손해지는 삶을 살아도 좋겠다.

3개월의 시간만 필요했다
(임치백 요셉, +1846년, 성인)

한국 천주교회는 '103위 성인들과 124위 복자들'을 모시고 있는 자랑스런 하느님 백성이 되었다. 우리 신앙의 순교 선조들은 어떤 분들이었나? 수많은 유혹들을 이기고 하느님을 포기하지 않고 하느님을 따랐던 자랑스런 우리 신앙의 순교자들이다.

'동물은 죽어서 가죽을 남기고, 사람은 죽어서 이름을 남긴다.' 했다. 그런데 우리 교회 안에 수많은 순교자들은 자신들의 '이름'조차 제대로 남기지 못했고, 자신들의 '흔적'도 '무덤'도 이 세상에 남기지 못했던 분들이었다. 우리 신앙의 순교 선조들은 하느님을 믿는다는 이유 하나로 자신의 모든 것을 '빼앗긴' 분들이었지만, 다르게 보면 하느님을 위해서 오히려 자신의 모든 것을 '온전히 버리고 포기하신' 분들이었다. 감옥에서 김대건

(안드레아) 신부를 만나 자신의 모든 것을 버리고 세례를 받아 자랑스런 순교자가 된 성 임치백(요셉, 1803-1846년)의 생애를 보자.

임치백은 서울의 한 부유한 외교인 집안에서 태어났다. 1830년경에 이미 천주교에 대해서 알게 되었지만 입교하지 않았고, 천주교에 대해서는 매우 호의적이었다. 임치백은 아내와 자식들이 천주교에 먼저 입교할 수 있도록 도왔지만, 마음은 언제나 천주교에 기울어져 있었다. 박해 중에 있던 신자들을 형제처럼 대하며 어려운 사람들을 도와주고 자신의 집에서 머물게 하여 함께 생활하게 할 정도였다.

1846년 6월 임치백의 아들 임성룡(베드로)이 외국 선교사들의 입국로를 개척하기 위해 노력하던 김대건(안드레아) 신부와 함께 황해도 연안으로 나갔다가 체포되었다. 이 소식을 들은 임치백은 즉시 아들이 갇혀 있는 해주까지 달려가 아들의 석방을 청원하였다. 이때 도감사는 그의 요구를 묵살하고 도리어 그를 옥에 가두었다.

임치백은 감옥에서 아들과 함께 있던 김대건(안드레아) 신부를 만나게 된다. 그리고 그는 김대건(안드레아) 신부로부터 처음으로 하느님 나라에 대한 교리와 강론을 듣고 큰 감동을 받아 "저는 오늘부터 천주교를 믿겠습니다. 저는 지금까지 너무나 오래 기다렸습니다."라고 청하였다. 김대건(안드레아) 신부는 그에게 '옥에 갇힌 것이 하느님의 특별한 은혜이니 정성껏 보답해야 하며, 죽을 때까지 충실해야 한다.'고 설명하였다. 임치백은 교리를 배우고 드디어 감옥에서 세례를 받았다.

얼마 후, 임치백(요셉)은 김대건(안드레아) 신부와 함께 한양으로 이송되었고, 며칠 지나지 않아 먼저 순교의 길을 떠나는 김대건(안드레아) 신부(1846.9.16. 순교)를 보면서 자신도 김대건(안드레아) 신부처럼 순교할 것을 결심하였다.

포졸들은 임치백(요셉)을 배교시키기 위해 여러 가지 유혹들을 하였고, 배교자 밀고자가 되어 있던 아들(임성룡)과 며느리를 데리고 와서 배교를 권유하기도 하였지만, 임치백(요셉)은 조금도 흔들리지 않았고 '아버지이신 하느님을 위해 죽기를 결심하였노라.'고 명백히 이야기하였다.

옥에 갇힌 지 3개월이 지난 어느 날 포장이 임치백(요셉)을 불러내어 사형을 내리겠노라고 이야기하자, 그는 기쁨에 넘쳐 교우들에게 "오늘 법정에서 나에게 사형을 내린다고 합니다. 나는 아무런 공로도 없지만 천주의 특별한 은혜로 먼저 죽어서 하늘나라에 가게 되면, 내려와서 당신들의 손을 이끌고 아버지의 나라로 인도하겠소. 무엇보다도 용기를 가지시오." 라고 말하였다.

포장은 다시 그를 불러 십계명을 외워보라고 하였지만, 그가 십계명을 못 외우자 '십계명도 못 외우는 자가 무슨 신자냐'

고 그를 내보내려 했다. 그때 그는 "내가 옥중에서 김신부님을 만나 신자가 된지 며칠 되지 않아 계명을 아직 다 외지 못합니다. 그러나 나는 하느님이 만물을 내신 창조주시며 만인의 아버지시라는 것을 분명히 알고 있습니다. 자녀인 내가 아버지이신 하느님께 효도를 하는데 무엇을 외워야 합니까? 외우지 못한다고 어찌 효도를 하지 못한다 하겠습니까?…저는 비록 무식하지만 천주께서 나의 아버지이신 것을 잘 알고 있으므로 이만하면 된 것입니다." 라고 답하면서 참수치명(斬首致命)하기를 원하였다.

화가 난 포장은 그에게 더 가혹한 심문과 형벌을 내렸지만, 그는 조금도 흔들리지 않았고, 마침내 임치백(요셉)은 1846년 9월 20일에 42세로 감옥에서 장살(杖殺) 순교하였다. 1984년 5월 6일 교황 요한 바오로 2세에 의해 시성되었다.

임치백(요셉)은 천주교 신자가 되기 위해 세례 받고 순교의 길을 가기까지 '긴 시간'이 필요하지 않았고, 단지 '3개월'의 시간만 필요했다. 임치백(요셉)은 감옥에서 김대건 신부를 만나 감옥에서 세례를 받았고 감옥에서 신앙생활을 한 것이 전부였다. 제대로 된 교리공부도 부족했고 신자들과 함께하는 신앙생활도 제대로 해보지도 않았지만, 그는 하느님을 믿고 따르는데 '나중으로' 미루지 않았다. 감옥에서 김대건 신부를 통해서 알게 된 그의 짧은 신앙생활은 참으로 순수했고 진솔했고 정확했다. "나는 하느님이 만물을 내신 창조주시며 만인의 아버지시라는 것을 분명히 알고 있습니다."라며, 하느님을 위해서 자신의 모든 것을 버리고 포기하고 '죽음의 길, 순교의 길'을 걸어갔다.

임치백(요셉) 뿐만 아니라 우리 신앙의 순교 선조들은 대부분 그리 오랫동안 신앙생활을 하신 분들이 아니었다. 신앙생활을 오래 하고 싶었어도 세상이 그렇게 오래 놔두지 않았다. 당시 세상은 천주교 신자들을 잡아 박해하기에 바빴다. 그런 상황 속에서 우리 신앙의 선조들은 대부분 길지 않은 짧은 신앙생활을 할 수 밖에 없었다. 그럼에도 우리 신앙의 선조들은 한결같이 하느님을 위해서 자신의 모든 것을 버리고 포기하고 '죽음의 길, 순교의 길'을 가신 분들이었다.

하느님을 오래 믿어야 길게 믿어야, 더 열심해지고 더 굳은 믿음이 생기는 것은 아닌 듯하다. 세례받은지 10년, 20년, 30년 되었다고 하느님이 더 많은 은총을 주실 것이라는 생각은 착각일 수 있다. '신앙생활은 경력 쌓기가 아니다.' 신앙생활은 '과거형'이 아니라 '현재형'이어야 한다. 지금 내가 신앙생활을 꾸준히 잘하고 있는지?, 지금 내가 하느님과 올바른 관계 좋은 관계를 잘 맺고 있는지?, 지금 매일 매일의 삶에서 하느님을 가장 중요하게 생각하며 살아가고 있는지?, 지금 내가 세상보다 하느님을 더 크게 의지하며 살아가고 있는지?가 중요하다.

'과거에 내가 무엇 무엇을 했고', '옛날에 내가 어떠어떠 했다'는 '과거 경력'이 중요한 게 아니다. 요즘 내가 조금 바빠졌으니깐 기도생활도 나중으로 신앙생활도 나중으로 미루거나, 이것저것 재고 따지고 계산하는 신앙생활을 한다면, 참으로 어리석은 신앙생활의 모습이다.

예수님은 "누구든지 내 뒤를 따라오려면, 자신을 버리고 날마다 제 십자가를 지고 나를 따라야 한다. 정녕 자기 목숨을 구하려는 사람은 목숨을 잃을 것이고, 나 때문에 자기 목숨을 잃는 그 사람은 목숨을 구할 것이다."(루카 9,23-24) 하신다. 예수님은 우리가 나중이 아니라 '날마다' '지금 당장' 예수님을 위해서 무언가를 해야 한다 하신다.

우리의 위대하신 수많은 신앙의 순교 선조들은 무시무시한 박해 상황 속에서 세상과 타협하지 않으시고 '지금 당장' 하느님을 더 크게 의지하신 분들이었다. 장하신 우리의 신앙의 순교 선조들은 나약한 마음으로 세상에서 비굴하게 살지 않으셨다. 그들은 '지금 당장' 하느님을 가장 중요하게 여기고 하느님의 축복을 더 희망하셨던 분들이셨기에, 결국에는 하느님 나라에서 승리의 월계관을 쓰신 분들이 되었다.

우리들도 매일매일 하느님과 관계를 맺는 신앙생활을 나중으로 미루지 말고, 다음으로 돌리지 말고, 또 너무 묻고 따지고 재고 계산하지 말고, 지금 당장 더 순수한 모습으로 더 열심한 모습으로 더 꾸준한 모습으로 우리의 신앙생활을 잘 이어가야 한다. 우리가 지금 당장 하느님께 다가가려고 노력하는 만큼 하느님은 더 큰 걸음으로 우리에게 다가오실 것이다. 지금 당장 영적인 눈을 크게 뜨고 하느님이 우리들 앞에 우리들 옆에 계신다는 것을 알아보았으면 한다.

V 최양업 토마스(+1861년, 가경자) 신부를 위해 기도하다

땀의 순교자

교우들을 사랑하다

길 위의 사제

늘 기도하시다

주님, 당신과 가까이게 하소서
(아버지 최경환 프란치스코, +1839년, 성인)

위대하신 어머니
(어머니 이성례 마리아, +1840년, 복자)

땀의 순교자

    어느 아파트 단지 옆에 작은 천막을 보금자리로 삼아 인생의 마지막 여정을 지내고 있는 '할아버지'가 있었다. 누가 봐도 가난하게 사는 할아버지다. 그런데 그 동네에 '한 젊은이'가 있었다. 그 젊은이는 가끔씩 그 할아버지 천막 앞에 '우유 1리터와 담배 2갑'을 몰래 갖다 놓곤 하였다. 가난한 할아버지에게 작은 나눔 작은 선행을 한 것이다. 나중에 보니, 그 젊은이는 성당에 다니는 천주교 신자였고, 훗날 천주교 사제가 되어 하느님을 사랑하고 이웃을 사랑하는 삶을 살고 있다.
    누군가를 사랑하고 싶을 때에는 망설이지 말고 행동으로 즉각 옮겨야 좋다. 누군가를 사랑하는 데 있어서는 빨라도 좋다. 누군가를 도와줄 때에는 다른 마음을 먹지 말고 늘 똑같은 사랑의 마음으로 하고, 누군가를 용서하고 싶을 때는 복잡하게 생각하지 말고 단순하게 사랑을 보여주어야 한다.

최양업 토마스 신부는 박해 중에 몸과 마음과 영혼이 가난해진 양들을 사랑하기 위해, 사랑이 필요한 양들을 찾아서, 사랑의 삶을 살았다. 양들을 위해서라면 망설임 없이, 두려움 없이, 아쉬움 없이, 즉각적으로, 곧장, 하느님의 사랑을 전하는데 있어서 열정적인 사제의 삶을 모범적으로 보여주었다.

한국 천주교회의 최초의 사제인 김대건 안드레아(1821.8.21.-1846.9.16.) 신부는 '피의 순교자'라 하고, 한국 천주교회의 두 번째 사제인 최양업 토마스(1821.3.1.-1861.6.15.) 신부는 '땀의 순교자, 백색 순교자'라 한다. 이들은 서로 또래 친구로서, 한국 천주교회에서는 2021년에 '탄생 200주년'을 기념하였다. 한국 천주교회의 두 번째 사제인 최양업 토마스 신부에 대해서 알아보자.[64]

> 최양업(토마스)은 충청도 홍주(청양 다락골)에서 아버지 최경환(프란치스코, 순교자, 성인)과 어머니 이성례(마리아, 순교자, 복자)의 장남으로 태어났다.
>
> 1836년 1월에 조선에 입국한 모방(Maubant) 신부는 세 명의 충청도 출신 소년들(최양업 토마스, 최방제 프란치스코 하비에르, 김대건 안드레아)을 신학생으로 선발하였고, 그해 12월 세 명의 신학생은 서울을 출발하여 중국 대륙을 횡단하여 1837년 6월 7일에 마카오에 도착하였다.

---

64) 강종민, 길 가는 목자 땀의 성자 최양업 신부, 기쁜소식, 2021년 참조; 이태종, 차쿠의 아침(소설 최양업), 바오로딸, 2014년 참조.

1844년 12월 15일에 최양업과 김대건은 부제품을 받았다. 그 후 최양업 부제와 메스트르 신부는 1845-1849년 동안 여러 차례 조선 입국을 시도하였으나 번번이 실패하였다. 최양업 부제는 1847년 1-7월까지 홍콩에 머무는 동안에 페레올 주교의 명에 따라 조선 순교자들의 전기를 라틴어로 번역하기도 하였다.

최양업 부제는 김대건 신부보다 4년 늦은 1849년 4월 15일 사백주일(卸白, 부활 제2주일)에 중국 강남 대목구장 마레스카 주교로부터 사제서품을 받았다. 사제서품 이후에는, 1849년 5-12월말까지 요동지방 양관과 차쿠에서 베르뇌 신부(훗날 조선교구 4대 교구장)를 보좌하며 중국 신자들을 사목하기도 하였다. 이로써 최양업 신부는 한국인 첫 해외 선교사가 되었다.

최양업 신부는 드디어 1849년 12월에 압록강을 건너 서울에 도착하였다. 귀국한 최양업 신부는 곧바로 사목활동을 시작하며 박해 중에 있던 신자들을 돌보았다. 1845년 10월 조선에 입국한 조선교구 3대 교구장 페레올 주교는 서한에서 "최양업 신부가 돌아오지 않았다면, 제가 무거운 짐을 다 짊어져야 했을 텐데, 최 신부의 입국으로 하느님께서 저에게 얼마나 큰 도움을 주셨는지 잘 짐작하실 것"이라고 썼다.

최양업 신부는 12년 동안 전체 교우촌의 약 70%에 해당하는 조선 8도 중 5개 도에 산재해 있는 120여 곳의 교우촌을 담당하며 해마다 7천리(2,800km)를 걸으며 사목활동에 매진하였다. 최양업 신부는 하루에 적어도 10km정도는 매일같이 들판이 아니라 울퉁불퉁한 산길을 걸어야 했고, 그것도 어두운 밤 시간을 주로 이용해서 산행을 해야 했다. 1859년에는 최양업 신부의 관할 구역에서만 예비자가 1천 명이 넘어 복음화 사업이 절정에 달했다. 최양업 신부는 엄청난 공소(교우촌) 순회 중에서도 우리말 교리서의 필요성을 절감하고 교우들을 위해 책들(천주성교공과, 성교요리문답, 천주가사…)을 저술하였다.

1861년 6월 최양업 신부는 과로로 장티푸스에 걸려 경북 문경 인근에서 쓰러지고 말았으며, 발병한 지 보름 만인 6월 15일에 선종하였다. 그의 나이 40세였다. 조선에 들어와 사목한 지 11년 6개월 만이었다. 그의 장례식은 베르뇌 주교의 집전으로 여러 선교사제들이 참석한 가운데 배론 신학교에서 거행되었고, 시신은 배론성지에 매장되었다. 조선 천주교회의 4대 교구장 베르뇌 주교는 "최 신부는 12년간 거룩한 사제의 모든 본분을 지극히 정확하게 지킴으로써 사람들을 감화시키고 성공적으로 구원에 힘쓰기를 그치지 않았다."고 칭찬하였다. (훗날 5대 교구장이 되실) 다블뤼 안 부주교도 "최 신부의 뛰어난 덕행, 지칠 줄 모르는 열성, 두드러진 재능과 재질, 무슨 일이든지 해내는 능력 등으로 미루어 현재로서는 그의 자리를 메울 수 있는 길이 없다."고 말하면서 그의 죽음을 애석해하였다.

최양업 신부는 '땀의 순교자, 백색 순교자'라고 할 정도로 '열정적인 사목자'였다. 최양업 신부는 예수님처럼 하느님 나라를 선포하는 일, 하느님을 알리는 일에 온 생애를 다해 노력하고 희생하였다.

> " '다른 고을들을 찾아가자. 그곳에도 내가 복음을 선포해야 한다. 사실 나는 그 일을 하려고 떠나온 것이다.' 그리고 나서 예수님께서는 온 갈릴래아를 다니시며, 회당에서 복음을 선포하시고 마귀들을 쫓아내셨다."(마르 1,38-39)

그리고 예수님께서는 바쁘신 선교활동 중에도 쉴 틈 없이 사목활동을 하시던 중에도 많은 병자들을 치유해 주셨다.(마르 1,40-2,12 참조)

최양업 신부는 박해 중에 있던 한국 천주교회의 신자들을 위해 열정적으로 사목활동을 하였다. 최양업 신부는 양들을 사랑하고 양들을 위해 자신의 목숨까지도 바친 착한 목자, 참으로 예수님을 닮으려고 노력한 착한 목자였다. 그러나 오랫동안 한국 천주교회를 위해 큰일을 더 많이 해야 했는데, 안타깝게도 최양업 신부는 자신의 건강을 돌보지 못하고, 한참 더 일할 수 있는 나이에 우리 곁을 떠나고 말았다. 한국 천주교회의 두 번째 방인 사제였던 최양업 신부를 지켜주지 못한게 너무도 아쉽고 아쉬운 마음이다.

최양업 신부의 짧지 않은 12년 동안의 사목의 여정은 '성당'(聖堂)이라는 외적인 건물 안에서 이루어진 편안한 '본당 사목'이 아니라, 쉽지 않은 힘들기만 한 '길바닥 사목의 여정'이었다. 지금의 사제들은 대부분 성당에 머물면서 신자들이 찾아오기만을 '기다리는 사목'을 하고 있다면, 최양업 신부는 늘 언제나 양들을 만나기 위해 양들을 '찾아가는 사목'을 하였다. 최양업 신부는 양들을 만나기 위해 '길'을 걸었고, '길에서' 매일같이 기도하였고, 해가 지면 '길바닥에서' 잠을 청해야 했다. 최양업 신부는 박해를 피해 가능하면 밤 시간을 이용해 어두컴컴한 편안하지 않은 불편한 길을 걸어야 했다. 그리고 최양업 신부는 순교하지는 못했지만, 그러나 누구보다도 한국 천주교회를 위해 온 마음과 열정을 다해 사목하였다.

　'땀의 순교자, 백색 순교자, 열정적인 사목자'인 최양업 신부가 복자(福者)가 되고 성인(聖人)도 되어서, 세상 사람들로부터 공경(恭敬)을 받아 그분의 열정과 정신이 크게 모범이 되고 큰 빛이 되기를 희망하고 기도해야 하겠다.

　　　'하느님, 최양업 토마스 신부님을 성인들 반열에 들게 하소서.'
　　　'최양업 토마스 신부님, 저희를 위하여 빌어주소서.'

교우들을 사랑하다

　'하늘에는 별'이 있고, '들에는 꽃'이 있고, 그리고 사람의 마음 속에는 '사랑'이 있어야 한다. 밤하늘에는 '별들'이 반짝여서 아름답고, 들판에는 이름 모를 '꽃들'이 피어야 아름답고, 우리 사람들 사이에는 '따뜻한 사랑'이 있어서 더욱 아름다울 수 있다. 우리가 매일매일 해야 할 일은 '돈'을 버는 일 '재물'을 모으는 일도 중요하지만, '사랑'하는 일도 빼놓지 말아야 한다.

　사랑은 구체적이어야 한다. 얼굴은 아닌데 '말'로만 '사랑해!' 하는 것은 거짓일 수 있다. 얼굴과 마음과 말이 모두가 '사랑'이어야 한다. 따뜻한 표현, 따뜻한 행동이 있어야 한다. 매일매일 내가 만나는 사람들을 따뜻한 마음으로 사랑할 수 있어야 한다. 따뜻한 사랑의 마음으로, 따뜻한 사랑의 눈빛으로, 따뜻한 사랑으로 살아가도록 해야 한다.

나무에 물을 줄 때 적당히 주는 것처럼 물놀이하는 정도로만 주어서는 안된다. 고무호스 끝부분을 조여 분수처럼 솟구치는 물줄기로 물장난하듯이 주어서는 안된다. 나무에 물을 줄 때는 실컷 주어야 한다. 나무의 뿌리가 흠뻑 젖을 때까지 주어야 한다. 뿌리가 물을 먹어야만 나무가 생기를 되찾는다. 사랑이란 것이 나무의 잎사귀를 적시는 형식에 치우치게 되면, 사랑의 목마름은 더욱더 극심해질 것이다. 우리의 사랑이 뿌리를 적시지 못하고 잎사귀만 적시는 껍데기 허례허식으로 그치게 된다면 더욱더 사랑의 갈증에 허덕일 수 있다.[65]

사랑이란 그 꽃이 있는 곳으로 먼저 다가가는 행위에서부터 출발해야 한다. 아픈 사람들의 마음을 헤아리려면 자신이 직접 아파봐야 아픈 사람들의 심정을 잘 알 수 있듯이, 낮은 곳에 있는 사람들에게 이르려면 스스로 낮은 사람이 되지 않으면 안 된다. 사랑으로 서로의 뿌리를 적시는 물이 되어야 한다.

한국 천주교회는 출발과 동시에 박해를 받게 되었는데, 신자들은 보다 더 자유로운 신앙생활을 하기 위해 깊은 산속으로 들어가 '교우촌'을 형성하여 신앙생활을 이어갔다. 한국 천주교회의 두 번째 사제인 최양업 신부는 당시 박해 중에 있던 교우들을 위해, 특히 사람들 사이에서 소외되어 숨어살고 있었던 '교

---

65) 최인호, 누가 천재를 죽였는가, 87-91쪽 참조.

우촌의 교우들'을 직접 찾아가 따뜻하게 위로해 주고 하느님의 사랑을 잘 보여주었다.

최양업 신부는 한국에서의 사제생활 12년 동안 전국의 2/3에 해당되는 120여개의 교우촌을 순회하며, 교우들을 돌보고 위로하고 성사를 베풀고 예비자들을 가르치면서 해마다 7천 리(2,800km)를 걸었다. 최양업 신부에게 '교우촌 사목의 달인'이라는 닉네임을 붙여도 조금도 부족함이 없겠다.

최양업 신부는 지칠 줄 모르는 열정을 가졌고, 차분하고 겸손하였고, 글도 잘 썼다. 최양업 신부는 신학교 스승 신부들에게 보낸 감동적인 '19통의 편지'를 남겨 놓았는데, 르그레주와 스승 신부에게 보낸 편지(일곱 번째 편지)를 보면, 교우촌의 교우들을 참으로 사랑하였던 최양업 신부의 애틋한 마음을 읽을 수 있다.

"…저는 교우촌을 두루 순회하는 중에 지독한 가난에 찌든 사람들의 비참하고 궁핍한 처지를 자주 목격합니다. 그럴 때마다 도와줄 능력이 도무지 없는 저의 초라한 꼴을 보고 한없이 가슴이 미어집니다.…

…(교우들은; 독자의 이해를 돕기 위한 저자의 덧붙임) 동포들로부터 오는 박해, 부모로부터 오는 박해, 배우자로부터 오는 박해뿐 아니라, 친척들과 이웃들로부터도 박해를 받습니다. 그들은 모든 것을 빼앗기고 험준한 산속으로 들어가 형언할 수 없이 초라한 움막을 짓고 2년이나 3년 동안이라도 마음 놓고 살 수

있다면 그것만으로도 행복하다고 여기고 있습니다.…

…(교우들은; 독자의 이해를 돕기 위한 저자의 덧붙임) 단 한 번이라도 사제의 얼굴을 보면 그것이 큰 은총입니다. 더 자주 그러한 은혜를 받기 위해 이틀이나 사흘 길을 걷는 것쯤은 오히려 수월하게 여깁니다.…

…우리가 어떤 교우촌에 도착하면 어른이고 아이고 남녀노소 구별 없이 모두 새 옷으로 갈아입고서 신부님께 인사를 드리겠다고 한꺼번에 몰려옵니다.…

…그중 한 사람은 시오리나 떨어진 곳에서 왔습니다. 그 사람은 제가 그곳을 지나간다는 소식을 듣고서 자기 집을 비워두고 아내와 열 살쯤 되는 아들을 데리고 길도 없는 험한 산을 넘어서 저를 만나러 왔던 것입니다.…

…교우촌을 떠날 때에는 우리가 여행할 옷차림으로 갈아입을 때부터 공소집 전체가 울음바다가 되고 탄식소리로 진동합니다. 어떤 이들은 저를 못 떠나게 붙들려는 듯이 옷소매를 붙잡고, 어떤 이들은 제 옷깃에 그들의 애정의 정표를 길이길이 남기려는 듯이 제 옷자락을 눈물로 적십니다.

그들은 저를 따라 나서서 제가 멀리 사라져 보이지 않을 때까지 지켜보며 돌아가지 않으려고 하지 않습니다. 어떤 때는 좀 더 오랫동안 제 뒷모습을 지켜보기 위해 야산 등성이에 올라가기도 합니다.…"

(최양업 토마스 신부의 일곱 번째 편지, 1850년 10월 1일, 도앙골(충남

홍산 지역에 있던 공소; 독자의 이해를 돕기 위한 저자의 덧붙임)에서)[66]

교우들을 사랑하는 최양업 신부의 애틋한 마음이 담긴 글이다. 당시 교우촌에서 어렵게 신앙생활을 하던 신자들의 눈물 나는 사연들이 담긴 편지들이다. 그 시대에 비하면, 천국이나 다름없는 신앙생활을 하고 있는 우리들은 어떤 신앙인의 모습이어야 할지 다시 돌아보는 시간도 필요하겠다.

예수님께서는 당시에 사람들 사이에서 소외되어 숨어 살고 있었던 '나병환자'에게 당신의 사랑을 보여주신다. 나병환자 하나가 예수님께 와서 무릎을 꿇고 애원하며 "스승님께서는 하고자 하시면 저를 깨끗하게 하실 수 있습니다."(마르 1,40)라고 말씀드렸을 때, 예수님은 측은한 마음을 가지시고 그에게 손을 대시며 "내가 하고자 하니 깨끗하게 되어라."(마르 1,41) 하시니, 나병 증세가 깨끗하게 사라지고 낫게 되었다. 사람들의 무관심 속에서 살고 있었던 나병환자, 저주받은 인생처럼 살았던 나병환자, 몸과 마음이 아팠던 나병환자가 예수님께 다가와 고쳐주시기를 청하자 예수님께서는 당신의 사랑을 아낌없이 베풀어 주셨다.

최양업 신부도 '사랑'으로 우리 신앙의 선조들을 사랑해 주고 치유해 주었다. 사람들의 무관심 속에서 깊은 산골로 숨어

---

66) 최양업 신부의 편지 모음집, '너는 주추 놓고 나는 세우고', 정진석 옮김, 바오로딸, 2021년, 86-96쪽.

살았던 우리 신앙의 선조들을 따뜻하게 만나주었다. 저주받은 인생처럼 깊은 산속 오막살이 교우촌에서 모여 살던 우리 신앙의 선조들을 사랑으로 품어주었다. 몸과 마음이 너무도 힘겹고 어려웠던 교우촌에서 살고 있었던 우리 신앙의 선조들을 온 마음과 정성을 다해 안아주었다.

최양업 신부는 박해 중에 두려움과 무서움에 떨고 있었던 깊은 산골 교우촌의 교우들을 '사랑'이라는 명약으로 위로해 주고, 사랑으로 하느님의 따뜻한 마음을 전해주었다. 최양업 신부의 편지글에서 알 수 있듯이, 하느님의 일을 하는 사제의 얼굴을 한 번이라도 더 보고 싶고, 더 만나고 싶어 했던, 깊은 산속의 교우들에게 최양업 신부는 한없이 미어지는 가슴으로 하느님의 사랑과 위로를 전하였다. 한곳에 오래 머물지 못하고 다른 교우촌을 찾아 떠나는 최양업 신부의 옷소매를 붙잡고 한없이 울고 탄식하는 교우들의 이별의 눈물에 최양업 신부는 아무 말도 못하고, 자신이 할 수 있는 일이란 그저 하느님의 축복과 은총을 비는 마음이었음을 지금의 우리는 느끼고 알 수 있다.

예수님께서 당시 사람들로부터 소외되어 있던 나병환자를 따뜻하게 사랑해 주신 것처럼, 최양업 신부도 당시 사람들로부터 소외되어 깊은 산속에서 어렵게 살던 교우촌의 교우들을 진실하게 사랑해 주었다. 우리들도 소외되어 있고 어렵게 사는 이들에게 보다 더 따뜻하고 진실한 사랑을 보여주어야 하겠다.

'이 세상에 어느 누구도 소중하지 않은 사람은 없다.', '내가 소중한 만큼 다른 사람도 소중하다.'는 것을 기억하면서, 내가 만나는 모든 사람들에게 보다 따뜻하고 진실한 사랑을 보여주는 생활이 되어야 하겠다.

길 위의 사제

성당에 다니는 사람들은 '한 개'가 더 있다. '두 개'가 있다는 말이다. 무슨 말인가? 세례받기 전 성당에 다니기 전에는 하나였는데, 세례받고 성당에 다니면서 '두 개'가 된 것이 있다.

첫째, 성당에 다니는 사람들은 '이름이 두 개'다. 하나는 부모님이 주신 이름이고, 또 하나는 세례받을 때 성당에서 얻은 이름 '세례명'이 있다. 신앙생활의 모범이 되고 모델이 되는 성인(聖人)들의 이름으로 대체로 외국 이름들이 많은 편이다. 그래서 왠지 성당에 다니면서 더 멋있어진 것 같은 느낌이다.

둘째, 성당에 다니는 사람들은 '이중 국적'을 가지고 있다. 하나는 '대한민국' 국민이고, 또 하나는 '하느님 나라' 예비 시민이다.

셋째, 성당에 다니는 사람들은 세례받으면서 '집 한 채'가 더 생겼다. 즉 '집이 두 개'가 되었다는 의미다. 하나는 가족들과 함께 의식주를 해결하며 살고 있는 '사랑스런 가족들과 함께 살고 있는 집'이고, 또 하나는 '기도의 집, 성당'이다. 성당에 다니는 사람들은 성당을 내 집처럼 드나들며 언제든지 기도할 수 있다. 성당은 '하느님의 성전, 하느님의 집, 하느님이 계신 기도의 집'이다.

그런데, 최양업 신부가 사목활동을 펼치던 당시에, 많은 신자들이 한자리에 모일 수 있는 성당 건물이 있었을까, 없었을까? 그런 성당은 없었다. 1850년 초, 조선에 있던 두 선교사 페레올 주교와 다블뤼 신부는 외국인으로서 사목활동에 제약이 많았기에, 최양업 신부는 서울과 인근 지역을 제외한 5개 도(충청, 전라, 경상, 강원, 경기 일부)의 사목을 담당하였다. 최양업 신부는 산간벽지에 숨어 사는 신자들을 방문하고 성사를 집전하였는데, 해마다 전국 185개 공소 가운데 70%에 해당되는 127곳을 사목 방문했다. 그가 포교하는 곳에서는 가족 전체 또는 마을 전체가 입교하는 등 성과가 컸다.

최양업 신부는 해마다 사목 보고서 형태의 편지를 파리외방전교회 극동대표부에 있는 스승 신부에게 보냈다. 그 편지마다 '도앙골(1850년), 절골(1851년), 동골(1854년), 배론(1855년), 소리웃(1856년), 불무골(1857년), 오두재(1858년), 안곡(1859년), 죽림(1860년)'

이라는 발신지가 기록돼 있다. 이 발신지들이 최양업 신부의 사목 중심지였다. 또한, 최양업 신부는 장마철 휴식 기간을 이용해 사목 보고서 작성과 각종 전례서 번역에 열성을 다했다. '성교요리문답' '천주성교공과' 등 한문 교리서와 기도서를 한글로 번역했고, '사향가' '사심판가' '공심판가' 등 천주가사를 저술했다.

"…올 1년 동안 저는 2,867명에게 고해성사를 집전하였고, 어른 171명에게 세례를 주었으며, 대세받은 어른 17명에게 세례성사의 보례를 하였고, 181명의 신자를 전교회(傳敎會, Sodalitas propaganda fidei, 1822년 프랑스에서 창설된 신심 단체로서 기도와 모금으로 전교 활동을 원조한다.)에 가입시켰습니다. 제 관할 구역의 신자는 모두 합해서 4,075명이고 예비 신자는 108명입니다.…"

(최양업 토마스 신부의 열세 번째 편지, 1857년 9월 14일, 불무골(충남 진천군 백곡면 배티의 한 교우촌; 독자의 이해를 돕기 위한 저자의 덧붙임)에서)[67]

"…저의 관할구역 연말 성무집행 보고는 다음과 같습니다.

사규고해四規告解(교회법 제989조에 의해, 선악을 분별할 수 있는 지능에 달한 모든 신자는 매년 적어도 한 번 고해성사를 통해 자신의 중죄

---

67) 최양업 신부의 편지 모음집, '너는 주추 놓고 나는 세우고', 정진석 옮김, 바오로딸, 2021년, 205쪽.

를 용서받아야 한다는 것이다.)자가 2,124명이고, 재고해자가 844명이며, 어른 영세자가 201명이고, 예비자가 361명입니다.…"

(최양업 토마스 신부의 열일곱 번째 편지, 1859년 10월 11일, 안곡(경상도 서북부지방 공소; 독자의 이해를 돕기 위한 저자의 덧붙임)에서)[68]

(*성교사규聖敎四規란 시대마다 지역마다 약간 다르지만 천주교 신자가 지켜야 할 네 가지 법규를 말한다. 대체로 첫째, 주일과 의무 축일을 지키고 미사에 참례할 것. 둘째, 지정된 날에 금식재와 금육재를 지킬 것. 셋째, 적어도 해마다 한 번은 고해성사를 받을 것. 넷째, 적어도 일 년에 한 번 부활 시기에 영성체를 할 것 등이다.)

"…금년에 저의 사목 순회 도중 중단된 성무집행의 연말 보고를 드립니다. 1,622명에게 고해성사를 주었고, 어른 203명에게 세례성사를 집전하였습니다. 신자들이 어른 임종자 13명에게 대세를 주었고, 예비자 398명이 등록하였습니다.…"

(최양업 토마스 신부의 열아홉 번째 편지, 1860년 9월 3일, 죽림(경상도 지방 공소; 독자의 이해를 돕기 위한 저자의 덧붙임)에서)[69]

---

68) 최양업 신부의 편지 모음집, '너는 주추 놓고 나는 세우고', 정진석 옮김, 바오로딸, 2021년, 245쪽.
69) 최양업 신부의 편지 모음집, '너는 주추 놓고 나는 세우고', 정진석 옮김, 바오로딸, 2021년, 264쪽.

위의 내용들은 최양업 신부의 엄청난 사목 열정에서 나온 대단한 사목 성과들이다. 그것도 무시무시한 박해 중에 이루어진 사목의 열매들이다. 그러나, 최양업 신부가 사목활동을 펼치던 당시는 박해시기였기에 우리 신앙의 선조들에게 지금처럼 편안하고 안락하고, 여름에는 시원하고 겨울에는 따뜻한 '성당'(聖堂)이라는 건물은 없었다. 언제든지 본당 신부를 만날 수 있는 사제관이 딸린 성당은 없었다.

당시 박해 중에 있던 신자들을 위한 성전은 인적이 드문 깊은 산속 '교우촌'이었고, 마을에서부터 멀리 떨어져 있는 '초라한 외딴집'이었고, 사람들 눈에 잘 띄지 않는 '허름한 초가집'이었다. 최양업 신부를 위한 성전은 박해 중에 무서움에 떨고 있는 불쌍한 신자들을 만나러 가는 '거친 길바닥'이었고, 깊은 산 속에서도 숨죽이며 살고 있던 '신자들의 몸과 마음'이 성전이었다.

예수님께서는 예루살렘 성전에 장사하는 사람들로 가득차 있었고, 그 곳에서 온갖 부정부패가 가득하였던 하느님의 집인 성전을 정화하신다.

"내 아버지의 집을 장사하는 집으로 만들지 마라. … 이 성전을 허물어라. 그러면 내가 사흘 안에 다시 세우겠다."

(요한 2,16.19)

예수님께서는 '성전을 정화하시는 장면'(요한 2,13-22)에서 '하느님의 성전'을 '건물'을 의미하는 '외적인 의미'로 생각하셨고, 또 하나는 예수님 당신 자신의 '몸'을 의미하는 '영적인 의미'로 생각하셨다. 그 영적인 의미는 예수님을 마음 안에 모시는 '신자들의 몸과 마음'이기도 했다.

최양업 신부도 깊은 산골 교우촌에서 살고 있었던 당시 '신자들의 몸과 마음'을 '하느님의 성전'으로 생각하였다. 무서운 박해 중에 불안해 떨고 있는 신자들의 몸과 마음을 매우 소중하게 여기고 있었다. 최양업 신부는 편치 않은 생활로 고생하고 있는 신자들의 상처받은 몸과 마음을 위로해 주었고, 매일같이 흔들리고 약해지고 있는 신자들의 나약해진 몸과 마음을 격려해 주었으며, 하느님께 든든한 믿음의 끈을 가지지 못하고 있는 신자들의 몸과 마음을 잘 이끌어 주었다. 최양업 신부는 신자들의 몸과 마음에 하느님의 축복과 은총이 함께 하여서 '하느님'으로 똘똘 뭉쳐 조금도 흔들리지 않는 거룩한 하느님의 성전이 되기를 바라고 있었다.

우리들의 '몸과 마음'도 '하느님의 성전'이 될 수 있도록 서로서로 더 사랑하고 더 존중해야 하겠다. 특히 천주교 신자들은 미사 때마다 하느님이신 예수님을 먹는 '하느님의 성전'이 된다는 사실을 잊지 말아야 한다. 나 자신이 소중한 것처럼 가족들도 소중하게 사랑하고, 다른 사람들도 소중하게 여기고 생각하는 생활이 되어야 한다. 하느님의 성체, 하느님의 거룩한 성전이 되는 우리들 모두가 하느님께 소중한 존재, 귀한 존재가 되어야 한다. 서로서로의 몸과 마음을 잘 보존하고 잘 지키고 귀하게 여기는 생활이 되어야 한다.

늘 기도하시다

　어릴 적에는 어른이 먼저 수저를 드셔야 먹기 시작할 수 있었다. 어른(아버지)의 젓가락이 가지 않은 반찬은 아무리 먹고 싶어도 절대로 먼저 먹어서는 안되었다. 다른 집에서 떡이나 과일 등 먹을 것이 들어와도 아버지가 들어오셔서 잡수어 보신 다음에야 온 가족이 나누어 먹을 수 있었다.

　왜 우리 조상들은 집안의 제일 연장자인 어른이 먼저 드신 후에 자식들이 먹었을까? 이것은 권위주의나 힘센 자가 먼저 차지하는 동물적 본능이 아니었다. 식사 때 어른이 모든 것을 먼저 시식해야 하는 것은 옛날에는 위생관리가 잘 되어 있지 못해서, 불량식품인지 독성이 있는 음식인지 확인할 방법이 없어, 자칫 자녀들이 음식을 잘못 먹을 수 있기에, 집안에서 가장 어른이 목숨 걸고 시식을 하는 의미도 있었다 한다. 목숨을 걸고 먹어봐서 안전한 것을 후손들에게 먹이는 것이다.

어찌 됐든, 지금 우리는 유교의 도덕 사상의 '삼강오륜' 중에 하나인 '장유유서'(長幼有序)의 정신에 따라 순서를 지키며 살고 있다. 찬물에도 순서가 있듯이, '찬물도 위아래가 있다.'고 한다. 어른이 먼저이고 다음이 아랫사람들 순서이다. 어른이 먼저 앉으면 다음에 아랫사람이 앉는다. 어른이 먼저 수저를 드시면 다음에 아랫사람이 수저를 든다. 어른이 먼저이고 다음이 아랫사람들 순서를 지키는 유교적 영향이지만 우리의 좋은 전통이다.

신앙생활에서도 '하느님의 뜻'을 먼저 생각하고 알아보고 난 다음에 '우리 뜻'을 실천해야 한다. 사목에 열정적이었던 최양업 신부는 언제나 기도 안에서 하느님의 뜻을 먼저 찾았고, 기도하면서 언제나 하느님의 도우심을 얻고 싶어 하였다. 최양업 신부는 1861년 6월 15일에 과로로 말미암아 장티푸스에 걸려 선종하였다. 최양업 신부는 9개월 전 '1860년 9월 3일 경상도 지방 공소 '죽림'에서 우리 민족을 위해 기도하면서 다음과 같은 마지막 편지인 '열아홉 번째 편지'를 남겨 주었다.

"예수 마리아 요셉,
…저는 박해(1859년 12월, 서울에서 시작하여 1860년 8월까지 전국적으로 파급된 경신박해를 말한다.; 독자의 이해를 돕기 위한 저자의 덧붙임)의 폭풍을 피해 조선 맨 구석 한 모퉁이에 갇혀서 교우들과 아무런 연락도 하지 못하고 있습니다. 벌써 여러 달 주교

님과 다른 선교사 신부님들과도 소식이 끊겨, 그분들이 아직 살아계신지 어떤지 알지 못합니다. 이 편지도 중국까지 전달될 수 있을지 의심스럽습니다.…

…주여, 저희를 불쌍히 여기소서. 불쌍히 여기소서. 당신의 자비를 잊지 마소서. 저희 눈이 모두 당신의 자비에 쏠려있습니다. 저희의 모든 희망이 당신 자비에 있습니다. 전능하시고 인자하신 하느님, 저희의 잘못과 죄과를 기억하지 마시고, 저희의 죄악대로 저희를 벌하지 마소서!

저희는 죄를 지었고 너무나 많은 불의를 행하였습니다. 그러나 당신이 저희의 불의를 헤아리신다면 누가 감히 견딜 수 있겠습니까? 그런즉 저희를 용서하시고 당신의 옛 자비를 기억하시어, 저희와 당신의 모든 성인들의 기도를 어여삐 들어 허락하소서.

저희를 재난에서 구원하소서. 엄청난 환난이 너무도 모질게 덮쳐 왔습니다. 원수들이 달려들고 있습니다. 당신의 보배로운 피로 속량하신 당신 유산을 파멸하려 덤벼들고 있습니다. 당신이 높은 데서 도와주시지 않으면 저희는 그들을 대항하여 설 수가 없습니다.

지극히 경애하올 신부님들께서 열절한 기도로 우리를 위해 전능하신 하느님과 성모님께로부터 도움을 얻어주시기를 청합니다.

이것이 저의 마지막 하직 인사가 될 듯합니다. 저는 어디를 가든지 계속 추적하는 포졸들의 포위망을 빠져나갈 수 있는 희망이 없습니다. 이 불쌍하고 가련한 우리 포교지를 여러 신부님들의 끈질긴 염려와 지칠 줄 모르는 애덕에 거듭거듭 맡깁니다.…

…지극히 비천하고 순종하는 종, 조선 포교지 탁덕 최 토마스가 올립니다."

(최양업 토마스 신부의 열아홉 번째 편지, 1860년 9월 3일, 죽림(경상도 지방 공소; 독자의 이해를 돕기 위한 저자의 덧붙임)에서)[70]

그리고 최양업 신부는 9개월 뒤인 1861년 6월 15일에 과로로 말미암아 장티푸스에 걸려 선종하였다. 그리고 5년 뒤인 1866년 한국 천주교회를 향한 가장 큰 박해인 병인 대(大)박해가 벌어지게 되었다.

최양업 신부는 계속되는 박해 중에, 엄청난 일정의 사목 여정 중에, 그래서 피곤해진 육신의 고통 중에, 미래가 잘 보이지 않는 두려움 중에도 늘 하느님께 기도하였다. 최양업 신부는 기도하면서 하느님의 도우심을 얻고 싶었다. 기도하면서 하느님의 거룩한 사제가 되고 싶었다. 기도하면서 하느님으로부터 위로를 받고 싶었고, 기도하면서 용기를 내고 싶었고, 기도하면서

---

70) 최양업 신부의 편지 모음집, '너는 주추 놓고 나는 세우고', 정진석 옮김, 바오로딸, 2021년, 253-264쪽.

힘을 얻고 싶었다. 최양업 신부는 기도하면서 달라지고 싶었고, 새로워지고 싶어 하였다.

예수님께서는 당신의 죽음을 앞두시고, 세 명의 제자들과 함께 산에 올라가 기도하셨다. 죽음을 목전에 두신 예수님은 당신의 무거워진 마음을 하느님께로부터 위로 받기 위해서, 하느님께로부터 용기를 얻기 위해서, 당신의 제자들을 더 사랑하기 위해서 열심히 기도드리고 계셨다. 그리고, 예수님께서 변하셨다. 평소의 모습과는 너무도 다른 모습으로 변하셨다. '거룩한 모습, 영광스런 모습'으로 변하셨다.

"예수님께서 베드로와 야고보와 요한… 앞에서 모습이 변하셨다. 그분의 옷은 이 세상 어떤 마전장이도 그토록 하얗게 할 수 없을 만큼 새하얗게 빛났다."(마르 9,2-3)

우리들도 가끔은 멈추고 기도하는 시간도 가져보아야 한다. 멈추고 기도하다 보면 우리들의 '몸과 마음과 생각'이 밝아질 것이다. 멈추고 기도할 줄 아는 사람은 밝게 빛이 난다. 멈출 줄 모르는 '고장 난 브레이크' 같은 삶을 살아간다면, 너무도 안타까운 인생일 수 있다. 매일같이 바쁘게 여유 없이 살아가는 사람들은 너무도 바빠서 소위 '죽을 시간도 없다.' 할 정도로 여유 없이 바쁘게만 살아간다. 바쁘다 보니 멈출 줄도 모르고, 멈추지 못하니 기도할 시간도 없는 사람들이 되어가는 것이다.

매일의 삶을 가능하면 천천히 느리게 살려고 노력해야 하겠다. 천천히 느리게 살려고 하다 보면, 멈출 줄도 알고 그래서 멈추면서 기도할 수 있는 시간도 생기는 것이다. 멈추면, 천천히 느리게 가다 보면, 보이는 게 많아진다는 것을 우리는 잘 알고 있다. 우리들의 마음을 더 여유롭게 가져보고, 우리들의 마음을 더 따뜻하게 만들어 보면서, 잠깐 멈춰보고, 하느님 안에서 머무는 기도시간을 가져보는 신앙인이 되어야 하겠다.

주님, 당신과 가까이게 하소서
(아버지 최경환 프란치스코, +1839년, 성인)

주님, 당신과 가까이게 하소서.
나의 능력을 내세우기보다 당신을 생각하게 하소서.
나의 의지를 생각하기보다 당신의 의지를 앞세우게 하소서.
나의 말을 앞세우기보다 당신의 말을 전하게 하소서.
나의 미움을 전하기보다 당신의 사랑을 실천하게 하소서.

주님, 당신과 가까이게 하소서.
세상의 논리를 따르기보다 당신의 마음을 배우게 하소서.
세상의 욕심을 배우기보다 당신의 비움을 깨닫게 하소서.
세상의 진리를 깨닫기보다 당신의 십자가를 짊어지게 하소서.
세상의 행복을 짊어지기보다 당신의 품을 그리워하게 하소서.

주님, 당신과 가까이게 하소서.
사람을 그리워하기보다 당신을 만나게 하소서.
사람을 만나기보다 당신께 기도하게 하소서.
채움의 기도이기보다 강생의 기도이게 하소서.
만족을 위한 기도이기보다 들음의 기도이게 하소서.
무관심의 삶이기보다 사랑의 삶이게 하소서.
주님, 당신께 가까이게 하소서.

땀의 순교자 최양업 신부의 아버지 성 최경환(프란치스코, 1805-1839년)은 언제나 하느님과 가까이하는 삶을 살았다. 성실한 믿음의 소유자 최경환(프란치스코)은 자신의 몸과 마음과 정신과 영혼을 언제나 하느님과 가까이하는 삶을 살면서 모든 이들에게 모범이 되었다. 특히 그는 아들 최양업 신부 앞에서 모범이 되었고, 등불이 되었고, 바른길을 갈 수 있도록 좋은 안내자가 되어 주었다. 아버지의 믿음의 모범과 열정은 분명 아들 최양업 신부에게 큰 모범이고 모델이었다.

최경환(프란치스코)의 불굴의 투지와 열심한 신앙과 뛰어난 열정은 이 세상 그 무엇으로도 막을 수 없었다. 그는 사랑이신 하느님과 영원한 생명의 나라인 하느님 나라를 이 땅에 실현시키기 위해 온몸과 마음으로 아들 최양업 신부뿐만 아니라 우리 후손들에게 잘 보여주었다. 하느님과 가까이하는 삶을 사는 이들에게는 세상의 그 어떤 두려움과 걱정거리도 아무 소용이 없다.

하느님과 깊은 친분의 삶을 쌓았던 최경환(프란치스코)에 대해서 살펴보자.

우리나라에서 두 번째 사제가 된 최양업 신부의 아버지 최경환(프란치스코)은 충청도 홍주군(지금 청양군) 다랫골에서 태어났다. 최경환(프란치스코)은 신앙생활을 위해 가족들과 함께 한양, 강원도, 부평 등을 전전하며 살다가 경기도 안양 수리산 산골 마을(수리산 성지)에 정착하였다. 산골 마을 사람들은 드문드문 집을 지어 담배일을 일구고 옹기장사를 하며 살고 있었다. 최경환(프란치스코)은 낮에는 산을 개간해 밭을 일구고, 밤에는 교우들을 모아 교리를 가르치고 함께 묵상하며 기도를 드리면서 열심한 신앙공동체(교우촌)를 만들어 갔다.

훗날 최양업 신부는 아버지(최경환)를 이렇게 회고하였다.

"…프란치스코는 서원을 하고 나날이 더욱 열심해졌습니다. 한문 교육을 받은 바가 별로 없었으나, 자주 깊이 묵상하고 신심 독서를 함으로써 열렬한 애덕과 하느님 신비에 대한 해박한 지식을 얻었습니다.

프란치스코는 열변과 달변으로 천주교 진리를 강론하거나 강의를 하였기 때문에 박학한 신자들이나 유식한 사람들까지도 그의 강론을 들으러 왔고, 까다롭게 꼬치꼬치 따지는 비신자들까지도 그의 변론에 설복되어 돌아가곤 하였습니다.···"

(최양업 토마스 신부의 여덟 번째 편지, 1851년 10월 15일, 절골(충북 진천군 백곡면 배티의 한 교우촌; 독자의 이해를 돕기 위한 저자의 덧붙임)에서)[71]

1839년 기해박해가 일어나면서, 불안해하고 무서워하던 교우들에게 최경환(프란치스코)은 "불안해하지 말고 주님께서 허락하신 모든 시간마다 주님께서 원하시는 일만 하십시오. 우리는 농부입니다. 주님께서 농부에게 원하시는 것은 농사짓는 일입니다. 불안하거든 일을 하십시오." 하며, 신자들을 위로하고 격려하곤 하였다.

그해 7월 여름 어느 날, 마침내 수리산 산골마을까지 포졸들이 들이닥쳤다. 최경환(프란치스코)은 조금도 놀라지 않고 친구를 대하듯 포졸들을 반가이 맞으며, 포졸들에게 '교우들과 함께 질서정연하게 따라갈 테니, 잠시 쉬었다가 식사를 하고 떠날 것'을 청하였다. 그의 태도에 안심한 포졸들은 평안히 하룻밤을 머물렀고, 최경환(프란치스코)은 다음날 아침을 푸짐하게 대접하고, 순교하면 필요없게 되는 옷들을 모두 꺼내 포졸 한 명 한 명에게 입혀 주었다. 죽음의 길을 가면서도 '나눔'을 실천하였던 것이다.

---

71) 최양업 신부의 편지 모음집, '너는 주추 놓고 나는 세우고', 정진석 옮김, 바오로딸, 2021년, 147쪽.

한양 포청으로 떠날 준비를 마친 남녀노소 신자 40여 명은 행렬을 이뤄 한양을 향해 걸어갔다. 신자들이 달아날 염려가 없다는 것을 안 포졸들은 이들을 오랏줄로 묶지도 않았다.

"…맨 앞에 서서 가던 프란치스코의 외침은 이런 요란스러운 모든 소음을 덮어버리고 모든 사람의 마음에 용솟음치는 용맹을 전해주었습니다. 그는 큰 목소리로 소리치는 것이었습니다. '형제들이여, 용기를 냅시다. 이 여행을 힘겨운 고난으로 여기지 맙시다. 주님의 천사가 황금으로 만든 자를 가지고 우리의 모든 발걸음을 재고 계십니다. 우리 주 예수 그리스도께서 앞장서서 십자가를 지시고 골고타 산으로 올라가시는 것을 생각합시다' 하고 격려했습니다.

이런 열렬한 애덕에서 나온 격려의 소리를 들으며 교우들은 서울에 도착하였습니다.…"

(최양업 토마스 신부의 여덟 번째 편지, 1851년 10월 15일, 절골(충북 진천군 백곡면 배티의 한 교우촌; 독자의 이해를 돕기 위한 저자의 덧붙임)에서)[72]

포장은 최경환(프란치스코)의 아들(최양업)이 신부가 되기 위해 나라 밖으로 나간 사실을 알게 되면서 더욱 말할 수 없는 매질과 박해를 하였다. 주리를 틀고 뾰족한 몽둥이로 살을 찌르

---

72) 최양업 신부의 편지 모음집, '너는 주추 놓고 나는 세우고', 정진석 옮김, 바오로딸, 2021년, 151-152쪽.

는 고문과 가혹한 매질로 그의 팔과 다리는 뼈가 어그러져 있었다. 교우들은 가혹한 형벌을 못 이겨 대부분 배교하여 석방되었지만, 그는 태형 340대와 곤장 100여 대를 맞으면서도 끝까지 신앙을 증거하였다.

9월 11일 최경환(프란치스코)은 포장 앞에 끌려가 치도곤 50대를 더 맞으니 그것이 최후의 출두요 형벌이었다. 옥으로 돌아온 그는 "예수님께 내 목숨을 바치고 도끼날에 목을 잘리는 것이 소원이었으나 옥중에서 죽는 것을 천주께서 원하시니 천주의 성의(거룩한 뜻)가 이루어졌다." 라고 말한 뒤, 포도청 옥사에서 숨을 거두었다. 때는 1839년 9월 12일, 그의 나이 서른 다섯이었다. 1984년 5월 6일 한국 천주교회 창설 200주년을 기해 방한한 교황 요한 바오로 2세에 의해 시성되었다.

늘 언제나 '하느님과 가까이하는 삶'을 살았던 최경환(프란치스코)과 우리의 신앙의 순교 선조들은 하느님께 대한 '굳은 믿음' 하나로 세상에 굴복하지 않았고 세상을 이겼다. 하느님께 대한 '든든한 믿음, 성실한 믿음'으로 그 어떤 박해도 그 어떤 무시무시한 매질도 그 어떤 무섭기만 한 죽음도 이겼다. 하느님을 '진실하게 믿는 믿음'은 세상의 그 어떤 아픔도 슬픔도 괴로움도 고통도 이겨내게 해 준다.

"예수님께서는 새벽에 호수 위를 걸으시어 그들 쪽으로 가셨다.… 그러자 베드로가 말하였다. '주님, 주님이시거든 저더러 물 위를 걸어오라고 명령하십시오.' 예수님께서 '오너라.' 하시자, 베드로가 배에서 내려 물 위를 걸어 예수님께 갔다. 그러나 거센 바람을 보고서는 그만 두려워졌다. 그래서 물에 빠져들기 시작하자, '주님, 저를 구해 주십시오.' 하고 소리를 질렀다. 예수님께서 곧 손을 내밀어 그를 붙잡으시고, '이 믿음이 약한 자야, 왜 의심하였느냐?' 하고 말씀하셨다."(마태 14,25.28-31)

한밤중에 제자들은 예수님 없이 호수 한가운데 배 위에 있었다. 그런데 제자들은 무섭고 두려워하고 있었다. 예수님이 함께 계시지 않았고 예수님께 대한 믿음이 흔들리고 있었기 때문이다. 제자들은 물 위를 걸어서 자신들에게 다가오시는 예수님을 보고 '유령이다' 하였고, 베드로는 잠깐의 '풍랑'에도 예수님께 대한 든든한 믿음을 가지지 못하고 그만 물에 빠지고 말았다.

하느님께 대한 '굳건한 믿음, 든든한 믿음, 성실한 믿음'을 가지지 못할 때, 우리들도 제자들처럼 쉽게 무너지고 쉽게 나약해질 수 있다. '하느님과 가까이하는 삶'을 살지 못할 때, 우리는 쉽게 포기하고 쉽게 좌절하는 모습을 보일 수 있겠다.

우리의 인생 여정에 혼자 외롭게 걸어가는 것보다 누군가가 '함께' 걸어가 준다면 고맙고 감사하고 안심할 일이다. 사랑하는 형제들이 '함께'해 준다면 역시 고맙고 감사할 일이고, 하느님께서 '함께' 걸어가 주신다면, 하느님께서 '가까이 함께' 하고 계신다면 너무도 고맙고 감사하고 안심할 일이다. 하느님께서는 최경환(프란치스코)과 우리의 신앙의 순교 선조들과 늘 가까이 함께하셨기에, 아무런 두려움 없이 아무런 걱정 없이 순교의 길, 죽음의 길, 십자가의 길을 평화로운 마음으로 갈 수 있었다.

하느님께서 늘 우리와 가까이 함께하실 수 있도록, 우리는 자주 하느님을 우리의 생활 안에 '초대'해야 하겠다. 우리가 하느님과 가까이하는 삶을 살 수 있도록, 하느님께 의지하고 신뢰하는 생활을 해야 하겠다. 하느님 없는 생활은 언제나 유혹의 손길에 넘어질 수 있다. 하느님을 우리 생활 안에 초대하는 '기도생활'을 잘 이어가야 하겠다.

위대하신 어머니
(어머니 이성례 마리아, +1840년, 복자)

　세상을 창조하신 하느님께서는 살펴야 될 사람들이 너무도 많았기에, 늘 고민이었다. 바쁘신 하느님께서 우리 모두를 골고루 찾아다니시며 살피시고 사랑해 주시기에 하루해가 너무 짧았다. 그래서 어느 날 하느님께서 어떻게 하면 하느님 당신 대신에 사람들을 골고루 찾아다니며 사랑을 나누어 줄 수 있을까 곰곰이 생각한 끝에 "맞다, 바로 그거야!" 하고 무릎을 치시며, 인간들에게 '어머니'를 만들어 주셨다. '탈무드'에서 '신은 모든 곳에 있을 수 없기에 어머니를 만들었다.'고 한다. 어머니의 사랑은 신의 사랑을 대신할 수 있는 사랑이라는 의미다. 어머니는 신의 분신이며, 신의 또 다른 이름이다. 신의 사랑은 우리의 어머니의 사랑과 똑같다. 신은 내 어머니가 나를 사랑하는 것처럼

나를 사랑한다는 것을 알게 해 주었다.[73]

어머니의 사랑은 하느님을 닮았다. 어머니의 사랑은 한계가 없다. 어머니의 사랑은 무조건적이다. 그래서 어머니의 사랑을 통해서 하느님의 사랑을 깨달을 수 있다. 하느님께서는 우리들에게 어머니를 주셔서 당신의 사랑에 일치하게 해 주셨다.

최양업 신부의 어머니 복자 이성례(마리아, 1801-1840년)는 박해 중에 무서움에 떨고 있던 자식들에게 하느님의 사랑을 인내로이 잘 보여주었다. 박해 중에 겪는 죽음의 그림자 아래에서 어린 자식들에게 사랑이신 하느님을 잃어버리지 않도록 든든한 기둥이 되어 주었다. 남편의 죽음의 길에서도 하느님께서 함께해 주실 것을 기도하며 묵묵히 지켜보았다. 그리고 자신도 예수님의 십자가의 죽음의 길을 따르는 순교의 길을 통해서 하느님의 사랑을 우리 후손들에게 명확하게 잘 보여주었다.

최양업 신부의 아버지(최경환 프란치스코)는 1839년 9월 12일에 순교하였고, 어머니(이성례 마리아)는 1840년 1월 31일에 순교하였다. 그러나 머나먼 타국에서 사제가 되는 신학 수업을 받고 있었던 아들(최양업 신학생)은 부모의 순교 소식을 알 수가 없었다. 순교한지 3년이 지나서야(1843년 3월) 부모의 순교 소식을 듣

---

73) 정호승, 당신이 없으면 내가 없습니다, 해냄, 2016년, 111-113쪽 참조.

게 되었으니, 이 얼마나 가슴이 미어지는 큰 슬픔이었을까 짐작하기도 어렵다.

최양업은 중국의 한 성당에서 1849년 4월 15일 드디어 한국 천주교회의 두 번째 사제가 되고, 그해 12월 한국 땅에 입국하였다. 최양업 신부는 고국에 들어오자마자 곧바로 교우촌들을 순회하며 사목생활을 하면서, 보고 싶었던 사랑하는 네 명의 동생들을 만나 부모의 자세한 순교 소식을 비로소 자세히 듣게 되었다. 최양업 신부는 충북 배티의 한 교우촌에서 1851년 10월 15일(여덟 번째 편지)에 신학교 스승 르그레즈와 신부에게 편지를 쓰면서, 자신의 아버지와 어머니에 대한 지극한 사랑의 이야기들과 부모의 순교 상황을 편지 안에서 잘 보여주었다.

"…이 마리아는 (충청도 홍성에서; 독자의 이해를 돕기 위한 저자의 덧붙임) 4남 6녀 중 막내로 태어났습니다.…

…마리아는 집안을 지혜롭게 꾸려나갔으며 식구들 간에 불화 없이 지내게 했습니다. 그리스도를 위하여 고향과 재산을 모두 버리고 극도의 궁핍과 굶주림 가운데 험한 산속에서 방황하기를 수년간 거듭하였는데도 이 모든 것을 기쁘게 참아 받았습니다.

남편을 따라 먼 곳으로 이사를 갈 때나 먼길을 걸을 때 어린 자식들이 굶주림에 지쳐서 칭얼거리면 그리스도와 성모 마리아와 요셉이 이집트로 피난 가시던 이야기와 골고타산에 십자가를 지고 오르시는 예수님의 이야기를 들려주면서 자녀들이 인내심과 참을성을 키우도록 했습니다.…

…(어머니는 남편; 독자의 이해를 돕기 위한 저자의 덧붙임) 프란치스코가 극도의 고문 끝에 결국 죽고, 또 어린 아들이 더러운 감방에 축 늘어져 있는 것을 보며 자식에 대한 그릇된 자비심으로 마리아의 마음은 흔들리기 시작했습니다.

곤장에도 칼에도 용맹하였으나 자식에 대한 애정 앞에서는 마음이 약해졌습니다. 마리아는 살덩이와 핏덩어리들이 더럽게 흩어져 있는 감옥에서 거짓말로 배교한다고 한마디 함으로써 현세적, 영신적 구원을 함께 도모해야겠다는 그릇된 생각이 들었습니다. 결국 배교한다는 말을 하고 감옥에서 풀려났습니다.…

…용감한 신자들이 배교를 취소하고 영광스럽게 순교하도록 마리아에게 권고하였습니다. 이 말에 감동한 마리아는 자기 잘못을 진심으로 뉘우치고 재판관 앞에서 불충실한 배교를 용감히 취소하였습니다. 이때부터 모든 유혹을 용감히 이겨내고 또 모정에서 오는 모든 나약한 생각을 끝까지 물리쳤습니다.

이 재판소에서 마리아는 어린 아들이 기아와 비참으로 눈앞에서 죽어가는 끔찍한 모습을 목격했습니다. 그러나 마리아는 두 아들(큰아들 최양업 신부, 감옥에서 죽은 막내아들; 독자의 이해를 돕기 위한 저자의 덧붙임)을 하느님께 바친 것을 기뻐했습니다.…

…마리아는… 사형 집행일이 가까워지자 평온한 모습으로 야고보(최양업 신부의 동생; 독자의 이해를 돕기 위한 저자의 덧붙임)를 불러 마지막 훈계를 하였습니다.…

"…마리아는 기도를 마치고 난 다음, 야고보에게 당신을 너무 걱정하지 말라고 타이르고 같이 감옥에 갇혀있는 증거자들에게 작별 인사를 하고 떠나라고 명했습니다.…

　　…그녀는 희광이의 칼을 받고 1840년 1월 31일 서른아홉의 나이로 영광스럽게 순교하였습니다.…"

　　(최양업 토마스 신부의 여덟 번째 편지, 1851년 10월 15일, 절골(충북 진천군 백곡면 배티의 한 교우촌; 독자의 이해를 돕기 위한 저자의 덧붙임)에서)[74]

　　최양업 신부의 어머니 이성례(마리아)가 겪었던 유혹들을 생각해 보면, 우리는 너무나 나약한 모습들을 가지고 있는 것은 아닌가 싶다. 우리는 우리에게 다가오는 유혹들을 어떻게 이겨내고 있는지? 우리는 무엇에 쉽게 넘어지고 가슴 아파하는지?

　　예수님께서는 광야에 나가시어 40일 동안 단식과 기도를 하시면서 가장 순수하고 깨끗한 마음을 가지려 하셨는데, 사탄이 나타나 유혹의 손길을 내민다. '돌을 빵으로 만들어 보라.'(마태 4,3 참조), '하느님의 아들이라면 성전 꼭대기에서 뛰어 내려 보라.'(마태 4,6 참조), '자기에게 절을 한다면, 온 세상의 권세와 영

---

74) 최양업 신부의 편지 모음집, '너는 주추 놓고 나는 세우고', 정진석 옮김, 바오로딸, 2021년, 156~162쪽.

광을 주겠다.'(마태 4,9 참조) 그러나, 예수님께서는 하느님의 말씀이신 성경 말씀들을 인용하시면서 물리치신다. 역시, 우리의 예수님이시다. 나약한 우리가 겪을 수 있는 '물질, 명예, 권력'에 대한 유혹들을 단호하게 이겨내신 예수님이시다.

> " '사람은 빵만으로 살지 않고 하느님의 입에서 나오는 모든 말씀으로 산다.' …'주 너의 하느님을 시험하지 마라.' …'주 너의 하느님께 경배하고 그분만을 섬겨라.' "(마태 4,4.7.10)

최양업 신부의 어머니 이성례(마리아)도 유혹을 받았다. 장남 최양업(토마스)을 사제가 되도록 하기 위해 외국으로 보내야 했고, 언제나 든든한 기둥이 되어 주었던 남편(최경환 프란치스코)이 먼저 순교를 하게 되었고, 무섭고 더러운 감옥생활 안에서 어린 막내가 죽어가는 모습을 지켜보아야 했고, 여전히 감옥 밖에 있는 네 명의 자식들이 걱정이 되었으니, 결국 한없이 괴롭고 슬픈 마음에 '하느님을 모른다.'고 말할 수밖에 없었던 어머니였다. 그러나, 하느님께서는 다시 어머니 이성례(마리아)에게 용기를 주셨다. 어머니 이성례(마리아)는 다시 일어났고, 다시 하느님께 용서를 빌고, 다시 하느님을 굳게 믿었고, 다시 남편이 먼저 걸어갔던 순교의 길을 따라갔다.

아들 최양업(토마스) 신부는 스승 신부에게 보낸 편지 안에서 세상의 모진 고통과 아픔과 슬픔을 겪었던 사랑스런 어머니 이성례(마리아)가 '처음에는 약하셨지만, 나중에는 강하셨다고, 나중에는 하느님께 한 걸음 더 가까이 다가가시는 순교의 영광을 받으셨다'고, 어머니를 대신하여 어머니의 믿음의 용맹함을 하느님께 보고 드리고 있었다.

　사제의 어머니가 되실 분도 나약한 한 인간으로서 한 번 넘어졌지만, 그 한 번도 크게 넘어졌지만, 다시 일어나 하느님의 사람이 되었다. 어머니 이성례(마리아)는 처음에는 약하였고 넘어졌지만, 다시 일어났고, 나중에는 하느님의 도우심으로 하느님의 은총으로 강하여져서 순교의 영광을 얻을 수 있었다.
　우리들도 다시 일어날 수 있다, 다시 일어설 수 있다, 다시 시작할 수 있다. 한 번 넘어진 것을 가지고 그냥 주저앉지 말고 다시 일어나야 한다. 사랑이신 하느님을 믿고 다시 시작해야 한다. 갑작스럽게 힘들고 어려운 일들이 생겼을 때 하느님으로부터 멀어지지 말고 더욱더 하느님과 가까워지는 신앙생활이 되어야 한다.

Ⅵ 순교자들은 아름다워라

순교자들은 '급'(級)이 있는가?

순교자들의 주검을 수습하다
(박순집 베드로, 1830-1911년)

순교자들의 후손(後孫)

순교자들의 가계(家系)

순교자들은 '급'(級)이 있는가?

1. 성지(聖地)에는 급(級)이 있을까? '있다.'

우리 교회 안에서 '성지'란 용어는 2개의 의미를 가지고 있다. 첫째는 팔레스티나를 가리키는 성지(聖地, Holy Land, terra sancta)가 있고, 둘째는 거룩한 장소를 가리키는 성지(聖址, Holy Places, loci sancti)가 있다.

첫째, 팔레스티나를 가리키는 성지(聖地, Holy Land, terra sancta)는 예수님께서 태어나시고 활동하시다가 돌아가시고 부활하신 땅을 통틀어 일컫는 표현이다. 이 땅은 하느님께서 이스라엘 백성에게 약속하신 '가나안 땅'이기도 하고 '팔레스티나'라고 불러왔다. 이렇게 '약속의 땅' '거룩한 땅'인 성지(聖地)는 예수님의 삶과 죽음 그리고 활동 무대인 팔레스티나 전체를 가리킨다.

둘째, 거룩한 장소를 가리키는 성지(聖址, Holy Places, loci sancti)는 팔레스티나에서 예수님의 삶과 죽음과 관련되는 특정한 장소나 지역을 가리킨다. 베들레헴 동굴, 나자렛, 타볼산, 갈릴래아 호수, 베타니아, 겟세마니 등을 말한다. 또한, 시간이 지나고 세월이 흐르면서 예수님과 관련되는 곳만이 아니라 성모님 발현지, 사도들의 활동지, 순교자나 성인들 순교지나 묘소, 하느님 은총으로 이적(異蹟)이 일어난 곳, 유서 깊은 성당 등에도 성지(聖址, Holy Places, loci sancti)라는 용어를 사용하기 시작했다.

그러나, 한국 천주교회에서는 '성지'가 영어나 한자어로는 명확하게 구별이 되지만 우리말로는 전혀 구별이 되지 않아 '천주교 용어위원회'는 "'성지(terra sancta)'는 본래 예수님과 관련된 이스라엘 땅을 말하지만, 성모님이나 성인 또는 순교자 관련 사적지나 순례지(sanctuaria)를 일반적으로 '성지'라고 하는 것에 대하여는 문제 삼지 않는다."라고 정리하였다. 결국, 본래 '성지'는 예수님과 관련되는 땅 팔레스티나를 가리키지만, 한국 천주교회에서는 팔레스티나 곧 이스라엘 땅 뿐만 아니라 성모님과 성인들, 순교자들과 관련된 사적지나 순례지까지 다 포함해서 '성지'라고 부를 수 있도록 하였다.

그럼, 성지(聖地)에도 급이 있을까? 있다. '거룩한 땅' 성지(聖地)를 등급으로 나누는 것 자체가 모순이겠지만, 그래도 우리가 소중히 지켜야 할 신앙의 유산으로 우선순위를 생각할 수 있다. 제일 높은 단계의 성지는 예수님과 관련된 성지이다. 예수님의 삶과 죽음 그리고 활동 무대인 팔레스티나에 있는 성지이다. 다음으로는 성모님이나 성인 또는 순교자 관련 사적지나 순례지가 있는 성지이다.

2. 박해(迫害)에는 급(級)이 있을까? '없다.'

한국 천주교회는 1784년 이승훈(베드로)이 세례를 받으면서 시작되었으나 곧바로 박해의 소용돌이에 휘말리게 되었다. 1785년 박해의 시작은 이것이었다. 1785년 봄 어느 날, 이벽(세례자 요한)이 주도한 서울 명례방 김범우(토마스)의 집에서 신앙 집회를 열었는데, 형조 관원들이 우연히 이 광경을 보고 도박판으로 판단하고서 모두를 체포하였다. 이것이 "을사추조적발사건"이라 하는데, 한국 천주교회의 공식적인 박해의 시작이 되었다.

또한, 당시의 임금들은 '척사윤음'(斥邪綸音)을 반포하면서 천주교 신자들을 전국적인 차원에서 공식적으로 배척하기를 계속하였다. '척사윤음'(斥邪綸音)이란, 조선 시대 임금이 천주교를 배척하기 위해 전국의 백성에게 내린 교서로서, 여러 차례가 있었는데 일반적으로 1801년 '(신유)토역반교문'(討逆頒教文), 1839년 '기해척사윤음'(己亥斥邪綸音), 1866년 '병인척사윤음'(丙寅斥邪綸音),

1881년 '신사척사윤음'(辛巳斥邪綸音) 등 네 가지만을 척사윤음으로 꼽고 있다.

1881년(고종 18년) 고종이 내린 '신사척사윤음'이 반포되면서 역시 천주교에 대한 탄압령이 전국에 포고되었다. 그러나 '척사윤음'이 반포되어 일부 지방에서는 지방관이나 지방민들이 천주교에 대한 박해를 지속하고 있었지만, 중앙 정부 차원의 박해는 일어나지 않았다. 이른바 박해의 시대는 지나가고 있었다.

이렇게 한국 천주교회는 1785-1881년 거의 100년에 가까운 시간 동안 박해가 있었다. 그 박해들은 대체로 다음과 같이 불리고 있다.

신해박해(1791년, 정조 15년)

을묘박해(1795년, 정조 19년)

정사박해(1797년, 정조 21년)

신유박해(1801년, 순조 1년)

을해박해(1815년, 순조 15년)

정해박해(1827년, 순조 27년)

기해박해(1839년, 헌종 5년)

병오박해(1846년, 헌종 12년)

경신박해(1860년, 철종 11년)

병인박해(1866년, 고종 3년)

이 기간의 박해 횟수는 일반적으로 열 번의 박해로 규정하고 있으며, 그중에는 네 번의 큰 박해와 여섯 번의 작은 박해로 규정하고 있다. '큰 박해, 대(大) 박해'란 한 번의 박해 기간 동안 수백에서 수천 명의 순교자들이 발생했을 때이고, '작은 박해'란 수십 명의 순교자들이 발생했을 때를 구분해서 말하고 있다. 네 번의 큰 박해는 1801년 신유박해, 1839년 기해박해, 1846년 병오박해, 1866년 병인박해이고, 여섯 번의 작은 규모의 박해는 1791년 신해박해, 1795년 을묘박해, 1797년 정사박해, 1815년 을해박해, 1827년 정해박해, 1860년 경신박해가 있다.

위의 박해 중에 순교하신 수많은 신앙의 선조들의 위대한 죽음을 이야기 할 때 어느 누가 '급'(級)을 논(論)할 수 있는가? 그래서 박해(迫害)에는 '급'(級)이 없다 하겠다.

3. 순교자들은 급(級)이 있을까? '없다.'

한국 천주교회의 103위 시복 시성 과정은 1857년 9월 '기해 및 병오 박해 순교자 79위'와 '병인박해 순교자 24위'의 시복을 거쳐, 1984년 5월 요한 바오로 2세 교황에 의해 '103위 복자'가 성인으로 시성되었다.

왜, 이분들이 먼저 성인이 되었을까? 우리 한국 천주교회가 신앙의 순교자들에 관해서 준비한 자료들 중에 이분들의 순교 행적에 관한 자료들이 먼저 완성되었기에 하루빨리 교황청에 청원을 드리게 된 것이다. 그리고 이분들이 먼저 시복 시성이 된 것이다. 한마디로 한국 천주교회의 신앙의 후손들이 수많은 순교자들 중에서 이분들의 순교 역사를 먼저 정리하게 되어 교황청에 서류를 올리게 된 것이다. 그리고 한국 천주교회는 계속해서 끊임없는 기도와 노력으로 2014년 8월 프란치스코 교황에 의해서 124위 복자를 더 모시게 되었다. 여기에서 멈추지 않고, 6.25때 순교하신 분들을 중심으로 신앙의 모범이시고 장하신 한국 천주교회의 수많은 순교 선조들을 세상에 알리고 소개하는 기도와 노력을 아끼지 않고 있다.

순교자들 안에서는 누가 더 위고 누가 더 아래라고 말할 수 없다. 103위 성인들과 124위 복자들과 아직도 알려지지 않은 수많은 순교자들의 '급'(級)은 없는 것이다. 103위 성인들보다 나중에 시복되었다고, 나중에 알려졌다고, 그분들의 순교의 모범적인 '등급'이 떨어지는 순교자들은 없는 것이다.

순교는 모두 똑같지, 누가 더 험하게 순교했고, 누가 더 쉽게 순교했고, 누가 더 알려진 순교이고, 누가 더 드러나지 않은 순교라는 것은 없는 것이다. 자랑스런 순교자들을 기억하고 기리는 성지들 중에는 '1급 성지' '2급 성지'가 있는 것이 아니다.

4. 순교자들은 아름다워라

2009년 신종 인플루엔자가 한반도를 큰 위기에 빠트리기도 하였는데, 2019년에는 그것보다 더 강력한 '코로나 19'가 전 세계를 상상 이상의 어려움을 주면서 세상을 쥐락펴락하였다.

한국 천주교회의 초창기 시절에 '천주교'가 '코로나 바이러스 감염증'처럼 그렇게 위험했는가? 우리 신앙의 순교 선조들은 당시에 아마도 '천주교'라는 바이러스 보균자 취급을 받았나 보다. '천주교'라는 바이러스가 무엇이기에 그 짧은 시간에 수천 수만 명이 죽을 수밖에 없었는가? '천주교'라는 바이러스가 그렇게 위험한 존재였던가?

우리의 신앙의 순교 선조들을 생각하면 당시에 신앙을 갖지 않은 사람들의 눈에는 '바보스러운 사람들, 어리석은 사람들'처럼 보이기도 했을 것이다. 그러나 우리의 신앙의 순교 선조들은 하느님을 선택하기 위해 사랑하는 가족들을 포기하고 세상의 부귀영화를 포기한 사람들이었다. 그들은 단지 몇 글자 적힌 간단한 책을 통해서 하느님을 알게 되었을 뿐, 그 하느님을 포기하지 못하고 죽음의 길을 가신 분들이었다. 인생을 힘 안들이고 쉽게 살려는 사람들의 눈으로 볼 때 우리의 신앙의 순교 선조들은 참으로 바보스러운 사람들이었다.

우리의 신앙의 순교 선조들은 '하느님 나라에서 첫째가 된 사람들'이다. 그들은 세상보다 하느님을 더 사랑했다. 그들은 세상의 논리를 따르기보다는 하느님의 논리를 따르려 했고, 세상의 지혜보다는 하느님의 지혜를 찾으려고 온몸으로 노력했던 분들이었다. 그들은 세상을 사랑하기보다는 하느님을 더 사랑하고자 자신의 목숨까지 내어놓았던 분들이었다. 그래서 우리의 신앙의 순교 선조들은 세상에서 바보가 되었을지언정 하늘에서는 의인이 된 분들이었다. 그들은 얄팍한 머리보다는 넓은 가슴으로 사셨던 분들이었고, 세상에서 꼴찌가 되었을지언정 하느님 나라에서는 첫째가 된 사람들이다.

우리의 신앙의 순교자들은 천주교 신자라는 사실이 관헌들에게 들키기라도 한다면, 그 순간 '순교냐, 배교냐?', '죽을 것이냐, 살 것이냐?', '죽음의 길이냐, 배교의 길이냐?'의 갈림길에서 하나를 선택해야 하는 '유혹의 순간'들을 겪었다. 천주교에 대한 신앙을 버리지 않는다면 하나뿐인 목숨까지도 내어놓아야 했던 분들, 하느님을 포기하지 못해서 이 세상에서 바보가 되고 어리석은 사람들이 된 분들이 우리의 자랑스런 신앙의 순교 선조들이시다.

이제는 우리가 우리의 신앙의 순교 선조들을 위해 '기도부대, 후원자'가 되어야 한다. '1명의 순교자 뒤에는 10명의 배교자들이 있었다.'라고 할 정도로 순교의 길을 간다는 것은 그만큼 어려운 길이다. 그러나 '훌륭한 성인 뒤에는 수많은 기도부대가 있었다.'라고 말할 수 있을 만큼, 아직도 우리들에게 알려져있지 못하고 드러나지 못하는 위대하신 자랑스런 신앙의 순교 선조들을 위해 하느님의 축복과 은총을 바라며 기도해야 하겠다.

내 뒤에는 누가 나를 위한 '후원자, 기도부대, 도우미' 역할을 하고 있는가? 우리들 뒤에 늘 침묵 중에 겸손하게 매일같이 자녀들을 위해 희생하고 기도해 주시는 부모님이 계신 것처럼, 우리들도 '후원자, 기도부대, 도우미'가 되어야 하겠다. 우리 자신을 위해 기도해 주는 부모, 은인들, 고마우신 분들을 기억하는 일상도 아름다운 모습이다.

순교자들의 주검을 수습하다
(박순집 베드로, 1830-1911년)

누군가가 알려주어야 한다. 누군가가 증언해야 한다. 누군가가 기록해 놓아야 한다. 누군가가 보존해 주어야 한다. 무시무시한 박해 중에 그래서 더욱더 신앙생활을 하기가 어려웠던 시기에, 순교자들을 기억해 주고 그분들의 순교의 사실과 그분들의 주검을 수습한다는 것은 자신의 목숨을 걸지 않고는 해낼 수 없는 일이었다. 그래서 장하신 순교자들을 기억해주고 증언해주고 보존해 주었던 많은 숨은 공로자들 중에 박순집(베드로, 1830-1911년)을 우리는 잊지 말아야 한다.

보통 '순교자'라 함은, 첫째 '피의 순교자'를 말하고 대표적으로 김대건(안드레아) 신부와 일반적인 순교자들을 말한다. 둘째

'땀의 순교자'도 있음을 우리는 잘 알고 있고, 그러한 땀의 순교자를 대표하는 최양업(토마스) 신부를 기억하고, 피를 흘린 순교는 아니었지만 하느님과 교회에 크게 봉사하고 헌신 분들을 '백색 순교자'로 공경하고 있다.

박순집(베드로)은 피의 순교자가 아니고 그래서 복자(福者)도 아니고 성인(聖人)도 아니다. 그러나 한국 천주교회를 위해 '큰 공헌, 큰 역할, 큰 희생'을 하신 분으로 땀의 순교자로 기억할 수 있다. 박해가 무서워서 죽음이 무서워서 아무도 하지 못했던 '순교자들의 주검을 수습했던 분'으로 교회가 기억하고 있다.

무서운 박해의 상황 속에서 순교자들의 '주검'을 수습하고 '묏자리'까지 챙기는 일은 쉬운 일이 아니었다. 교회 안에서 수많은 순교자들의 주검, 시신, 유해를 다 확인하지 못하고 보존하지 못하고 있는 것이 한국 천주교회의 현실이라면, 그 이유는 당시에 박순집(베드로)과 같은 분들이 순교자 주변에 많이 없었기 때문이라고 할 수 있다.

박순집(베드로)은 1830년 10월 9일 서울에서 박 바오로의 둘째 아들로 태어났다. 그의 아버지 박 바오로는 군인(훈련도감 포수砲手)이었기 때문에 1839년 기해박해 당시 많은 순교자들을 접할 수 있었고, 힘닿는 대로 순교자들의 시신을 수습하거나 기록해 두는 일을 자기 소명으로 여겼으며, 아들(박순집 베드로)을 데리고 다니면서 훗날 교회에서 성직자 무덤을 찾으면 잘 가르쳐줘야 한다고 당부하였다.

박순집(베드로) 역시 아버지의 뒤를 따라 훈련도감의 군인이 되었고, 1866년 병인박해가 일어난 뒤 새남터 순교현장에 군인으로 참여하여 주교와 신부를 비롯한 많은 신자들의 순교 장면을 직접 목격하게 되었다. 박순집(베드로)은 아버지(박 바오로)의 뜻을 이어가기로 결심하고, 신자들과 함께 순교자들의 시신을 찾아 수습하고 안장하는 증거의 삶을 시작하였다.

'병인박해'(1866-1873년) 때는 그의 일가에서 16위(位)나 순교하실 정도로 큰 슬픔을 겪었다. 그러나 박순집(베드로)은 여러 박해의 검거망을 기적적으로 피하면서 끊임없이 자기 소명에 충실하였다. 박해 상황에서 신자들의 시신을 돌보아 준다는 것은 자신이 신자임을 드러내는 위험한 일이었다.

공식적인 박해가 끝나가면서 박순집(베드로)은 성직자들을 영입하는 활동을 하고, 자신이 보고 들은 모든 것을 정리하여 153명 순교자의 행적이 밝혀진 「박순집 증언록」(김영수 역, 성황석두루카서원, 2001)을 엮었고, 와서(왜고개)에 있던 7명의 순교자들의 유해와 삼성산에 묻혀 있던 성 앵베르 주교, 성 모방 신부, 성 샤스탕 신부의 유해와 서소문 밖에서 순교하여 노고산에 묻혀 있던 성 남종삼(요한)과 성 최형(베드로)의 유해를 발굴하는데 큰 공헌을 하였다.

박순집(베드로)은 1890년부터 인천교구의 주교좌 성당(답동)에서 신앙생활을 하며 본당신부의 사목을 도우며 전교활동에도 매우 열심하였고, 1911년 6월 27일 82세의 나이로 선종하였다. 교회는 그를 독쟁이(용현동)에 모셨다가, 1961년 절두산에, 2001년 9월에 갑곶순교성지에 천묘하게 되었다.

'땀의 순교자, 백색 순교자' 박순집(베드로)은 수많은 순교자들의 행적을 보존하고 증언하면서 순교자들의 유해를 발굴하고 안치하는데 자신의 모든 삶을 봉헌하였다. 박순집(베드로)의 삶은 순교에 버금가는 정신으로 살아온 '백색 순교의 삶'이었고, 순교자들의 행적을 세상에 드러낸 '증언의 삶'이었다. 더불어서 그는 인천 지역 복음화를 위하여 헌신하는 '열정적인 삶'을 살았다. 박순집(베드로)은 우리 교회가 수많은 순교자들의 유해를 잘 찾아 잘 보존할 수 있도록 큰 공헌, 큰 역할, 큰 희생을 하였다. 도망가고 숨고 배교하는 삶이 아니라 매우 위험했지만 용기를 내어 순교자들의 주검을 수습하는 삶이었다. 하느님을 크게 의지하는 삶이 아니었다면 불가능한 삶이었다.

박순집(베드로)의 '삶의 방식'은 하느님만을 굳게 믿고 크게 의지하며 교회를 위하고 사람을 위하는 전적으로 이타적인 삶이었다. 아무도 하기 싫어했을 '순교자들의 주검을 수습하는 일'이었다. 하느님을 위해 죽은 이들을 찾아내고, 죽은 이들의 시신을 수습하고, 죽은 이들의 역사를 후대에 남기고 알리는 일이었다.

우리들이 세상을 살아가는 삶의 방식도 하느님을 굳게 믿고 하느님을 크게 의지하면서 세상에 작은 도움이 되는 삶을 살아보는 것도 의미가 있겠다. 그냥 내 인생만 생각하고 살기보다, 옆 사람도 생각해 주면서 사는 것도 멋질 것이다. 우리 한국 천주교회에 큰 어른이 되신 박순집(베드로)의 삶의 모습처럼 우리들도 이 세상에 도움이 되는 '작은 흔적' 한번 남겨보는 삶을 살아보는 것도 좋겠다. 하느님께 더 크게 의지하고, 이웃에게 도움이 되고, 세상에 도움이 되는 삶을 살아보기를 희망한다.

순교자들의 후손(後孫)

　하느님을 증거하며, 하느님을 알리고, 하느님을 몸과 마음을 다해 드러내는 삶을 살았던 우리 신앙의 순교자들은 참으로 위대한 분들이다. 우리가 감히 하느님을 증거할 수 있다면, 하느님을 알릴 수 있는 도구가 된다면, 하느님을 드러낼 수 있는 역할을 할 수 있다면, 참으로 가문의 영광이고 하느님의 축복이고 감사로운 일이다.

　하느님을 알리고, 하느님을 증거하고, 하느님을 드러내는 삶을 살았던 우리 신앙의 순교자들은 '빛의 사람들'이다. 또한 우리 신앙인들에게 '빛의 사람' 되었던 신앙의 순교자들 '뒤에, 옆에, 그리고 함께' 생활했던 순교자들의 가족과 특히 그 후손들을 잊지 말아야 한다. 한 나라에 위대한 인물들이 있었기에 우리의 조국 우리나라가 존재할 수 있었지만, 그분들 '뒤에, 옆에, 그리고 함께' 생활했던 가족들의 수고 노력을 기억하지 않을 수 없다.

안타깝게도 오랫동안 우리나라 독립 운동가들의 후손들은 어렵게 살았고, 힘들게 살았고, 가난하게 살았고, 국가로부터 어떤 보상도 받지 못해 왔었다. 적어도 독립 운동가들의 가족들과 후손들을 위해 '국가'가 보상해 주어야 한다. '국가'의 보상은 '훈장'을 주고, 적지 않은 '기초연금'을 주고, '주거안정'을 도와주는 정도는 되어야 한다.

우리 교회의 순교자들의 후손들도 어렵게 살았고, 힘들게 살았고, 가난하게 살았고, 어떤 보상도 받지 못해 왔다. 적어도 교회가 그들을 위해 보상해 주어야 한다. 사실 교회가 해 주면 좋지만, 지금까지 그러지 못했고, 또 무엇으로 보상해야 할까? 돈으로 훈장으로 보상해 주는 척 할 수는 없는 일이다. 누가 해 주어야 할까? 아마도 '하느님'이 보상해 주어야 한다. 하느님께 맡기고 싶다. 하느님께 떠넘기고 싶다. 하느님이 해주시기를 바라고, 우리는 그분들을 기억하고 그분들을 위해 기도해야 하겠다.

지금 우리 신앙의 순교자들의 후예들은 어디에서 어떻게 살고 있을까? 김길수 교수의 글(김길수, 하늘로 가는 나그네, 상권, 흰물결, 2016, 164-167쪽 참조)을 통해서 짧게나마 알아볼 수 있겠다.

황사영(알렉시오)의 후손을 보자. '1801년 황사영 백서사건'으로 알려져 있는 황사영(알렉시오)은 당시 조선 천주교회의 박해 상황에서 유럽의 여러 나라들이 우리나라를 도와주기를 바라는 편지를 썼는데, 그 뜻을 이루지 못하고 발각되어 사형을 당했다. 이후 연좌법에 따라서 70이 넘은 어머니는 관노가 되어 거제도로 보내졌다. 십대 명문 가문의 귀부인이 하루아침에 노예가 된 것이다.

정약현의 맏딸이자 황사영의 부인 정난주(마리아) 역시 제주도로 귀양을 갔고, 금지옥엽으로 자란 귀부인이 관노로 끌려다니면서도 신앙을 버리지 않았다. 두 살 먹은 젖먹이 황경한은 어머니 정난주(마리아)의 지혜로 추자도에서 살게 되었고, 그 후 목천으로 옮겨갔고, 황사영의 후손은 목천에서 4대까지 살았다 한다. 4대째 되는 손자가 스무 살이 되던 해가 일제시대여서 징용을 피해 일본으로 건너가고 그의 아들인 황사영의 5대손이 도쿄에서 외국어연수학원 원장으로 지내다가 지금은 작고했다 한다.

김범우(토마스)의 후손을 보자. '1785년 을사추조적발사건'의 장소가 자신의 집(지금의 명동 성당 터)이었던 김범우(토마스)는 조선 교회의 최초의 증거자이다. 김길수(사도요한) 교수는 족보를 통해서 김범우(토마스)의 후손을 어렵게 찾았다. 족보를 통해서 그 후손 중에 한 사람이 부산 자갈치 시장에서 상점을 하고 살았는데, 그를 찾아가서 "당신이 김범우 선생의 후예요?" 그러니까 "내가 그렇습니까? 우리 조상의 이름까지 내가 어떻게 다 압니까?" 하였기에, 그래서 보통 조상이 아니고 한국 천주교회의 설립자 중 한 분이라고 하니까, "아이고, 천주교에 공로가 많네요." 하고 상세한 이야기를 듣고 나서 이 양반이 감동해서 영세 입교했다고 전해 주고 있다.

성 이윤일(요한)의 후손 이야기다. 김길수(사도요한) 교수는 대구에서 순교한 성 이윤일(요한)의 후손들을 족보를 통해서 찾으려 애썼는데 쉽지 않았다. 다행히도 그 후손 중 한 명이 경기도 지방 묵리 근처에 산다고 해서 밤새 찾아다녔는데 아주 형편없는 초가에서 소박하게 사는 한 농부를 만나 "당신의 조상이 성인 이윤일이라는 것을 아십니까?" 하고 물었더니 "알고 있지요, 영광스럽게 생각합니다."라고 대답하였다. 아주 열심한 신앙생활을 하고 있었다 한다.

한국 천주교회의 박해시기에 대부분의 천주교 신자들은 국법을 어겨서 벌을 받게 되었기에 연좌제에 걸려 그 가족들까지 몰살당할 위험에 처하게 되었었다. 그래서 그 위험을 막으려고 문중에서는 미리 그들의 이름을 족보에서 없애버렸기에, 현재 대부분의 순교자들의 이름은 거의 족보에서 사라져서 확인하지 못하는 어려움이 있는 실정이다.

자랑스런 한국 천주교회의 신앙의 순교자들을 기억하고 신앙의 모범으로 삼는 것도 중요하지만, 그분들의 후손들 역시 신앙의 순교자들은 아니어도 신앙의 '증거자들'이 아닐까 싶다. 모두가 안심하고 하느님께 대한 믿음을 갖고 하느님께 대한 믿음을 자신있게 증거할 수 있는 신앙생활이 될 수 있기를 바란다. 더불어서, 이제라도 순교자들의 후손들을 찾아서 적어도 해당 교구의 주교님들의 축복장이라도 전해드리고, 그분들을 오래 기억하며, 자랑스런 한국 천주교회의 신앙의 후예임을 알려주는 시간들도 있었으면 한다.

순교자들의 가계(家系)

한국 천주교회의 역사 안에서 수많은 순교자들이 있지만, 우리는 현재 순교자들 중에 103위(位) 성인(聖人)과 124위(位) 복자(福者)들을 모시고 있다. 그분들 중에는 가족들 안에서 여러 순교자가 나오고 훗날 교회 안에서 성인이 되고 복자가 되신 분들이 있다.

우리 교회 안에서는 한 집안에 한 명의 순교자가 나오는 것도 영광인데, 한 집안에 여러 명의 순교자가 나온 경우가 적지 않았다. 또한 그분들 안에는 부모와 자녀들이 순교하기도 하였고 형제들이 순교한 경우도 있다. 다음에서 순교자들의 가계(家系)를 정리해 보았다. 아직 더 발견하지 못한 순교자들의 가계(家系)가 있을 것이다.

* 한 집안에 여러 명의 성인(聖人)과 복자(福者)가 있는 경우 :
<17가정, 58명>

1. 성인 김대건(안드레아) 신부, 성인 아버지 김제준(이냐시오),
   성인 당고모 김데레사, 복자 김진후(비오, 김신부의 증조부),
   복자 김종한(안드레아, 작은 할아버지)
2. 복자 김이우(바르나바), 복자 김현우(마태오) 형제
3. 성인 김효임(골롬바), 성인 김효주(아녜스) 자매
4. 복자 유항검(아우구스티노, 아버지), 복자 유중철(요한, 아들),
   복자 유문석(요한, 아들, 유중철 동생), 복자 유중성(마태오, 조카),
   복자 이순이(루갈다, 유중철 아내, 큰 며느리),
   복자 이경도(가롤로, 이순이 오빠), 이경언(바오로, 이순이 동생)
5. 복자 윤유일(바오로), 복자 윤유오(야고보) 형제
6. 복자 윤지충(바오로), 복자 윤지헌(프란치스코) 형제
7. 성인 이광헌(아우구스티노, 아버지), 성인 권희(바르바라, 아내),
   성인 이간난(아가다, 딸), 성인 이광렬(요한, 이광헌 동생)
8. 복자 정약종(아우구스티노, 아버지),
   성인 유소사(체칠리아, 아내), 복자 정철상(가롤로, 장남),
   성인 정하상(바오로, 차남), 성인 정정혜(엘리사벳, 딸)
9. 성인 최경환(프란치스코, 아버지), 복자 이성례(마리아, 아내),
   가경자 최양업(토마스, 아들, 신부)
10. 복자 최인길(마티아), 복자 최인철(이냐시오) 형제
11. 복자 최창주(마르첼리노, 아버지), 복자 최조이(바르바라, 딸)

12. 성인 최창흡(베드로, 복자 최인길과 친척),
    성인 손소벽(막달레나, 아내), 성인 최영이(바르바라, 딸),
    성인 조신철(가롤로, 사위), 복자 최창현(요한, 최창흡 형)
13. 성인 허계임(막달레나, 어머니), 성인 이정희(바르바라, 장녀),
    성인 이영희(막달레나, 차녀), 성인 이매임(데레사, 시누이),
    이 바르바라(외손녀)
14. 복자 현계흠(바오로, 아버지), 성인 현석문(가롤로, 아들),
    성인 현경련(베네딕다, 딸)
15. 복자 홍교만(프란치스코 하비에르, 복자 정철상의 장인),
    복자 홍인(레오, 처남), 복자 홍익만(안토니오, 사촌동생),
    복자 홍필주(필립보, 사위), 복자 강완숙(골롬바, 홍필주의 어머니)
16. 복자 홍낙민(루카, 아버지), 복자 홍재영(프로타시오, 아들)
17. 성인 홍병주(베드로), 성인 홍영주(바오로) 형제

* 부모와 자녀가 성인(聖人)과 복자(福者)인 경우 :
<11가정, 45명>

1. 성인 김대건(안드레아) 신부, 성인 아버지 김제준(이냐시오),
   성인 당고모 김데레사, 복자 김진후(비오, 김신부의 증조부),
   복자 김종한(안드레아, 작은 할아버지)
2. 복자 유항검(아우구스티노, 아버지), 복자 유중철(요한, 아들),
   복자 유문석(요한, 아들, 유중철 동생), 복자 유중성(마태오, 조카),

복자 이순이(루갈다, 유중철 아내, 큰 며느리),

복자 이경도(가롤로, 이순이 오빠), 이경언(바오로, 이순이 동생)

3. 성인 이광헌(아우구스티노, 아버지), 성인 권희(바르바라, 아내),

성인 이간난(아가다, 딸), 성인 이광렬(요한, 이광헌 동생)

4. 복자 정약종(아우구스티노, 아버지),

성인 유소사(체칠리아, 아내), 복자 정철상(가롤로, 장남),

성인 정하상(바오로, 차남), 성인 정정혜(엘리사벳, 딸)

5. 성인 최경환(프란치스코, 아버지), 복자 이성례(마리아, 아내),

가경자 최양업(토마스, 아들, 신부)

6. 복자 최창주(마르첼리노, 아버지), 복자 최조이(바르바라, 딸)

7. 성인 최창흡(베드로, 복자 최인길과 친척),

성인 손소벽(막달레나, 아내), 성인 최영이(바르바라, 딸),

성인 조신철(가롤로, 사위), 복자 최창현(요한, 최창흡 형)

8. 성인 허계임(막달레나, 어머니), 성인 이정희(바르바라, 장녀),

성인 이영희(막달레나, 차녀), 성인 이매임(데레사, 시누이),

이 바르바라(외손녀)

9. 복자 현계흠(바오로, 아버지), 성인 현석문(가롤로, 아들),

성인 현경련(베네딕다, 딸)

10. 복자 홍교만(프란치스코 하비에르, 복자 정철상의 장인),

복자 홍인(레오, 처남), 복자 홍익만(안토니오, 사촌동생),

복자 홍필주(필립보, 사위), 복자 강완숙(골롬바, 홍필주의 어머니)

11. 복자 홍낙민(루카, 아버지), 복자 홍재영(프로타시오, 아들)

* 형제들이 성인(聖人)과 복자(福者)인 경우 :
<12가정, 26명>

1. 복자 김이우(바르나바), 복자 김현우(마태오) 형제
2. 성인 김효임(골롬바), 성인 김효주(아녜스) 자매
3. 복자 유중철(요한), 복자 유문석(요한) 형제
4. 복자 윤유일(바오로), 복자 윤유오(야고보) 형제
5. 복자 윤지충(바오로), 복자 윤지헌(프란치스코) 형제
6. 복자 이경도(가롤로), 복자 이순이(루갈다),
   복자 이경언(바오로) 남매
7. 성인 이정희(바르바라), 성인 이영희(막달레나) 자매
8. 복자 정철상(가롤로), 성인 정하상(바오로),
   성인 정정혜(엘리사벳) 남매
9. 복자 최인길(마티아), 복자 최인철(이냐시오) 형제
10. 성인 현석문(가롤로), 성인 현경련(베네딕다) 남매
11. 복자 홍교만(프란치스코 하비에르),
    복자 홍익만(안토니오, 사촌동생) 형제
12. 성인 홍병주(베드로), 성인 홍영주(바오로) 형제

[참고 문헌]

1. 원문(原文)을 알려준 책
· 김대건 신부의 편지 모음, 이 빈 들에 당신의 영광이, 정진석 역, 바오로딸, 2023.
· 최양업 신부의 편지 모음집, 너는 주추 놓고 나는 세우고, 정진석 역, 바오로딸, 2021.
· 성 김대건 신부의 체포와 순교, 성 김대건 신부 순교 150주년 기념 전기 자료집 제3집, 한국교회사 연구소, 1997.
· 배티 사적지, 스승과 동료 성직자들의 서한 : 최양업 신부의 전기 자료집 제2집, 천주교 청주교구, 1997.
· 정하상, 상재상서, 윤민구 역, 성요셉출판사, 2016.
· 브뤼기에르 주교 서한집, 정양모 윤종국 역, 가톨릭출판사, 2007년.
· 브뤼기에르 주교 여행기, 정양모 역, 가톨릭출판사, 2007년.
· 앙투안 다블뤼, 조선 주요 순교자 약전, 유소연 역, 내포교회사연구소, 2014.
· 샤를르 달레, 한국천주교회사(중), 안응렬 최석우 역주, 한국교회사연구소, 1980.
· 박순집, 박순집 증언록, 김영수 역, 성황석두루카서원, 2001.
· 자책(自責), 김영수 역, 흐름, 2016.

2. 심화(深化)시켜준 책
· 서양자, 박해시대 숨겨진 이야기들 1, 도서출판 순교의 맥, 2012.
· 서양자, 박해시대 숨겨진 이야기들 2, 도서출판 순교의 맥, 2016.
· 김길수, 하늘로 가는 나그네(상), 흰물결, 2016.
· 김길수, 하늘로 가는 나그네(하), 흰물결, 2016.
· 한수산, 꽃보다 아름다워라 그 이름, 생활성서, 2016.
· 김영진, 동아시아의 순교이야기, 기쁜소식, 2014.
· 한국 최초의 순교자 복자 윤지충 바오로와 권상연 야고보, 신유박해 순교자 복자 윤지헌 프란치스코 유해의 진정성에 관한 기록, 천주교 전주교구, 2021.

3. 이야기로 풀어준 책
· 강종민, 성(聖) 김대건 안드레아 신부, 기쁜소식, 2011.
· 강종민, 길 내는 목자 수선탁덕 성인 김대건, 기쁜소식, 2021.
· 강종민, 길 가는 목자 땀의 성자 최양업 신부, 기쁜소식, 2021.
· 이태종, 차쿠의 아침(소설 최양업), 바오로딸, 2014.
· 신중신, 강 건너 저편(소설 정하상), 바오로딸, 2005.
· 김문태, 세 신학생 이야기, 바오로딸, 2012.
· 안나 A, 이벽 그대를 천사라 부른다(소설 이벽), 황석두루카, 2015.
· 장정옥, 고요한 종소리(소설 황사영), 성바오로, 2016.
· 윤의병, 은화(隱花)(상권, 하권), 한국교회사연구소, 2012.
· 백성호, 124일 기도, 기쁜소식, 2016.
· '복자' 윤지충 바오로와 동료 순교자 123위, '하느님의 종' 가경자 최양업 토마스 신부, 주교회의 시복시성 주교특별위원회, 한국천주교중앙협의회, 2017.
· 한국 순교자 103위 성인전(하), 아드리앙 로네·폴 데통베, 안응렬 역, 가톨릭출판사, 2017.
· 한국 순교자 103위 성인전(상), 아드리앙 로네·폴 데통베, 안응렬 역, 가톨릭출판사, 2018.
· 박도식, 103위 순교성인과 함께하는 30일 묵상, 바오로딸, 2019.

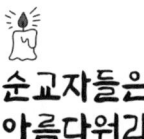
순교자들은 아름다워라

교회인가 | 2023년 2월 6일(대전교구)
초판 1쇄 | 2025년 8월 20일

지 은 이 | 배승록
펴 낸 이 | 전갑수
펴 낸 곳 | 기쁜소식
등 록 일 | 1989년 12월 8일
등록번호 | 제1-983호
02880 서울 성북구 성북로5길 44(성북동1가)
☎ 02·762·1194-5 FAX 02·741·7673
E-mail : goodnews1989@hanmail.net

ⓒ 배승록, 2025
ⓒ 2007 가톨릭출판사.「브뤼기에르 주교 서한집」, 정양모·윤종국 옮김.
ⓒ 2007 가톨릭출판사.「브뤼기에르 주교 여행기」, 정양모 옮김.
성경•전례문•교회 문헌 ⓒ 한국천주교중앙협의회, 2025.

ISBN 978-89-6661-334-2 03230

값 18,000원

이 책은 저작권법에 의해 한국 내에서 독점적인 권리를 갖는
저작물이므로 무단전재와 무단복제를 금합니다.